"中原发展研究院智库丛书"的编撰和出版得到了中原发展研究基金会及郑州宇通集团公司、河南投资集团公司、河南民航发展投资公司、河南铁路投资公司、中原信托公司、中原证券公司、河南恒通化工集团公司等企业的赞助,也得到了深圳海王集团公司、北京汉唐教育集团公司、河南省财政税务高等专科学校等的专项资助。

中原发展研究院
智 库 丛 书

中原经济区
发展指数研究报告
(2014)

主　　　编◎耿明斋
执 行 主 编◎刘岱宁
副　主　编◎曹　青

社会科学文献出版社
SOCIAL SCIENCES ACADEMIC PRESS (CHINA)

"中原发展研究院智库丛书"的编撰和出版得到了中原发展研究基金会及郑州宇通集团公司、河南投资集团公司、河南民航发展投资公司、河南铁路投资公司、中原信托公司、中原证券公司、河南恒通化工集团公司等企业的赞助,也得到了深圳海王集团公司、北京汉唐教育集团公司、河南省财政税务高等专科学校等的专项资助。

"中原发展研究院智库丛书"编委会

主　任：张大卫

副主任：耿明斋

成　员（按姓氏笔画排序）：

万　隆　　王训智　　王宇燕　　王雪云　　王照平　　朱连昌　　朱孟洲
朱焕然　　任沁新　　刘　伟　　刘洪涛　　汤玉祥　　孙有才　　肖新明
李和平　　杨盛道　　冷　俊　　宋丙涛　　宋贺臣　　张大卫　　张　琼
张庆义　　张明超　　张建秋　　郑祖玄　　宗长青　　胡五岳　　段建新
秦群立　　徐衣显　　娄源功　　耿明斋　　黄日珉　　菅明军　　盛国民
焦锦淼　　谢亚伟　　蒿慧杰

总　序*

　　由苏联开启,曾经波及半个地球,涵盖几十个国家的计划经济体制模式,是基于某种理论逻辑构建的。而针对这种体制所进行的市场化改革,却是基于经济发展的现实需要。最初,为了证明这种改革的正当性,人们往往采取对理论进行重新解释甚至不惜曲解的办法。而守护原有理论正当性和纯洁性的学者则将这些理论与已经变化了的现实相对照,指出现实中某些变化的非合法性,要求纠正并向原有的符合理论模式的体制回归。1990年底,我参加了某个当时被认为是全国经济学界最重要的学术会议,强烈地感受到上述两派学者的分歧,也突然悟到他们都有一个共同的错误,即把现实放到了一个从属的地位,将现实的合法性归入某种理论框架,试图用理论的合法性来解释现实的合法性。这显然颠倒了理论与现实的关系。

　　其实,现实的合法性来源于自身,并不需要用理论来证明。因此,经济研究还有另外一条更为正确的途径,那就是从现实出发,从实际中我们所遇到的问题出发,先弄清楚问题是什么,然后再去寻找可以解释问题的理论。如果找不到现成的可以解释问题的理论,那就说明理论本身有问题,理论发展和创新的突破口也就找到了。自那以后,我就一头扎进了现实中,自觉走上了从现实出发、从问题出发的研究轨道。

　　还有一个问题也是经过长期琢磨和争论才弄清楚并坚持下来的,那就是我们研究的切入点和主攻方向究竟是涉及全局还是局部的问题;究竟是关注看起来更大、更重要但距离我们更遥远的事情,还是看起来更小也没那么重要但意义更深远的身边的事情。我们最终选择了后者,那就是发生在我们身边的看起

---

* 由《中原经济区竞争力报告(2012)》总序改写而成。

来渺小但对整个中国的现代化进程都具有深远影响的事情，即传统平原农区工业化与经济社会转型。时间已经证明当初我们的选择是正确的，相信其将继续证明我们的正确性。

十多年来，我们围绕传统平原农区工业化与经济社会转型这个主题进行了卓有成效的探索，主持了"欠发达平原农业区产业结构调整升级与工业化发展模式研究""传统平原农区工业化与社会转型路径研究""黄河中下游平原农区工业化与社会转型路径研究""中西部地区承接产业转移的重点与政策研究"等多项重大、重点、一般国家社科基金项目，以及一系列教育部、省政府、相关地方政府和企业委托项目的研究，完成了《关于建设中原城市群经济隆起带若干问题的思考》《河南省协调空间开发秩序和调整空间结构研究》《鹤壁现代城市形态发展战略规划》等多个区域发展研究报告，出版了包括《传统农区工业化与社会转型丛书》在内的专著数十种。2004年初提出论证并被河南省委、省政府采纳，写入河南省"十一五"和"十二五"规划及历次省域经济发展重要文件的"郑汴一体化"战略，成为我们这个团队的品牌之作。

为了更好地凝练方向，聚集人才，积累资料和成果，早在1994年1月，我们就成立了"改革发展研究院"。2009年9月，更是促成了河南省人民政府研究室与河南大学合作共建了"中原发展研究院"①。中原发展研究院的宗旨是更好地践行从现实出发、从身边的问题做起的研究理念，围绕传统平原农区工业化与经济社会转型这个主轴，以河南这个典型区域为对象，从宏观到微观、从经济结构到社会结构，把每个细枝末节都梳理清楚，在更基础的层面把握经济和社会演进的方向，为政府提供有科学依据的决策建议，为经济学术尤其是发展经济学、制度经济学和区域经济学提供有价值的思想素材，在传统的政府系列和高校及科研院所之外打造一个高端的智库机构。

2011年9月，适逢中原发展研究院成立两周年之际，《国务院关于支持河南省加快建设中原经济区的指导意见》（国发〔2011〕32号）的出台，标志着

---

① 2013年河南省发展和改革委员会也加入了共建序列。

中原经济区正式上升为国家战略,同时,也意味着以河南省,即以中原为研究对象的中原发展研究院真正是应时而生的。中原发展研究院多位学者作为全程深度参与中原经济区上升国家战略研究谋划团队的核心成员,从一开始就意识到,作为较早就有意识地将自己的研究领域锁定在河南也就是中原的专业团队,我们应该为中原经济区的研究和建设做点什么。为此,从2011年3月开始,中原发展研究院启动了一项计划,就是全面梳理中原经济区经济社会发展的现状,比较其优势和劣势,分析其发展过程中遇到的问题,提出解决问题的思路,构成一个能够反映中原经济区经济社会发展运行状况的完整体系,成果以《中原经济区竞争力报告》为题,作为中原发展研究院的系列年度出版物,每年一本。首本于2012年4月面世,第二本2013年度报告当年4月出版,第三本2014年度报告也将如期出版。

2012年,适逢河南大学百年庆典,深圳海王集团总裁刘占军博士和北京汉唐教育集团张晓彬董事长两位校友得知我们的研究计划后,不仅非常赞赏,而且乐于施以援手,分别资助了《中原经济区发展指数研究报告》和《中原经济区金融竞争力报告》两个项目,首份报告已由人民出版社于2013年11月出版。

上述三份报告的编撰和出版,不仅使我们收获了知识和经验,也为我们赢得了社会声誉。受此激励,为了将"中原发展研究"这一主题做深做细做透,2013年下半年我们就开始酝酿谋划更大规模的研究出版计划。该计划的基本思路是:在继续编撰出版《中原经济区竞争力报告》和《中原经济区发展指数研究报告》这两份综合性报告的基础上,将"中原发展"问题按不同的经济社会活动领域分解成若干个专题,分别进行研究,并于每年定期出版专题报告,形成系列,冠以"中原发展研究院智库丛书"名称统一由社会科学文献出版社出版。截至目前,已经编撰完成、正在编撰和即将启动编撰并于2014年出版的专题报告有:《中原经济区财政发展报告》《中原经济区金融发展报告》《中原经济区工业化发展报告》《中原经济区城镇化发展报告》《中原经济区农业现代化发展报告》《中原经济区文化产业发展报告》《中原经济区社会发展报告》《郑州航空港经济综合实验区发展报告》《中国政府职能转换报告》等,加上上述两份综合性报告，形成总规模达11种的研究报告系列。①

"中原发展研究院智库丛书"实际上是自20世纪90年代初开启的传统平原农区工业化与经济社会转型研究的继续和升华，也是前述国家社科基金重大招标项目"中西部地区承接产业转移的重点与政策研究"（项目编号：11&ZD050）、国家社科基金重点项目"欠发达平原农业区产业结构调整升级与工业化发展模式研究"（项目编号：01AJY002）、国家社科基金重点项目"中西部地区承接产业转移的政策措施研究"（项目编号：09AZD024）、国家社科基金一般项目"传统平原农区工业化与社会转型路径研究"（项目编号：08BJL040）、河南省社科基金重大项目"中原经济区新型城镇化引领'三化'协调发展推进路径研究"（项目编号：2012A002），及教育部重点研究基地重大项目"黄河中下游平原农区工业化与社会转型路径研究"（项目编号：06JJD770009）等多个研究课题的一系列重要成果的有机组成部分，同时也融汇了中央相关部委、河南省委省政府及相关部门、相关基层政府与企业委托的各类专项研究课题及提交报告和政策建议的内容。

需要特别说明的是，该项研究和出版计划得到了郑州宇通集团公司、河南投资集团公司、河南民航发展投资公司、河南铁路投资公司、中原信托公司、中原证券公司、河南恒通化工集团公司等企业及河南省中原发展研究基金会的赞助，也得到了深圳海王集团公司、北京汉唐教育集团公司、河南省财政税务高等专科学校等的专项资助，同时，河南省发展和改革委员会、河南省财政厅也以政府购买服务的方式给予了支持，在此一并表示感谢，对这些企业及政府部门领导强烈的社会责任感和使命感表示深深的敬意。

"中原发展研究院智库丛书"为年度出版物，其所含所有报告均为每年一期，连续出版。

---

① 2013年度开始编撰出版的《中原经济区金融竞争力报告》，自2014年度开始，名称将改为《中原经济区金融发展报告》。"中原发展研究院智库丛书"所含专题报告，可视人力、财力情况及需要随时增加。

该丛书是中原发展研究院的重点项目和拳头产品,我们为其的研究和撰写投入了大量精力,力求无憾。但因项目工程浩大,问题和瑕疵必然在所难免。期待着关心中原经济区建设的各级领导和专家及广大读者提出宝贵意见,以使该丛书能够不断改进,日臻完善。

耿明斋

2014 年 3 月 21 日

前　言

中原经济区自 2011 年 9 月 28 日正式上升为国家战略以来发展迅速，2012 年区域主体河南省实现地区生产总值 29599.31 亿元，较 2011 年增长 9.91%；人均地区生产总值达 31499 元，较 2011 年增长 9.90%；城镇化率由 2011 年的 51.27% 上升至 52.57%……从一系列的数据之中我们不难发现中原经济区正在以良好的态势担任着中部崛起的发动机。然而，各项纷繁复杂的数据也只能反映出中原经济区（河南省）某一方面或某一指标的增长情况，无法满足我们对于区域经济发展水平与进度的考查，也难以较好的成为指导经济建设的风向标。因此，通过建立一套科学的评价指标体系，以便精准的反映中原经济区及内部各地区的发展面貌并从中发现问题、解决问题，成为我们编制《中原经济区发展指数研究报告》的初衷。

河南大学中原发展研究院的宗旨是：以"研究问题，服务社会"为基本理念，搭建平台，疏通渠道，将高效密集的学术资源引导到服务社会的轨道上来。锁定"中原"，针对其经济社会发展所涉及的重大战略问题展开研究，给出解决方案并提供政策建议。以"中原"为基点，全面探索中国社会现代化转型所涉及的各个侧面，探索路径，分析问题，指明方向。中原发展研究院自成立以来一直致力于事关河南经济社会发展的全局性的重大战略问题的系统研究，因此我们有责任也有能力建立一套科学的指标体系对中原经济区的发展现状进行全面系统反映。

2012 年 5 月《中原经济区发展指数研究报告（2012）》出版并在河南电视台《聚焦中原》栏目发布后，引起了巨大的社会反响，这对我们持续地研究提供了巨大的动力与信心。课题组认真地对上一年度指数报告进行总结与反思，经过反复讨论，于 2013 年 10 月正式启动《中原经济区发展指数研究报告

《(2014)》的编制工作。本报告从体例上分为上下两篇，上篇为中原经济区发展指数的编制与研究，下篇为中原经济区发展指数的地市分析。本报告具有以下三个特点：第一，学术性与工具性相结合。上篇对中原经济区发展指数的相关研究的回归与阐述、编制方法与实施过程、指标结构域空间结构特征、启示与结论等方面做了学术性的阐释；下篇主要是对中原经济区30个地市发展指数的发展水平和速度两个方面，从目标层、准则层、方案层三个维度进行了坐标式的工具性描述。第二，地方发展的特殊性与经济规律的一般性相结合。该指数的编制理念是把"三化"协调发展与可持续发展理论相结合，把经济增长过程中对自然环境与社会环境产生的外部性纳入一个综合性的分析框架中，力图对中原经济区内部各区域的发展水平进行综合评价，在一定程度上展现了区域"经济—生态—社会"三位一体的发展全貌。在指标权重的确定上，本报告把城镇化及其所属下级指标放到了至关重要的位置，这也体现了新一届政府试图通过实施新型城镇化战略来破解当前发展中的制度障碍这一初衷。第三，借鉴与创新相融合。指数编制方法上我们充分借鉴了联合国的人类发展指数和中国人民大学编制的中国人类发展指数等相关研究，也在一定程度上克服了以上两种研究方法存在的瑕疵。

特别需要指出的是，本报告的研究与出版计划得到了深圳海王集团股份有限公司的慷慨赞助，海王集团股份有限公司总裁刘占军先生也在本书的编制过程中提供了高屋建瓴式的指导与帮助。在此，我代表课题组向刘占军先生表示诚挚的感谢！

最后，虽然课题组对于本报告倾注了大量的心血，但是本报告难免存在问题与不足，期望广大读者批评指正，以便该项研究和指数编制日臻完善。

耿明斋

2014年1月24日

目 录

上篇　中原经济区发展指数的编制及研究

第1章　引言 ·· 003

第2章　中原经济区发展指数的编制方法与实施过程 ················· 007

第3章　中原经济区发展指数的特征分析 ···································· 036

第4章　中原经济区发展指数聚类分析 ······································· 059

第5章　中原经济区发展问题思考 ··· 067

下篇　中原经济区发展指数的地市分析

第6章　郑州市发展指数分析 ·· 077

第7章　开封市发展指数分析 ·· 083

第8章　洛阳市发展指数分析 ·· 089

第9章　平顶山市发展指数分析 ··· 095

第10章　安阳市发展指数分析 ·· 101

第11章　鹤壁市发展指数分析 ·· 107

第12章　新乡市发展指数分析 ·· 113

第13章　焦作市发展指数分析 ·· 119

第14章　濮阳市发展指数分析 ·· 125

第15章　许昌市发展指数分析 ·· 131

第 16 章	漯河市发展指数分析	137
第 17 章	三门峡市发展指数分析	143
第 18 章	南阳市发展指数分析	149
第 19 章	商丘市发展指数分析	155
第 20 章	信阳市发展指数分析	161
第 21 章	周口市发展指数分析	167
第 22 章	驻马店市发展指数分析	173
第 23 章	济源市发展指数分析	179
第 24 章	运城市发展指数分析	185
第 25 章	晋城市发展指数分析	191
第 26 章	长治市发展指数分析	197
第 27 章	邢台市发展指数分析	203
第 28 章	邯郸市发展指数分析	209
第 29 章	聊城市发展指数分析	215
第 30 章	菏泽市发展指数分析	221
第 31 章	淮北市发展指数分析	227
第 32 章	宿州市发展指数分析	233
第 33 章	蚌埠市发展指数分析	239
第 34 章	亳州市发展指数分析	245
第 35 章	阜阳市发展指数分析	251

后　记 ……………………………………………………………………… 257

上篇
中原经济区发展指数的编制及研究

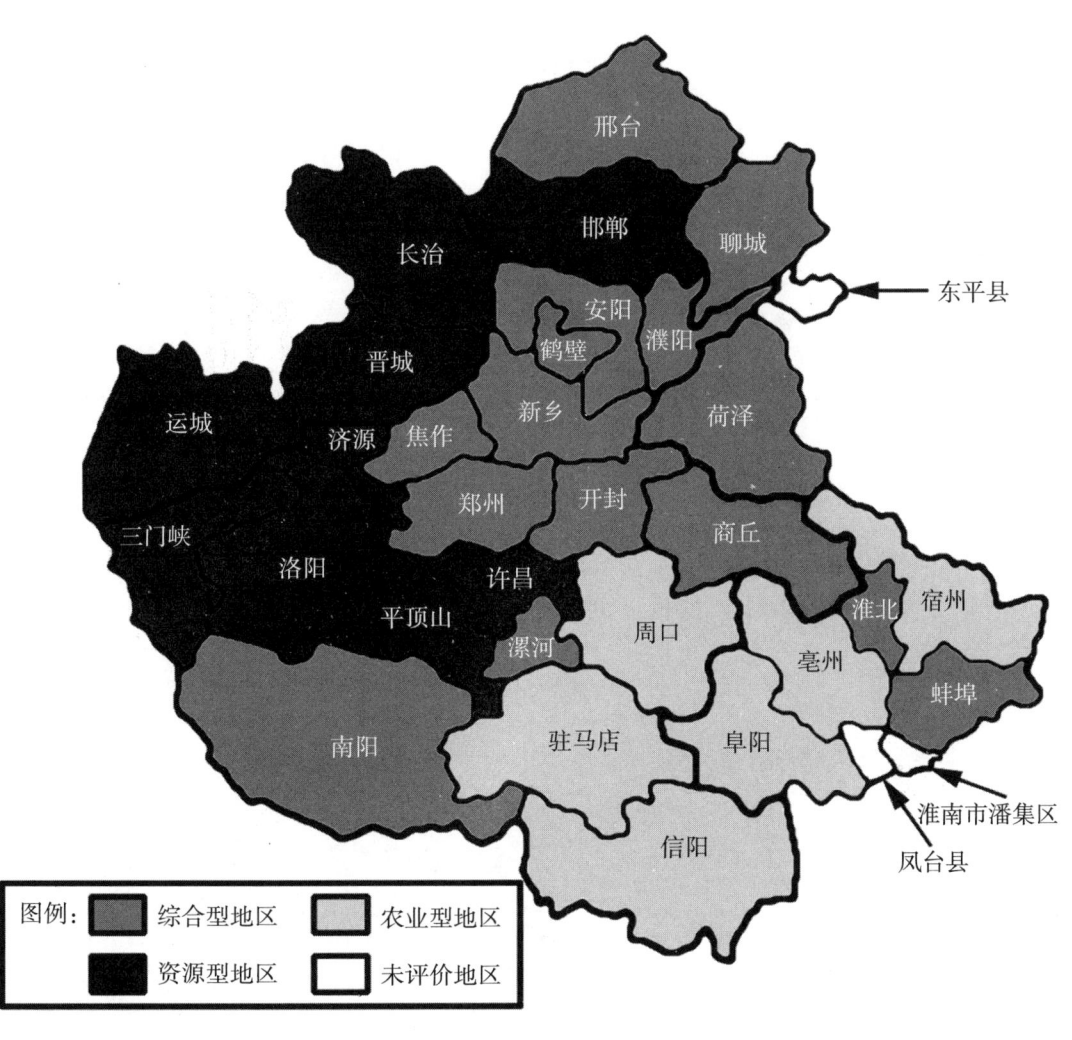

第 1 章
引言

1.1 编制背景

中原经济区是以全国主体功能区规划明确的重点开发区域为基础、中原城市群为支撑、涵盖河南全省、延及周边地区的经济区域，地理位置重要，粮食优势突出，市场潜力巨大，文化底蕴深厚，在全国改革发展大局中具有重要战略地位。2011 年 9 月 28 日，《国务院关于支持河南省加快建设中原经济区的指导意见》（国发〔2011〕32 号，以下简称《指导意见》）的正式出台，标志着中原经济区正式上升为国家战略，这是中原地区谋求地方发展战略上升为国家战略的一大突破。2012 年 11 月 17 日，国务院正式批复《中原经济区规划（2012～2020 年）》，明确了中原经济区范围是以河南省为主体，涵盖周边。具体范围包括河南省 18 个地市及山西省所辖运城、晋城、长治，河北省所辖邢台、邯郸，山东省所辖聊城、菏泽、泰安东平县，安徽省所辖淮北、宿州、蚌埠、亳州、阜阳、淮南凤台县及潘集区，陆地总面积 28.9 万平方公里，总人口 1.5 亿人（2010 年全国人口普查）。为了进一步凸显中原经济区的核心增长极带动作用，国务院于 2013 年 3 月 7 日正式批复了《郑州航空港经济综合实验区发展规划（2013～2025 年）》，两大国家级战略推动了中原经济区建设不断深化。

国家层面对中原经济区有其自身独特的发展定位显示出与其他经济区域本质的不同，《指导意见》中明确了中原经济区作为"国家重要的粮食生产和现代农业基地""全国工业化、城镇化和农业现代化协调发展示范区""全国重要的经济增长板块"三大战略定位，这意味着中原经济区要走出一条"不以牺牲农业和粮食、生态和环境为代价的新型城镇化、新型工业化、新型农业现代化'两不三新'式的'三化'协调发展之路"。从这三大战略定位的要求可以看出，在经济产出的基础上，中原经济区被赋予更大的社会责任以及为履行这种社会责任所需要破解的制度障碍。可以看出，国家层面对中原经济区的定位不仅仅着眼于经济的产出，而是把经济的产出水平放到对整个社会文明变革的结构变迁的角度上考虑。这样一种发展定位与发展思路的转变要求重新审视并重估中原经济区内部各区域发展的历程、现状和发展潜力，把原有的侧重产出水平的"增长式"的评价指标体系向兼顾结构性变迁的"发展式"的评价指标体系转变，尽可能全面地反映中原经济区内部各区域的发展面貌，从中发现问题、解决问题。发展思路的转变意味着评价体系与评价规则也要发生相应转变，因此建立一套科学的评价指标体系综合度量和评价建立在上述三大定位基础上的中原经济区的现代化进程就是一项紧迫而重大的时代课题。

河南大学中原发展研究院致力于事关中原地区经济社会发展的全局性的重大战略性问题的系统研究，现在已经成为河南高校服务地方经济建设的一面旗帜。作为对这一发展思路的延续，河南大学中原发展研究院经过近半年的努力编制了《中原经济区发展指数研究报告（2014）》，力图对中原经济区内部各区域的发展水平进行综合评价，在一定程度上展现区域"经济—生态—社会"三位一体的发展全貌，具有重大的现实指导意义。

1.2 创新价值

中原经济区发展指数的创新价值主要体现在以下四个方面。

第一，编制理念的创新。中原经济区发展指数第一次将"三化"协调发展理念融入可持续发展理论体系之中，体现出了区域发展特殊性与经济发展规律一般性的结合。

第二，编制方法的创新。中原经济区发展指数选择了一个合乎逻辑的参照系，找到了一个更好地分析和解释现实发展程度的标尺，使得中原经济区发展指数横向可比，更重要的是使纵向对比也成了可能。

第三，分析思路的创新。中原经济区发展指数通过聚类分析把纷繁复杂的变量按照内在逻辑关系进行了"物以类聚"式的归类，从而将区域发展类型大致划分为资源型区域、农业型区域和综合型区域三大类型。在此基础上对影响指数的结构因素进行了系统分析，找到了不同区域发展类型之间的差异性，根据差异分析指标的内在逻辑结构。

第四，研究结论的创新。可持续发展理论的引入使得中原经济区发展指数的评价结果与传统的评价方法有很大出入，在一定程度上还原了区域经济社会发展的真实面貌，是对以 GDP 为基础的评价体系最有力的挑战与补充。

1.3 指数与上一年度的不同之处

《中原经济区发展指数研究报告（2014）》是中原经济区发展指数年度报告系列的第二本，在延续上一年度框架的基础上，做了以下调整。

1.3.1 对指标体系进行了调整

课题组重新确定了指标选取的原则——"全面性、实用性、独立性"原则。在此基础上，将上一年度指标体系中一些数据质量差、区分度不强、实用性较弱的指标予以删除或替换。具体替换指标及理由如下。

（1）2009～2012 年个别地市城镇居民人均文化娱乐支出出现了反常的跳跃式增长，某一年前后的数据序列存在巨大差异，统计年鉴及相关政府网站并未就这一现象做出具体说明。因此，课题组将城镇化指数中反映生活城镇化的"城镇居民人均文化娱乐支出"指标改为数据序列更为平稳、质量更高的"人均全社会消费品零售总额"。

（2）"工业固体废物综合利用率""城镇生活污水处理率"的相关统计显示多数地市已经达到 100%，这两个指标不仅区分度差、与人们的现实感受严重不符，而且仅限于水污染和固体废渣污染。课题组用"人均公共预算节能环保支出"代替这两个指标,不仅避免了争议,而且更加全面、整体地表示出不同地市为化解各种污染的负外部性所做出的努力。

(3) 某一地市的高等教育资源并不是由该地市所独享,高等学校是面向全国招生,就中原经济区而言,高校所在城市并没有政策倾斜,高校的学生也并不都是本地学生。课题组将教育指数中"万人高等学校在校学生数"改为"人均教育经费",与"万人中小学专任教师数"配合,分别反映教育的"质"和"量"。

(4) 随着地铁、轻轨的普及,"万人公共汽车数量"已经难以满足表征人均出行便利程度的需要,因此舍去该指标,同时增加"人均城乡社区事务财政支出"这一指标,以反映居民社区生活的便利程度。

1.3.2 采用了新的分析方法

在分析中原经济区整体发展时,融入了箱线图以更好地体现整体趋势及差异程度。

1.3.3 对一些问题进行了思考

对中原经济区现代化进程中呈现的特殊现象及存在的问题进行了思考,详见本报告第5章。

第 2 章
中原经济区发展指数的编制方法与实施过程

一般情况下,指数的编制过程主要包括以下五部分:第一,寻找理论基础;第二,确立评价指标体系;第三,对指标体系进行无量纲化处理;第四,确定各个指标的权重;第五,确定指数的合成方法。

2.1 确定理论

中原经济区发展指数是用来综合评判中原经济区内部各区域发展的速度、质量以及潜力的一种标准,因此指数的编制必须要有符合自身经济发展规律的评判标准,这个评判标准就是相应的理论基础。结合河南发展的实际与"发展"的一般内涵,课题组把中原经济区发展指数的理论基础锁定在可持续发展以及"三化"协调发展两种理论之上。

2.1.1 绿色发展理论

在快速的工业化和城镇化进程中,中原经济区经济与社会的发展过多地依赖资源和投资,形成了以"高耗能、高污染、高投资"为特征的粗放式增长模式。当资源的储量不断下降、自然及社会环境的承载能力接近极限时,越来越多的有识之士意识到,只注重"量"而忽略"质"的粗放式增长方式难以为继,转变经济发展方式,走资源节约型、环境友好型、绿色的可持续发展道路势在必行,因此中原经济区发展指数首先选择了绿色发展理论作为指导。绿色发展理论的核心就是可持续发展,无论是从一个国家、地区还是从全球范围来看，生态环境的可持续发展都是全面可持续发展的基础，经济的可持续发展是核心，而以人为本的社会环境的可持续发展则是人类社会发展的最终目标，因此可持续发展至少包括经济、社会、生态环境三个方面，相应地，中原经济区发展指数的编制在考虑到经济发展的同时，结合自身的特点及时代特征，融入了生态环境的可持续发展及社会环境的可持续发展。

2.1.2 新型城镇化引领的"三化"协调发展理论

中原经济区的战略定位中包括国家重要的粮食生产和现代农业基地，全国工业化、城镇化、信息化和农业现代化协调发展示范区。目前，中原经济区发展形势与战略定位还有一定距离，整体上属于欠发达地区，区域内部分化较为明显，南部的传统农区经济与社会的发展滞后于北部地区，北部地区的工业化进程明显快于城镇化进程，而农业现代化进程则最为缓慢。信息化只有在城镇化、工业化和农业现代化发展到一定阶段时才会对经济和社会的发展产生明显的推动作用。通过新型城镇化引领"三化"协调发展已被证明是中原经济区现代化之路的最佳选择，因此中原经济区发展指数应该体现出城镇化、工业化与农业现代化"三化"协调发展这一思想。

2.2 建立指标体系

2.2.1 指标选取的原则

（1）全面性。中原经济区发展指数的目的之一是在"三化"协调发展理论及可持续发展理论的基础上全面反映区域内部 30 个地市的整体发展情况。相应的指标体系要配合这一目标，既要涉及经济和社会的发展，还要兼顾可持续发展。做到尽量客观而全面的体现城镇化、工业化及农业现代化的主要方面以及资源、环境的承载能力，且能够点、面结合，从整体和局部的不同角度系统地反映中原经济区发展情况。

（2）实用性。中原经济区发展指数并非停留在理论研究层面，还要与实践相结合指导现实应用。这就要求指标体系具有很强的实用性，便于读者对区域整体和30个不同地市的发展情况进行分析比较。因此，首先，指标的含义应该简明易懂，能够被一般读者接受；其次，要求数据来自于公开的、可信度高的数据库，即指标数据容易获取且数据质量被公众认可；最后，不同地市统计口径应当一致，同一地市不同年份的统计口径也要保持一致，只有这样才能提升指数的可操作性，便于实践应用，辅助读者科学地进行决策分析。

（3）独立性。指标体系的建立需遵循独立性原则。同一层次的指标应相互独立，保证指标间形成并列关系，严禁出现包含与被包含关系，尽可能减少各指标间的关联度，消除指标间的相互依赖关系。只有这样，才能顺利地展开接下来的赋权工作，保证指标权重的精准。

《中原经济区发展指数研究报告（2014）》的指标体系在上一年度的框架基础上，遵循以上原则，对个别指标进行了替换，具体变化将在下文中详细论述。

2.2.2 指标体系的选取思路

中原经济区发展指数是一个多目标、多层次的评价体系，而"三化"协调发展理论与可持续发展理论为多层次评价提供了一系列准则，具体如下。

➢ 准则层 B

现有文献中，人均 GDP 是衡量地区经济发展水平的最重要的指标。但是由于人均 GDP 自身存在的缺陷，从 20 世纪 50 年代中期以来学者们不断在人均 GDP 指标的基础上寻找若干指标以还原经济发展的全过程，尽量弥补人均 GDP 的不足，如人类发展指数、绿色 GDP 等都是这一努力的结果。可持续发展理论就是在这一背景下产生的，根据可持续发展理论的基本内涵，选取经济、生态环境、社会环境作为准则层 B，具体如图 2-1 所示。

➢ 准则层 C 和方案层 D

课题组在准则层 B 的基础上，又构造了其下层的准则层 C 与方案层 D，具体如下。

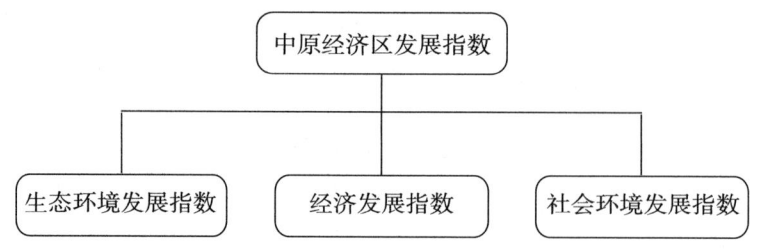

图 2-1 建立在可持续发展理论基础上的中原经济区发展指数准则层 B 示意

（1）工业化是一个国家和地区经济发展过程中所经历的以工业扩张、结构变动、产出增长、城市化及农业现代化为基本特征的特殊历史阶段，其结果是从不发达状态进入发达状态，这是广义上的工业化。在这一定义中工业化与城镇化和农业现代化是协调一体的，但受制于发展环境的约束，中原经济区乃至整个中国的"三化"的发展是不协调的，城镇化和农业现代化滞后于工业化。当前，我国提出新型工业化道路，即以信息化带动工业化，以工业化促进信息化，科技含量高、经济效益好、资源消耗低、环境污染少、人力资源优势得到充分发挥的工业化道路。为了体现出中原经济区"三化"协调发展这一理念，城镇化和农业现代化应该从工业化中分离出来，这就是通常所说的狭义的工业化。按照对狭义工业化的理解，工业化首先应该体现为产出的增长，这表现为人均 GDP 的增长；其次应该体现为工业部门的扩张，最能反映国民经济这一变化的是三次产业结构的变动。而三次产业结构只是表明工业化对国民经济结构变动的数量效应，不足以反映工业内部结构优化的问题。制造业增加值的比重是衡量工业内部结构的最常用的指标，制造业增加值比重越高，表明区域经济对能源的依赖程度越小，可持续发展的能力也就越强。但该指标的获取依赖于相应地市最新的统计年鉴，而各个地市最新的统计年鉴的出版时间并不相同，故该指标的可得性不能得到保证。但由于国有经济一般主要涉及采矿业以及相应的资源型制造业，制造业增加值比重与非国有工业比重密切相关，非国有工业增加值比重可以近似作为制造业增加值比重的替代指标。

（2）城镇化的内涵至少应该包括人口的城镇化、土地的城镇化、经济活动的城镇化以及生活方式的城镇化四个方面，课题组用常住人口城镇化率、第一产业就业人数比重以及人均全社会消费品零售总额三个指标来分别衡量人、经济活动与生活方式的城镇化。土地的城镇化通常用建城区面积及其增长率来衡量，但考虑到城市的扩建存在类似于"一次扩建多年填空"的问题，因此城市建成区面积增长与时间并无直接的统计上的相关关系，所以课题组最终舍弃了衡量土地的城镇化相关指标。

（3）农业现代化是指利用现代工业、现代科技与现代经营管理理念等方法，使得农业生产从传统农业向现代农业转化的过程和手段。从这个定义不难推断出，农业现代化至少应该具有规模化（前提）、市场化（动力）、机械化（手段）、科技化（目标）四个特征。课题组分别用劳均种植业经营面积反映农业生产实际的规模化经营程度，用按产量平均的农产品加工动力机械反映市场化与商品化程度，用按产量平均的农用大中型拖拉机动力反映机械化程度。值得注意的是，以地市为统计单元的科技化指标目前缺失，课题组不得已把这类指标舍弃。但从具体的约束条件来看，缺失科技指标并不会从根本上削弱农业现代化的衡量标准。这是因为中原经济区目前农业的科技水平在农业现代化过程中所起到的作用较小，农业现代化面临的首要问题是实现规模化与市场化，进而实现机械化。如果农业现代化的前三个特征实现不了，就没有市场化的利益激励机制，农业的科技水平也不会对农业现代化有非常显著的贡献。这可以从每年有大量的农业科技资金投入却没有产生相应的效益来验证。经济发展指数及其下层指标如图2-2所示。

（4）对于生态环境的可持续发展，课题组认为应该从三个方面来衡量：第一，考察经济结构对能源的依赖程度，一般选取单位GDP能耗指标，经济结构对能源的依赖程度越强，相应的对生态环境的破坏程度就越高；第二，环境污染状况，近年来各地频现雾霾天气，呼吸系统疾病发病率急剧上升，所以选取按辖区面积平均的工业烟尘排放量作为代表；第三，化解污染负外部性的努力程度，用人均公共预算节能环保支出这一指标全面、整体地表示出不同地市为化解各种污染的负外部性所做出的努力。生态环境发展指数及其下层指标如图2-3所示。

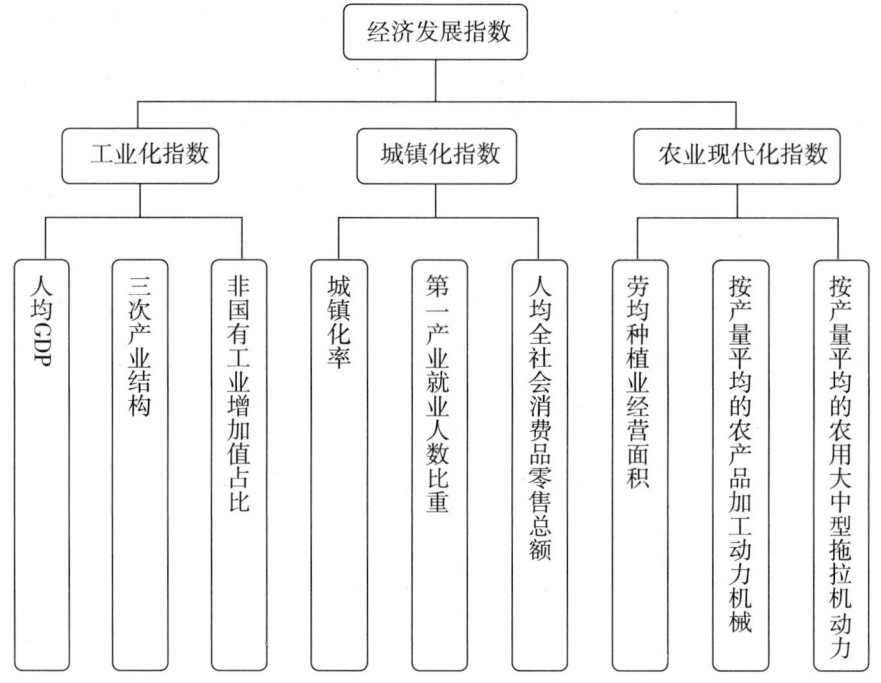

图 2-2 建立在"三化"协调发展理论基础上的经济发展指数及其下层结构示意

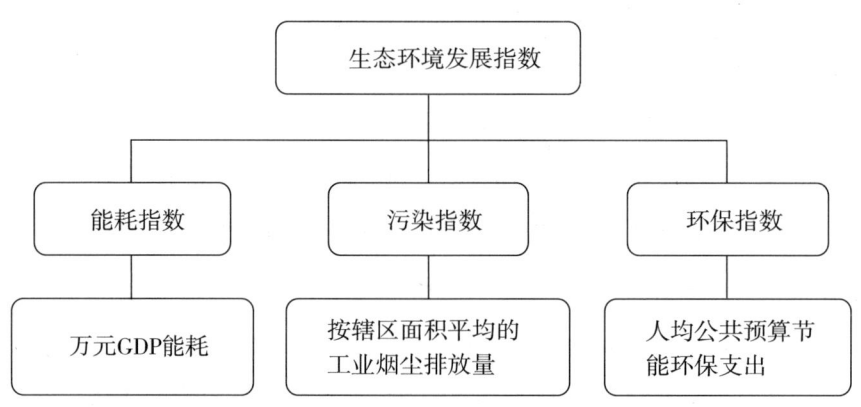

图 2-3 生态环境发展指数及其下层结构示意

（5）对于以人为本的社会环境的可持续发展来说，首先考虑的是发展是为了人类自身，其首要表现就是居民收入的不断增加，主要包括城镇居民人均可支配收入和农村居民人均纯收入两个指标。其次，现代化的过程也是缩小城乡收入差距的过程，用城乡居民收入比衡量城乡收入差距状况。在收入水平一定的情况下，以人为本的社会环境的可持续发展离不开良好的医疗与教育体系的支撑，健全的医疗体系保证构成社会微观主体的人有一个健康的体魄，而高质量的教育环境更是提高了受教育者未来的发展潜力，因此健康和教育指标是在收入指标之后要考虑的。健康指标主要从卫生资源的可得性考虑，选取了万人卫生技术人员数与万人卫生机构床位数两个指标，而教育指标选取了反映教育财政投入力度的人均教育经费和反映基础教育发展情况的万人中小学专任教师数两个指标，分别考察了教育发展的"质"和"量"。最后，以人为本还体现为人的生活环境的状况，课题组主要从公共绿地的稀缺程度、日常生活的便利程度以及道路交通的拥挤程度三个方面来设计指标。由于城镇化是未来的发展方向，因此分别选用人均城市公园绿地面积、人均城乡社区事务财政支出、人均城市道路面积来具体衡量。社会环境发展指数及其下层指标如图2-4所示。

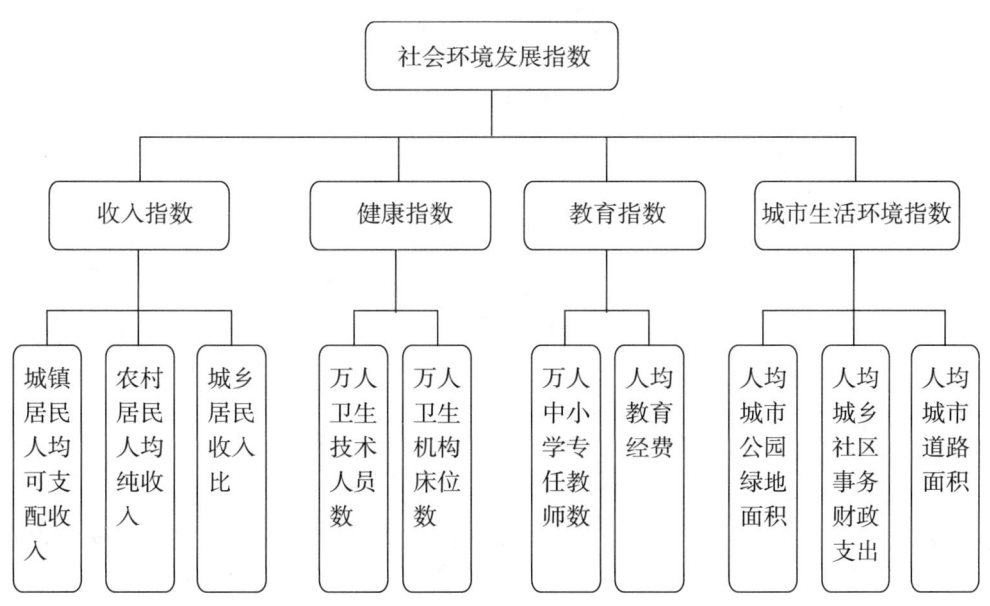

图 2-4　社会环境发展指数及其下层结构示意

2.2.3　指标体系的递阶层次结构

按照上述指标选取的原则，课题组构造了中原经济区发展指数指标体系的递阶层次结构，具体如表2-1所示。

表 2-1　中原经济区发展指数指标体系的递阶层次结构

目标层 A	准则层 B	准则层 C	方案层 D（权重）	指标说明
中原经济区发展指数 A	经济发展指数 B1（0.5390）	工业化指数 C1（0.1588）	人均 GDP D1（0.0953）	反映工业化的总量效应
			三次产业结构 D2（0.0318）	用结构指标对工业化的总量效应进行修正
			非国有工业增加值占比 D3（0.0318）	在上述基础上进一步修正
		城镇化指数 C2（0.3496）	城镇化率 D4（0.2214）	按常住人口统计的城镇化
			第一产业就业人数比重 D5（0.0911）	经济活动的城镇化
			人均全社会消费品零售总额 D6（0.0371）	生活方式的城镇化
		农业现代化指数 C3（0.0306）	劳均种植业经营面积 D7（0.0226）	反映农业实际的规模化经营程度
			按产量平均的农产品加工动力机械 D8（0.0051）	反映农业的市场化与商品化程度
			按产量平均的农用大中型拖拉机动力 D9（0.0029）	反映农业的机械化程度
	生态环境发展指数 B2（0.1638）	能耗指数 C4（0.1024）	万元 GDP 能耗 D10（0.1024）	经济结构对能源的依赖程度
		污染指数 C5（0.0205）	按辖区面积平均的工业烟尘排放量 D11（0.0205）	空气污染状况
		环保指数 C6（0.0409）	人均公共预算节能环保支出 D12（0.0409）	化解污染负外部性的努力程度
	社会环境发展指数 B3（0.2972）	收入指数 C7（0.1385）	城镇居民人均可支配收入 D13（0.0462）	城镇居民收入状况
			农村居民人均纯收入 D14（0.0462）	农村居民收入状况
			城乡居民收入比 D15（0.0462）	城乡收入差距状况

续表

目标层 A	准则层 B	准则层 C	方案层 D（权重）	指标说明
中原经济区发展指数 A	社会环境发展指数 B3（0.2972）	健康指数 C8（0.0479）	万人卫生技术人员数 D16（0.0239）	卫生资源软环境的可得性
			万人卫生机构床位数 D17（0.0239）	卫生资源硬环境的可得性
		教育指数 C9（0.0824）	万人中小学专任教师数 D18（0.0412）	基础教育的可得性，反映教育资源的数量
			人均教育经费 D19（0.0412）	衡量教育水平，反映教育的质量
		城市生活环境指数 C10（0.0285）	人均城市公园绿地面积 D20（0.0095）	公共绿地的稀缺程度
			人均城乡社区事务财政支出 D21（0.0095）	社区生活的便利程度
			人均城市道路面积 D22（0.0095）	日常出行的拥挤程度

注：括号中数字为该指标相对于目标层 A 的权重；由于四舍五入，各项指标权重相加之和略大于 1。

2.3 指标的无量纲化处理

由于发展指数包含了既系统又综合的指标集，因此构成该指标体系的基本数据单元存在量纲上的差异，要想使量纲不同的指标之间具有可比性，必须通过一定的数理方法消除量纲不同的影响，这一过程称为数据的标准化或者无量纲化处理。综合考虑，本文采用极差法对数据进行标准化处理，对每一项评价指标确定一个满意值和不允许值，以满意值为上限，以不允许值为下限，计算各指标实现满意值的程度，并以此确定各指标的评价值。公式如下：

$$f(x_i) = \frac{x_i - x_s}{x_h - x_s} \cdot 100$$

人均GDP、人均全社会消费品零售总额、城镇居民人均可支配收入、农村居民人均纯收入四个指标先取自然对数，再按照上述方法进行标准化处理，公式如下：

$$f(x_i) = \frac{\ln x_i - \ln x_s}{\ln x_h - \ln x_s} \cdot 100$$

其中，$f(x_i)$ 表示区域 i 某单项指标的标准化得分，其取值范围为 [0，100]。x_i 表示区域 i 某单项指标的实际值，x_h 表示某单项指标的满意值，x_s 表示某单项指标的不允许值。对于正向指标，满意值为最大值，不允许值为最小值；对于逆向指标，满意值为最小值，不允许值为最大值。

关于满意值的选择，课题组选择台湾省2010年相应数据作为参照系，① 原因在于台湾省已经实现了工业化与现代化，经济发展与社会结构已经进入高水平均衡状态。而关于不允许值的选择，课题组选用2009~2011年中原经济区涵盖所有地市中出现的最小值作为参照系，原因在于出现最小值的这些区域（如阜阳等），其按照2009年可比价格计算的人均GDP还没有达到钱纳里多国模型所要求的工业化的初级阶段的水平，故把这些区域作为不允许值的参照系也符合经济发展的一般规律。经过满意值与不允许值参照系的选择，把对比的标尺设定在还未进入工业化初级阶段（不允许值）与已经实现工业化（满意值）两个范围之内，其意义在于既能够进行横向对比，又能进行纵向对比。

数据主要来源于《中国统计年鉴2010~2013》，*Taiwan Statistical Data Book 2011*，《河南统计年鉴2010~2013》，《山西统计年鉴2010~2013》，《河北经济年鉴2010~2013》，《山东统计年鉴2010~2013》，《安徽统计年鉴2010~2013》及《中国城市统计年鉴2010~2012》等，极个别数据来源于中原经济区各地市的2010~2012年《国民经济和社会发展统计公报》与2010~2012年《政府工作报告》及相应的官方网站等。

---

① 涉及价格因素的指标，课题组都已经进行了相应的平减，确保数据的可比性。

2.4 指标权重的确定

消除了指标间不同量纲的影响,接下来要对指标赋权,为完成最终的加总计算做准备。综合考虑,本文选用层次分析方法对指标赋权。该方法的优点是将定性与定量相结合,将复杂问题层次化、定性问题定量化,体现出主观分析方法的客观性质,在多层次、多目标决策以及权重确定方面具有重要作用。

在构造中原经济区发展指数指标体系的递阶层次结构以后,就需要构造相应的判断矩阵。构造判断矩阵的方法是:每一个具有向下隶属关系的元素(被称作准则)作为判断矩阵的第一个元素(位于左上角),隶属于它的各个元素依次排列在其后的第一行和第一列。以目标层中原经济区发展指数为例,其判断矩阵如表 2-2 所示。

表 2-2 判断矩阵示例

中原经济区发展指数	经济发展指数	生态环境发展指数	社会环境发展指数
经济发展指数			
生态环境发展指数			
社会环境发展指数			

目标层以下各层的判断矩阵依此类推。在判断矩阵的基础上,邀请专家对判断矩阵进行打分,打分依据如表 2-3 所示。

表 2-3 判断矩阵打分依据

重要性标度	含义
1	表示两个元素相比,具有同等重要性
3	表示两个元素相比,前者比后者稍重要
5	表示两个元素相比,前者比后者明显重要
7	表示两个元素相比,前者比后者强烈重要
9	表示两个元素相比,前者比后者极端重要
2,4,6,8	表示上述判断的中间值
倒数	若元素 i 与元素 j 的重要性之比为 a_{ij},则元素 j 与元素 i 的重要性之比为 $a_{ji}=1/a_{ij}$

综合各个专家的打分结果，课题组经过多次深入讨论，最终各个判断矩阵及相应的权重 W 和一致性比率 CR 如表 2-4 至表 2-14 所示。

表 2-4 中原经济区发展指数判断矩阵

中原经济区发展指数	经济发展指数	生态环境发展指数	社会环境发展指数	W	CR
经济发展指数	1	3	2	0.538961	
生态环境发展指数	1/3	1	1/2	0.163781	0.007939
社会环境发展指数	1/2	2	1	0.297258	

表 2-5 经济发展指数判断矩阵

经济发展指数	工业化指数	城镇化指数	农业现代化指数	W	CR
工业化指数	1	1/3	7	0.294638	
城镇化指数	3	1	9	0.648619	0.070082
农业现代化指数	1/7	1/9	1	0.056743	

表 2-6 生态环境发展指数判断矩阵

生态环境发展指数	万元 GDP 能耗	按辖区面积平均的工业烟尘排放量	人均公共预算节能环保支出	W	CR
万元 GDP 能耗	1	3	3	0.6	
按辖区面积平均的工业烟尘排放量	1/3	1	1	0.2	0
人均公共预算节能环保支出	1/3	1	1	0.2	

表 2-7 社会环境发展指数判断矩阵

社会环境发展指数	收入指数	健康指数	教育指数	城市生活环境指数	W	CR
收入指数	1	2	3	4	0.465819	
健康指数	1/2	1	2	3	0.27714	0.011496
教育指数	1/3	1/2	1	2	0.16107	
城市生活环境指数	1/4	1/3	1/2	1	0.09597	

表2-8 工业化指数判断矩阵

工业化指数	人均GDP	三次产业结构	非国有工业增加值占比	W	CR
人均GDP	1	3	3	0.6	
三次产业结构	1/3	1	1	0.2	0
非国有工业增加值占比	1/3	1	1	0.2	

表2-9 城镇化指数判断矩阵

城镇化指数	城镇化率	第一产业就业人数比重	人均全社会消费品零售总额	W	CR
城镇化率	1	3	5	0.633346	
第一产业就业人数比重	1/3	1	3	0.260498	0.033375
人均全社会消费品零售总额	1/5	1/3	1	0.106156	

表2-10 农业现代化指数判断矩阵

农业现代化指数	劳均种植业经营面积	按产量平均的农用大中型拖拉机动力	按产量平均的农产品加工动力机械	W	CR
劳均种植业经营面积	1	5	7	0.737971	
按产量平均的农用大中型拖拉机动力	1/5	1	2	0.167594	0.012242
按产量平均的农产品加工动力机械	1/7	1/2	1	0.094435	

表2-11 收入指数判断矩阵

收入指数	城镇居民人均可支配收入	农村居民人均纯收入	城乡居民收入比	W	CR
城镇居民人均可支配收入	1	1	1	0.333333	
农村居民人均纯收入	1	1	1	0.333333	0
城乡居民收入比	1	1	1	0.333333	

表 2-12 健康指数判断矩阵

健康指数	万人卫生技术人员数	万人卫生机构床位数	W	CR
万人卫生技术人员数	1	1	0.5	0
万人卫生机构床位数	1	1	0.5	

表 2-13 教育指数判断矩阵

教育指数	万人中小学专任教师数	人均教育经费	W	CR
万人中小学专任教师数	1	1	0.5	0
人均教育经费	1	1	0.5	

表 2-14 城市生活环境指数判断矩阵

城市生活环境指数	人均城市公园绿地面积	人均城乡社区事务财政支出	人均城市道路面积	W	CR
人均城市公园绿地面积	1	1	1	0.333333	
人均城乡社区事务财政支出	1	1	1	0.333333	0
人均城市道路面积	1	1	1	0.333333	

可以看出，各个层次的判断矩阵的一致性指标 $CR = \frac{CI}{RI} < 0.1$，均通过逻辑一致性检验，因此各个指标相较于其上层指数的权重就如上述各表 W 列所示。值得注意的是，各个判断矩阵每一项组成部分的权重只是相对于上层指数的权重，因此每一项指标在整个指标体系中的权重需要通过相应的换算得到，最终的结果就如表 2-1 括号中的数字所示。

2.5 指数的合成方法

在多指标综合评价中，合成是指通过一定的算式，将多个指标对事物不同方面的评价值综合在一起，以得到一个整体性的评价。可用于合成的数学方法有很多，常见的有加权算术平均合成模型、加权几何平均合成模型以及加权算术平均和加权几何平均联合使用的混合合成模型。中原经济区发展指数采用加权算术平均合成模型，具体是将各个地市的全部指标标准化得分进行由低到高

分层加权计算,得到总得分,具体公式如下:

$$f(X_A) = \sum_{B=1}^{3} W_B X_B = \sum_{C=1}^{10} W_C X_C = \sum_{D=1}^{23} W_D X_D$$

其中,$f(X_A)$ 是区域 X 发展指数的最终得分;W_B 为准则层 B 的权重,W_C 为准则层 C 的权重,W_D 为方案层 D 的权重;X_B 为区域 X 准则层 B 的标准化得分,X_C 为区域 X 准则层 C 的标准化得分,X_D 为区域 X 方案层 D 的标准化得分。

2.6 指数的计算结果

在完成了 2.2、2.3、2.4、2.5 四部分的基础上,就可以计算中原经济区各区域[①]各层次的发展指数,具体如表 2-15 至表 2-28 所示[②]。

2.6.1 目标层 A 之中原经济区发展指数结果

表 2-15 中原经济区发展指数

地 市	2010 年		2011 年		2012 年	
	评测值	排 名	评测值	排 名	评测值	排 名
郑州市	53.30	1	57.10	1	59.30	1
开封市	27.36	20	32.25	19	35.09	17
洛阳市	34.30	9	38.27	9	41.50	8
平顶山市	27.81	19	32.63	18	34.58	19
安阳市	28.24	18	34.50	16	36.24	16
鹤壁市	39.10	3	41.09	5	45.00	5
新乡市	33.87	10	38.04	11	40.21	11
焦作市	37.80	5	42.71	3	46.16	3
濮阳市	25.61	23	32.17	20	33.68	21

---

① 受限于数据的可得性,山东省泰安市东平县和安徽省淮南市凤台县与潘集区三个组成部分没有包含在内,最终的计算结果只包含中原经济区 30 个地级市,下同。

② 由于指数实现了纵向对比,表 2-15 至表 2-28 中多数评测值的最小值不为"0.00"。

续表

地市	2010年		2011年		2012年	
	评测值	排名	评测值	排名	评测值	排名
许昌市	36.03	7	39.02	7	42.50	7
漯河市	34.74	8	37.36	12	39.76	12
三门峡市	33.60	12	38.06	10	41.47	9
南阳市	27.07	22	31.16	21	33.58	22
商丘市	23.69	27	27.93	27	29.81	27
信阳市	29.10	17	34.14	17	34.89	18
周口市	24.12	25	29.80	24	32.05	24
驻马店市	24.10	26	28.33	26	30.99	25
济源市	42.52	2	44.40	2	47.99	2
运城市	24.95	24	28.38	25	30.45	26
晋城市	36.62	6	40.79	6	43.27	6
长治市	30.21	15	35.14	14	37.38	15
邢台市	27.34	21	30.13	23	32.13	23
邯郸市	33.14	13	36.87	13	37.98	13
聊城市	29.73	16	31.15	22	34.58	20
菏泽市	30.35	14	34.68	15	37.98	14
淮北市	38.21	4	42.41	4	45.07	4
宿州市	22.21	28	26.32	28	29.28	28
蚌埠市	33.61	11	38.29	8	41.02	10
亳州市	19.97	29	24.20	29	27.89	29
阜阳市	18.50	30	22.43	30	26.62	30

2.6.2 准则层B之经济发展指数及其下层指数结果

表2-16 经济发展指数

地市	2010年		2011年		2012年	
	评测值	排名	评测值	排名	评测值	排名
郑州市	63.64	1	65.88	1	68.22	1
开封市	22.52	21	26.38	21	30.50	21
洛阳市	38.19	7	40.89	7	43.68	7

续表

地 市	2010 年		2011 年		2012 年	
	评测值	排 名	评测值	排 名	评测值	排 名
平顶山市	29.09	16	32.05	16	33.93	17
安 阳 市	30.06	15	33.40	15	36.01	14
鹤 壁 市	39.29	6	41.82	6	45.42	6
新 乡 市	32.44	12	35.43	12	38.34	11
焦 作 市	41.37	5	44.35	5	47.79	4
濮 阳 市	20.36	24	26.15	22	26.03	23
许 昌 市	33.24	11	36.89	10	40.78	9
漯 河 市	32.01	13	33.76	14	35.88	15
三门峡市	34.04	10	36.54	11	39.22	10
南 阳 市	21.20	23	23.18	24	25.96	24
商 丘 市	14.42	28	17.79	28	21.15	28
信 阳 市	21.52	22	25.19	23	27.51	22
周 口 市	14.67	27	18.44	26	21.90	26
驻马店市	14.83	26	18.34	27	21.69	27
济 源 市	48.48	2	48.91	2	53.02	2
运 城 市	26.32	20	29.21	19	30.65	20
晋 城 市	42.51	4	44.73	4	47.23	5
长 治 市	35.34	9	38.30	9	40.84	8
邢 台 市	28.19	17	30.47	18	31.93	19
邯 郸 市	36.55	8	38.51	8	38.12	12
聊 城 市	26.97	19	28.79	20	32.09	18
菏 泽 市	27.84	18	31.57	17	35.37	16
淮 北 市	43.00	3	44.81	3	47.88	3
宿 州 市	16.35	25	19.59	25	22.00	25
蚌 埠 市	31.58	14	34.45	13	38.07	13
亳 州 市	12.39	30	16.49	29	20.07	30
阜 阳 市	13.49	29	15.90	30	20.24	29

表 2-17 工业化指数

地 市	2010年		2011年		2012年	
	评测值	排名	评测值	排名	评测值	排名
郑州市	70.99	2	74.07	1	76.41	1
开封市	39.27	18	42.55	18	47.29	17
洛阳市	54.33	6	56.73	7	59.79	6
平顶山市	46.84	13	49.36	14	49.77	16
安阳市	51.57	9	54.11	9	54.83	10
鹤壁市	49.58	11	52.48	11	56.49	9
新乡市	46.13	14	49.78	13	53.10	13
焦作市	61.95	3	63.92	3	66.86	3
濮阳市	43.88	15	44.37	17	46.88	18
许昌市	54.83	5	58.27	5	60.70	5
漯河市	53.32	8	54.00	10	54.70	11
三门峡市	54.25	7	56.78	6	59.02	7
南阳市	37.89	20	39.16	22	41.57	22
商丘市	23.25	28	27.14	28	30.68	28
信阳市	34.97	23	37.94	24	39.53	24
周口市	28.06	26	34.45	25	37.96	25
驻马店市	29.39	25	33.02	26	36.44	26
济源市	71.11	1	71.20	2	74.23	2
运城市	36.97	21	41.81	19	40.87	23
晋城市	50.26	10	52.40	12	54.55	12
长治市	49.47	12	54.70	8	57.33	8
邢台市	36.29	22	39.69	21	42.48	21
邯郸市	37.98	19	40.76	20	42.96	20
聊城市	57.21	4	60.65	4	64.14	4
菏泽市	40.26	16	46.50	15	51.53	15
淮北市	40.05	17	45.05	16	51.75	14
宿州市	23.73	27	28.81	27	33.72	27
蚌埠市	32.63	24	38.06	23	46.48	19
亳州市	10.44	29	16.86	29	27.43	29
阜阳市	8.06	30	10.80	30	25.62	30

表 2-18 城镇化指数

地 市	2010 年		2011 年		2012 年	
	评测值	排 名	评测值	排 名	评测值	排 名
郑 州 市	64.12	1	66.14	1	68.63	1
开 封 市	15.43	20	19.55	21	23.49	20
洛 阳 市	33.18	8	36.16	8	39.06	7
平顶山市	23.18	15	26.48	14	29.13	14
安 阳 市	21.66	17	25.48	16	28.86	15
鹤 壁 市	35.56	6	38.08	6	41.56	6
新 乡 市	26.51	12	29.34	12	32.20	13
焦 作 市	34.73	7	38.31	5	42.16	5
濮 阳 市	10.78	27	19.35	22	17.84	23
许 昌 市	24.42	13	28.09	13	33.09	11
漯 河 市	23.49	14	25.88	15	28.79	16
三门峡市	27.25	11	29.95	11	32.97	12
南 阳 市	13.52	23	16.06	24	19.14	22
商 丘 市	9.51	28	12.73	28	16.15	26
信 阳 市	15.42	21	19.64	20	22.46	21
周 口 市	8.42	29	11.26	29	14.83	28
驻马店市	7.34	30	10.82	30	14.34	30
济 源 市	40.91	3	42.15	4	46.71	3
运 城 市	21.65	18	24.01	18	26.68	19
晋 城 市	40.76	4	43.18	3	46.15	4
长 治 市	30.55	10	32.72	10	35.46	9
邢 台 市	22.88	16	24.89	17	26.78	17
邯 郸 市	35.92	5	37.80	7	36.75	8
聊 城 市	13.01	24	14.43	26	17.31	25
菏 泽 市	20.24	19	23.59	19	26.69	18
淮 北 市	44.22	2	45.32	2	47.46	2
宿 州 市	12.23	25	14.82	25	16.05	27
蚌 埠 市	30.91	9	32.79	9	34.75	10
亳 州 市	11.31	26	14.19	27	14.51	29
阜 阳 市	15.41	22	17.78	23	17.49	24

表 2-19 农业现代化指数

地 市	2010 年 评测值	排名	2011 年 评测值	排名	2012 年 评测值	排名
郑州市	20.01	18	20.49	19	21.13	20
开封市	16.68	23	20.49	20	23.51	15
洛阳市	11.73	26	12.71	25	12.77	27
平顶山市	4.50	30	5.85	30	6.47	30
安阳市	14.43	25	16.54	24	19.87	21
鹤壁市	28.55	9	29.18	8	32.19	7
新乡市	29.09	8	30.61	7	31.93	8
焦作市	10.48	27	11.70	26	13.09	26
濮阳市	7.78	28	9.28	28	11.46	28
许昌市	21.94	16	26.46	12	25.25	13
漯河市	18.71	20	18.77	21	19.15	23
三门峡市	6.73	29	6.72	29	7.86	29
南阳市	22.29	15	21.61	17	22.92	17
商丘市	24.66	12	27.14	11	28.81	11
信阳市	21.47	17	22.39	16	22.75	18
周口市	16.62	24	17.52	22	19.44	22
驻马店市	24.86	11	27.99	9	29.08	10
济源市	17.47	21	10.43	27	15.08	25
运城市	24.38	13	23.33	14	22.95	16
晋城市	22.31	14	22.50	15	21.56	19
长治市	16.71	22	16.93	23	16.79	24
邢台市	46.80	2	46.33	1	36.10	3
邯郸市	36.36	4	34.94	5	28.75	12
聊城市	29.58	7	27.59	10	34.69	4
菏泽市	50.17	1	45.32	2	50.63	1
淮北市	44.42	3	37.75	4	32.52	5
宿州市	25.09	10	26.21	13	29.24	9
蚌埠市	33.72	6	34.76	6	32.26	6
亳州市	34.91	5	40.81	3	45.40	2
阜阳市	19.73	19	20.93	18	23.76	14

2.6.3 准则层 B 之生态环境发展指数及其下层指数结果

表 2-20 生态环境发展指数

地 市	2010 年		2011 年		2012 年	
	评测值	排 名	评测值	排 名	评测值	排 名
郑 州 市	57.06	17	68.53	9	70.00	10
开 封 市	58.96	12	68.49	10	70.70	7
洛 阳 市	43.51	23	53.24	23	57.02	23
平顶山市	36.14	27	50.10	26	55.73	25
安 阳 市	34.41	28	54.90	21	58.09	21
鹤 壁 市	59.29	11	58.68	20	64.22	18
新 乡 市	57.35	15	67.58	11	68.88	11
焦 作 市	44.29	22	60.32	19	63.57	19
濮 阳 市	48.88	21	62.63	16	64.64	16
许 昌 市	62.58	8	62.87	14	64.50	17
漯 河 市	64.84	4	69.29	7	70.68	8
三门峡市	49.21	20	60.68	18	64.88	15
南 阳 市	64.79	5	76.67	3	78.01	2
商 丘 市	59.84	10	66.82	12	68.24	12
信 阳 市	61.28	9	70.93	5	72.48	5
周 口 市	65.20	3	77.80	2	78.26	1
驻马店市	63.04	7	68.99	8	70.84	6
济 源 市	49.74	19	52.50	24	56.30	24
运 城 市	18.52	30	25.91	30	29.88	30
晋 城 市	36.85	26	48.67	27	50.56	27
长 治 市	18.89	29	35.37	29	37.81	29
邢 台 市	42.30	24	46.64	28	48.87	28
邯 郸 市	41.58	25	51.14	25	54.25	26
聊 城 市	57.25	16	53.42	22	57.21	22
菏 泽 市	57.48	14	62.77	15	64.95	14
淮 北 市	50.34	18	61.60	17	62.87	20
宿 州 市	63.32	6	69.45	6	70.13	9
蚌 埠 市	69.50	1	82.32	1	77.93	3
亳 州 市	68.08	2	73.59	4	74.61	4
阜 阳 市	57.57	13	65.20	13	66.42	13

表 2-21 能耗指数

地 市	2010 年		2011 年		2012 年	
	评测值	排名	评测值	排名	评测值	排名
郑州市	72.07	8	86.79	6	88.29	5
开封市	74.46	4	89.05	4	90.71	3
洛阳市	65.91	13	79.66	12	82.10	12
平顶山市	43.52	24	68.38	22	72.79	22
安阳市	31.10	28	62.05	23	66.63	24
鹤壁市	59.95	18	62.00	24	67.14	23
新乡市	60.66	16	77.10	14	79.18	14
焦作市	44.47	23	71.11	21	73.99	19
濮阳市	53.70	21	74.84	16	76.37	15
许昌市	70.41	11	85.30	7	86.36	8
漯河市	74.79	2	80.88	11	83.25	11
三门峡市	56.24	19	71.50	20	75.30	17
南阳市	71.72	9	91.67	3	93.18	2
商丘市	69.10	12	79.02	13	80.79	13
信阳市	71.45	10	85.03	8	86.37	7
周口市	74.48	3	94.05	2	94.67	1
驻马店市	74.15	5	83.03	9	85.76	9
济源市	35.55	27	43.31	28	45.89	28
运城市	9.20	30	18.39	30	22.99	30
晋城市	40.61	25	57.85	25	59.77	25
长治市	17.62	29	42.53	29	45.21	29
邢台市	46.74	22	52.49	26	55.56	26
邯郸市	36.78	26	50.96	27	54.41	27
聊城市	60.54	17	72.03	19	73.95	20
菏泽市	65.13	14	72.41	17	74.33	18
淮北市	55.56	20	72.41	17	73.95	20
宿州市	73.18	6	82.76	10	83.52	10
蚌埠市	73.18	6	94.25	1	87.74	6
亳州市	80.08	1	88.51	5	89.27	4
阜阳市	62.84	15	75.10	15	76.25	16

表 2-22 污染指数

地 市	2010 年		2011 年		2012 年	
	评测值	排名	评测值	排名	评测值	排名
郑州市	51.82	25	57.18	22	59.37	23
开封市	61.41	22	65.54	20	68.83	19
洛阳市	0.00	30	7.54	30	14.11	30
平顶山市	35.32	28	30.06	29	34.44	29
安阳市	70.27	19	71.84	17	72.93	17
鹤壁市	88.29	10	89.98	8	91.08	8
新乡市	84.84	14	87.71	12	88.81	12
焦作市	65.10	20	69.61	18	71.80	18
濮阳市	77.69	18	80.52	16	81.61	16
许昌市	94.17	5	37.73	26	41.02	27
漯河市	90.55	8	91.50	5	91.60	6
三门峡市	52.03	24	57.17	23	60.45	22
南阳市	86.96	12	88.31	10	89.40	10
商丘市	86.25	13	87.97	11	89.06	11
信阳市	83.78	16	85.91	14	87.01	14
周口市	95.78	3	96.19	3	96.71	3
驻马店市	84.23	15	85.96	13	87.06	13
济源市	99.87	1	99.82	1	100.00	1
运城市	47.46	27	54.90	24	59.00	24
晋城市	48.33	26	51.96	25	55.24	25
长治市	30.63	29	35.55	27	38.83	28
邢台市	61.30	23	65.33	21	66.43	21
邯郸市	63.11	21	66.84	19	67.94	20
聊城市	93.74	6	34.31	28	44.16	26
菏泽市	87.22	11	89.06	9	90.15	9
淮北市	81.41	17	84.26	15	85.36	15
宿州市	91.00	7	91.47	6	92.12	5
蚌埠市	90.20	9	91.22	7	91.44	7
亳州市	95.67	4	95.98	4	96.09	4
阜阳市	96.84	2	97.40	2	97.51	2

表 2-23 环保指数

地 市	2010年		2011年		2012年	
	评测值	排名	评测值	排名	评测值	排名
郑州市	12.27	13	19.00	6	19.68	9
开封市	4.83	21	2.92	27	5.86	23
洛阳市	12.37	11	10.87	15	16.32	10
平顶山市	12.35	12	9.20	17	20.15	8
安阳市	9.57	16	14.13	12	14.79	14
鹤壁市	28.10	4	16.31	7	27.61	5
新乡市	18.81	9	15.72	8	14.62	15
焦作市	22.91	6	15.04	9	20.60	7
濮阳市	4.01	23	4.00	25	8.57	20
许昌市	4.88	19	13.25	13	15.14	13
漯河市	5.93	18	8.44	20	7.86	22
三门峡市	22.93	5	28.13	4	34.60	3
南阳市	19.48	8	15.03	10	16.05	11
商丘市	2.60	26	5.00	23	5.58	24
信阳市	4.88	20	8.94	18	11.67	18
周口市	3.71	24	5.22	21	5.12	25
驻马店市	4.79	22	5.20	22	4.91	26
济源市	46.91	1	35.64	2	47.26	1
运城市	20.66	7	21.99	5	23.76	6
晋城市	12.82	10	14.74	11	15.20	12
长治市	11.35	14	11.35	14	12.11	17
邢台市	8.47	17	8.47	19	9.01	19
邯郸市	36.03	3	36.03	1	40.03	2
聊城市	9.82	15	10.48	16	14.49	16
菏泽市	2.21	27	4.35	24	8.46	21
淮北市	1.86	28	2.91	28	3.49	29
宿州市	2.77	25	3.05	26	3.51	28
蚌埠市	36.53	2	33.62	3	31.70	4
亳州市	0.52	30	1.46	29	4.24	27
阜阳市	0.76	29	0.00	30	2.58	30

2.6.4 准则层 B 之社会环境发展指数及其下层指数结果

表 2-24 社会环境发展指数

地 市	2010 年		2011 年		2012 年	
	评测值	排 名	评测值	排 名	评测值	排 名
郑 州 市	32.48	1	34.87	1	37.23	1
开 封 市	18.70	23	22.92	24	23.78	25
洛 阳 市	22.18	16	25.27	16	29.01	13
平顶山市	20.89	18	24.06	20	24.13	24
安 阳 市	21.55	17	25.24	17	24.63	22
鹤 壁 市	27.61	4	30.09	4	33.65	3
新 乡 市	23.53	11	26.48	12	27.81	16
焦 作 市	27.75	2	30.06	5	33.63	4
濮 阳 市	22.30	15	26.30	13	30.48	9
许 昌 市	26.46	6	29.72	6	33.50	5
漯 河 市	23.12	12	26.28	14	29.78	12
三门峡市	24.22	10	28.35	9	32.65	6
南 阳 市	16.94	27	20.56	26	22.90	27
商 丘 市	20.56	19	24.88	18	24.36	23
信 阳 市	25.11	9	30.12	3	27.55	17
周 口 市	18.61	24	23.96	22	24.99	21
驻马店市	19.44	22	24.03	21	25.89	20
济 源 市	27.75	3	31.76	2	34.27	2
运 城 市	26.01	7	28.23	10	30.39	10
晋 城 市	25.81	8	29.31	7	32.06	7
长 治 市	27.14	5	29.27	8	30.87	8
邢 台 市	17.56	25	20.42	27	23.27	26
邯 郸 市	22.33	14	26.04	15	28.74	14
聊 城 市	19.57	21	23.17	23	26.63	18
菏 泽 市	19.97	20	24.85	19	27.84	15
淮 北 市	22.84	13	27.46	11	30.18	11
宿 州 市	10.19	28	14.76	28	19.98	28
蚌 埠 市	17.53	26	20.98	25	26.02	19
亳 州 市	7.21	29	10.97	29	16.34	29
阜 阳 市	6.05	30	10.70	30	16.26	30

表 2-25 收入指数

地 市	2010 年		2011 年		2012 年	
	评测值	排名	评测值	排名	评测值	排名
郑州市	29.60	1	34.01	1	38.27	1
开封市	11.68	20	16.00	19	20.41	20
洛阳市	14.31	13	18.34	14	22.60	14
平顶山市	12.96	18	16.86	18	21.21	18
安阳市	17.26	8	21.27	8	25.49	9
鹤壁市	19.36	5	24.14	5	28.42	5
新乡市	16.58	9	20.98	9	25.56	8
焦作市	22.68	3	26.67	3	30.99	3
濮阳市	10.32	22	14.30	21	18.65	21
许昌市	21.23	4	25.71	4	29.98	4
漯河市	17.58	7	21.69	7	25.98	7
三门峡市	14.13	15	18.23	15	22.59	15
南阳市	13.49	16	17.56	16	22.00	16
商丘市	7.65	28	11.80	28	16.11	28
信阳市	11.16	21	14.26	22	18.57	22
周口市	6.06	29	10.39	29	14.65	29
驻马店市	8.59	24	12.57	25	16.76	26
济源市	23.86	2	28.29	2	32.71	2
运城市	8.03	27	12.10	27	16.26	27
晋城市	15.28	12	19.25	12	23.54	13
长治市	15.51	11	19.45	11	23.84	11
邢台市	9.56	23	12.82	23	16.97	24
邯郸市	16.22	10	20.43	10	24.92	10
聊城市	17.66	6	22.12	6	26.67	6
菏泽市	14.15	14	19.07	13	23.73	12
淮北市	11.76	19	15.55	20	20.70	19
宿州市	8.38	25	12.59	24	16.94	25
蚌埠市	13.03	17	16.98	17	21.83	17
亳州市	8.31	26	12.43	26	17.23	23
阜阳市	4.57	30	9.20	30	13.99	30

表 2-26 健康指数

地 市	2010年		2011年		2012年	
	评测值	排 名	评测值	排 名	评测值	排 名
郑州市	67.35	1	70.52	1	80.03	1
开封市	32.97	13	36.03	15	45.31	12
洛阳市	44.59	6	46.44	4	51.61	3
平顶山市	39.99	10	44.98	7	48.79	8
安阳市	32.18	16	35.15	16	43.41	15
鹤壁市	41.48	9	39.97	11	43.45	14
新乡市	43.01	7	44.95	8	51.50	4
焦作市	46.82	4	46.31	5	50.60	6
濮阳市	32.64	14	36.27	14	41.63	16
许昌市	29.74	18	33.10	18	41.44	17
漯河市	34.21	12	37.83	13	45.76	11
三门峡市	39.95	11	44.72	9	56.01	2
南阳市	22.11	25	25.25	25	31.34	24
商丘市	24.07	23	27.68	23	32.44	23
信阳市	14.72	27	19.29	27	21.20	29
周口市	18.21	26	22.59	26	28.43	26
驻马店市	23.84	24	27.32	24	32.82	22
济源市	31.39	17	38.70	12	38.82	18
运城市	52.57	2	50.83	3	51.40	5
晋城市	41.62	8	42.82	10	44.81	13
长治市	45.47	5	45.91	6	46.79	10
邢台市	24.18	22	27.71	22	31.11	25
邯郸市	27.03	21	31.87	19	34.03	19
聊城市	27.97	20	30.31	21	33.94	20
菏泽市	29.02	19	31.36	20	33.21	21
淮北市	49.60	3	53.17	2	49.89	7
宿州市	5.09	29	8.98	29	25.48	28
蚌埠市	32.60	15	34.21	17	47.53	9
亳州市	2.45	30	5.47	30	16.40	30
阜阳市	5.75	28	10.65	28	26.60	27

表 2-27 教育指数

地 市	2010 年		2011 年		2012 年	
	评测值	排名	评测值	排名	评测值	排名
郑州市	23.32	21	21.94	25	17.23	24
开封市	24.43	17	28.04	15	17.97	23
洛阳市	27.62	12	29.71	14	32.74	12
平顶山市	25.72	15	27.58	17	16.82	25
安阳市	23.23	22	27.30	18	13.07	27
鹤壁市	32.17	10	33.08	11	37.43	8
新乡市	24.13	18	25.97	20	19.00	20
焦作市	26.15	14	26.87	19	29.90	15
濮阳市	38.46	4	41.46	4	46.01	1
许昌市	34.73	6	38.55	7	38.94	6
漯河市	23.41	20	25.93	21	26.80	17
三门峡市	34.57	7	37.28	8	40.38	3
南阳市	21.12	24	24.30	23	18.34	22
商丘市	46.08	2	52.61	2	39.13	5
信阳市	51.40	1	61.18	1	44.23	2
周口市	33.00	9	41.90	3	35.48	10
驻马店市	29.39	11	36.35	10	32.33	13
济源市	27.52	13	30.11	13	31.59	14
运城市	39.93	3	41.40	5	40.00	4
晋城市	34.14	8	36.59	9	37.88	7
长治市	37.45	5	38.77	6	36.91	9
邢台市	22.66	23	24.47	22	25.04	18
邯郸市	25.68	16	27.99	16	28.18	16
聊城市	12.18	26	15.84	26	18.42	21
菏泽市	23.98	19	30.19	12	33.03	11
淮北市	17.46	25	22.59	24	23.75	19
宿州市	8.98	27	12.66	27	13.47	26
蚌埠市	7.70	28	11.10	28	12.89	28
亳州市	4.79	29	8.98	29	12.30	29
阜阳市	0.00	30	4.98	30	8.54	30

表2-28 城市生活环境指数

地 市	2010年		2011年		2012年	
	评测值	排 名	评测值	排 名	评测值	排 名
郑 州 市	14.38	25	16.55	26	18.09	27
开 封 市	12.26	28	19.74	23	20.79	25
洛 阳 市	7.05	29	10.50	29	11.43	29
平顶山市	13.34	26	13.77	28	18.02	28
安 阳 市	19.70	21	22.00	21	22.30	22
鹤 壁 市	31.24	9	33.70	12	31.66	14
新 乡 市	22.85	18	23.68	20	24.41	18
焦 作 市	25.02	16	28.41	16	28.79	16
濮 阳 市	16.47	24	24.11	19	24.34	19
许 昌 市	22.44	19	18.05	25	21.56	23
漯 河 市	30.51	13	30.25	15	29.99	15
三门峡市	16.86	22	24.19	18	19.97	26
南 阳 市	12.97	27	16.42	27	26.32	17
商 丘 市	3.65	30	3.55	30	8.15	30
信 阳 市	34.31	8	35.52	9	33.63	12
周 口 市	38.66	4	40.36	5	39.07	7
驻马店市	35.98	6	38.59	6	39.97	6
济 源 市	41.21	3	41.69	3	41.95	4
运 城 市	28.50	14	30.61	14	35.97	9
晋 城 市	26.31	15	34.40	11	35.16	11
长 治 市	23.11	17	21.61	22	20.84	24
邢 台 市	30.61	12	33.39	13	35.57	10
邯 郸 市	34.37	7	37.84	7	40.00	5
聊 城 市	36.13	5	37.46	8	37.86	8
菏 泽 市	21.43	20	26.56	17	23.78	20
淮 北 市	47.22	1	56.23	1	61.62	1
宿 州 市	30.98	11	41.10	4	44.26	3
蚌 埠 市	42.46	2	46.71	2	48.17	2
亳 州 市	16.84	23	18.83	24	23.55	21
阜 阳 市	31.21	10	34.62	10	32.26	13

第3章
中原经济区发展指数的特征分析

为了全面、清晰地认识中原经济区30个地市的发展情况,本章将在上一部分计算的基础上,分别对中原经济区发展指数及其下层指数的特征进行分析,尽可能还原出30个地市经济与社会发展的真实面貌。为了方便溯源分析,本部分采用"分—总"的分析思路。

3.1 准则层B之经济发展指数及其下层指数的特征分析

3.1.1 工业化指数

表3-1 中原经济区30个地市工业化指数评测值及排名

地 市	2010年		2011年		2012年	
	评测值	排 名	评测值	排 名	评测值	排 名
郑州市	70.99	2	74.07	1	76.41	1
开封市	39.27	18	42.55	18	47.29	17
洛阳市	54.33	6	56.73	7	59.79	6
平顶山市	46.84	13	49.36	14	49.77	16
安阳市	51.57	9	54.11	9	54.83	10
鹤壁市	49.58	11	52.48	11	56.49	9
新乡市	46.13	14	49.78	13	53.10	13
焦作市	61.95	3	63.92	3	66.86	3
濮阳市	43.88	15	44.37	17	46.88	18
许昌市	54.83	5	58.27	5	60.70	5

续表

地 市	2010年		2011年		2012年	
	评测值	排名	评测值	排名	评测值	排名
漯河市	53.32	8	54.00	10	54.70	11
三门峡市	54.25	7	56.78	6	59.02	7
南阳市	37.89	20	39.16	22	41.57	22
商丘市	23.25	28	27.14	28	30.68	28
信阳市	34.97	23	37.94	24	39.53	24
周口市	28.06	26	34.45	25	37.96	25
驻马店市	29.39	25	33.02	26	36.44	26
济源市	71.11	1	71.20	2	74.23	2
运城市	36.97	21	41.81	19	40.87	23
晋城市	50.26	10	52.40	12	54.55	12
长治市	49.47	12	54.70	8	57.33	8
邢台市	36.29	22	39.69	21	42.48	21
邯郸市	37.98	19	40.76	20	42.96	20
聊城市	57.21	4	60.65	4	64.14	4
菏泽市	40.26	16	46.50	15	51.53	15
淮北市	40.05	17	45.05	16	51.75	14
宿州市	23.73	27	28.81	27	33.72	27
蚌埠市	32.63	24	38.06	23	46.48	19
亳州市	10.44	29	16.86	29	27.43	29
阜阳市	8.06	30	10.80	30	25.62	30

由表3-1可知，2012年整体而言中原经济区30个地市工业化指数排名较为稳定，多数地市排名没有变化。开封、洛阳的排名均上升1个位次，鹤壁、淮北的排名均上升2个位次，蚌埠的排名上升4个位次。安阳、濮阳、三门峡、漯河的排名均下降1个位次，平顶山的排名下降2个位次，运城的排名下降4个位次。2012年，郑州、济源、焦作、聊城、许昌分别位列中原经济区第1至第5，驻马店、宿州、商丘、亳州、阜阳分别位列中原经济区第26至第30，与2011年相比，排名前5位的地市与排名后5位的地市均没有发生变化。

进一步观察可知，中原经济区内部不同区域的工业化指数差距较大，排名靠前的地市都位于中北部地区，排名靠后的地市都位于南部地区，形成"北强南弱"的格局，南北工业发展差距较为明显。就具体数据而言，2012年中北部地区的焦作的工业化指数排名第3，人均GDP为42335元，第二、第三产业就业占比达到92.11%；而排名最后的阜阳的人均GDP仅为12132元，依然有26%的劳动力停留在第一产业，两个地市差距非常明显。

3.1.2 城镇化指数

表3-2 中原经济区30个地市城镇化指数评测值及排名

地 市	2010年 评测值	排名	2011年 评测值	排名	2012年 评测值	排名
郑州市	64.12	1	66.14	1	68.63	1
开封市	15.43	20	19.55	21	23.49	20
洛阳市	33.18	8	36.16	8	39.06	7
平顶山市	23.18	15	26.48	14	29.13	14
安阳市	21.66	17	25.48	16	28.86	15
鹤壁市	35.56	6	38.08	6	41.56	6
新乡市	26.51	12	29.34	12	32.20	13
焦作市	34.73	7	38.31	5	42.16	5
濮阳市	10.78	27	19.35	22	17.84	23
许昌市	24.42	13	28.09	13	33.09	11
漯河市	23.49	14	25.88	15	28.79	16
三门峡市	27.25	11	29.95	11	32.97	12
南阳市	13.52	23	16.06	24	19.14	22
商丘市	9.51	28	12.73	28	16.15	26
信阳市	15.42	21	19.64	20	22.46	21
周口市	8.42	29	11.26	29	14.83	28
驻马店市	7.34	30	10.82	30	14.34	30
济源市	40.91	3	42.15	4	46.71	3
运城市	21.65	18	24.01	18	26.68	19

续表

地 市	2010年		2011年		2012年	
	评测值	排 名	评测值	排 名	评测值	排 名
晋 城 市	40.76	4	43.18	3	46.15	4
长 治 市	30.55	10	32.72	10	35.46	9
邢 台 市	22.88	16	24.89	17	26.78	17
邯 郸 市	35.92	5	37.80	7	36.75	8
聊 城 市	13.01	24	14.43	26	17.31	25
菏 泽 市	20.24	19	23.59	19	26.69	18
淮 北 市	44.22	2	45.32	2	47.46	2
宿 州 市	12.23	25	14.82	25	16.05	27
蚌 埠 市	30.91	9	32.79	9	34.75	10
亳 州 市	11.31	26	14.19	27	14.51	29
阜 阳 市	15.41	22	17.78	23	17.49	24

由表3-2可知，2012年整体而言中原经济区30个地市工业化指数排名较为稳定，多数地市排名仅仅浮动1个位次。新乡、濮阳、漯河、三门峡、信阳、运城、晋城、邯郸、蚌埠、阜阳的排名均下降1个位次，亳州、宿州的排名均下降2个位次，开封、洛阳、安阳、周口、济源、长治、聊城、菏泽的排名均上升1个位次，许昌、南阳、商丘的排名均上升2个位次，其他地市的排名均没有变化。

进一步观察我们不难发现两个较为明显的现象：一是，城镇化指数与工业化指数具有高度的相关性，工业化指数高的区域，城镇化指数也较高，如郑州、焦作、济源、许昌等地区工业化与城镇化指数排名均靠前，而阜阳、亳州、驻马店等地区工业化与城镇化指数排名均靠后。这一现象从侧面反映出工业化与城镇化的互动关系，即工业化是城镇化的推动力，城镇化反过来又能促进工业化，二者相互影响，工业与城市共同发展、扩张。二是，工业化与城镇化指数排名均非常稳定，绝大多数地市的排名没有发生明显的变化。工业化和城镇化是传统农业社会向现代社会转变最为重要的过程，该过程是缓慢而长期的，局部因素以及短时间内经济与社会的变动不足以对整个地区工业化与城镇化的进程及面貌产生太大影响。

3.1.3 农业现代化指数

表3-3 中原经济区30个地市农业现代化指数评价值及排名

地 市	2010年		2011年		2012年	
	评测值	排名	评测值	排名	评测值	排名
郑州市	20.01	18	20.49	19	21.13	20
开封市	16.68	23	20.49	20	23.51	15
洛阳市	11.73	26	12.71	25	12.77	27
平顶山市	4.50	30	5.85	30	6.47	30
安阳市	14.43	25	16.54	24	19.87	21
鹤壁市	28.55	9	29.18	8	32.19	7
新乡市	29.09	8	30.61	7	31.93	8
焦作市	10.48	27	11.70	26	13.09	26
濮阳市	7.78	28	9.28	28	11.46	28
许昌市	21.94	16	26.46	12	25.25	13
漯河市	18.71	20	18.77	21	19.15	23
三门峡市	6.73	29	6.72	29	7.86	29
南阳市	22.29	15	21.61	17	22.92	17
商丘市	24.66	12	27.14	11	28.81	11
信阳市	21.47	17	22.39	16	22.75	18
周口市	16.62	24	17.52	22	19.44	22
驻马店市	24.86	11	27.99	9	29.08	10
济源市	17.47	21	10.43	27	15.08	25
运城市	24.38	13	23.33	14	22.95	16
晋城市	22.31	14	22.50	15	21.56	19
长治市	16.71	22	16.93	23	16.79	24
邢台市	46.80	2	46.33	1	36.10	3
邯郸市	36.36	4	34.94	5	28.75	12
聊城市	29.58	7	27.59	10	34.69	4
菏泽市	50.17	1	45.32	2	50.63	1
淮北市	44.42	3	37.75	4	32.52	5
宿州市	25.09	10	26.21	13	29.24	9
蚌埠市	33.72	6	34.76	6	32.26	6
亳州市	34.91	5	40.81	3	45.40	2
阜阳市	19.73	19	20.93	18	23.76	14

第3章 中原经济区发展指数的特征分析

由表3-3可知，虽然中原经济区是我国的主要产粮地，河南又是我国的农业大省，但整体而言中原经济区农业现代化进程缓慢，2012年依旧未能扭转农业发展落后的局面，农业现代化严重落后于工业化与城镇化。农业现代化指数三项下属指标原始数值均非常低，尤其是按产量平均的农产品加工动力机械数值最低。这一系列数据反映出中原经济区农业"大而不强"的特征，农业现代化水平低，特别是农业商品化还有较大的提升潜力。

3.1.4 经济发展指数

表3-4 经济发展指数

地 市	2010年		2011年		2012年	
	评测值	排 名	评测值	排 名	评测值	排 名
郑 州 市	63.64	1	65.88	1	68.22	1
开 封 市	22.52	21	26.38	21	30.50	21
洛 阳 市	38.19	7	40.89	7	43.68	7
平顶山市	29.09	16	32.05	16	33.93	17
安 阳 市	30.06	15	33.40	15	36.01	14
鹤 壁 市	39.29	6	41.82	6	45.42	6
新 乡 市	32.44	12	35.43	12	38.34	11
焦 作 市	41.37	5	44.35	5	47.79	4
濮 阳 市	20.36	24	26.15	22	26.03	23
许 昌 市	33.24	11	36.89	10	40.78	9
漯 河 市	32.01	13	33.76	14	35.88	15
三门峡市	34.04	10	36.54	11	39.22	10
南 阳 市	21.20	23	23.18	24	25.96	24
商 丘 市	14.42	28	17.79	28	21.15	28
信 阳 市	21.52	22	25.19	23	27.51	22
周 口 市	14.67	27	18.44	26	21.90	26
驻马店市	14.83	26	18.34	27	21.69	27
济 源 市	48.48	2	48.91	2	53.02	2
运 城 市	26.32	20	29.21	19	30.65	20

续表

地市	2010年		2011年		2012年	
	评测值	排名	评测值	排名	评测值	排名
晋城市	42.51	4	44.73	4	47.23	5
长治市	35.34	9	38.30	9	40.84	8
邢台市	28.19	17	30.47	18	31.93	19
邯郸市	36.55	8	38.51	8	38.12	12
聊城市	26.97	19	28.79	20	32.09	18
菏泽市	27.84	18	31.57	17	35.37	16
淮北市	43.00	3	44.81	3	47.88	3
宿州市	16.35	25	19.59	25	22.00	25
蚌埠市	31.58	14	34.45	13	38.07	13
亳州市	12.39	30	16.49	29	20.07	30
阜阳市	13.49	29	15.90	30	20.24	29

通过表3-4的经济发展指数可知，综合工业化指数、城镇化指数、农业现代化指数，中原经济区经济发展指数走势平稳，经济发展稳步提升，各个地市位次较为稳定。2010~2012年排名靠前的地市多是郑州、济源、淮北、晋城、焦作、鹤壁等，排名靠后的多是驻马店、商丘、周口、亳州、阜阳、宿州等。

3.2 准则层B之生态环境发展指数及其下层指数的特征分析

3.2.1 能耗指数

表3-5 中原经济区30个地市能耗指数评测值及排名

地市	2010年		2011年		2012年	
	评测值	排名	评测值	排名	评测值	排名
郑州市	72.07	8	86.79	6	88.29	5
开封市	74.46	4	89.05	4	90.71	3
洛阳市	65.91	13	79.66	12	82.10	12

续表

地 市	2010 年		2011 年		2012 年	
	评测值	排 名	评测值	排 名	评测值	排 名
平顶山市	43.52	24	68.38	22	72.79	22
安阳市	31.10	28	62.05	23	66.63	24
鹤壁市	59.95	18	62.00	24	67.14	23
新乡市	60.66	16	77.10	14	79.18	14
焦作市	44.47	23	71.11	21	73.99	19
濮阳市	53.70	21	74.84	16	76.37	15
许昌市	70.41	11	85.30	7	86.36	8
漯河市	74.79	2	80.88	11	83.25	11
三门峡市	56.24	19	71.50	20	75.30	17
南阳市	71.72	9	91.67	3	93.18	2
商丘市	69.10	12	79.02	13	80.79	13
信阳市	71.45	10	85.03	8	86.37	7
周口市	74.48	3	94.05	2	94.67	1
驻马店市	74.15	5	83.03	9	85.76	9
济源市	35.55	27	43.31	28	45.89	28
运城市	9.20	30	18.39	30	22.99	30
晋城市	40.61	25	57.85	25	59.77	25
长治市	17.62	29	42.53	29	45.21	29
邢台市	46.74	22	52.49	26	55.56	26
邯郸市	36.78	26	50.96	27	54.41	27
聊城市	60.54	17	72.03	19	73.95	20
菏泽市	65.13	14	72.41	17	74.33	18
淮北市	55.56	20	72.41	17	73.95	20
宿州市	73.18	6	82.76	10	83.52	10
蚌埠市	73.18	6	94.25	1	87.74	6
亳州市	80.08	1	88.51	5	89.27	4
阜阳市	62.84	15	75.10	15	76.25	16

由表3-5可知，中原经济区万元GDP能耗依旧较高，2012年运城的万元GDP能耗高达2.36吨标准煤，长治、济源、邢台、邯郸的这一数值也均在1.5吨标准煤以上，反映出中原经济区工业的发展对能源的依赖程度较高。虽然中原经济区能耗整体较高，但呈现出下降趋势。最近3年各地市单位GDP能耗较上一年度都有不同程度的下降。

进一步观察不难发现，省际间的能耗差异十分明显：安徽省5个地市万元GDP能耗较低；河北2个地市、山西3个地市的万元GDP能耗相对较高，从侧面反映出不同地市的工业结构及工业发展方式的差异。结合经济发展指数可以得知，能耗指数与工业发展指数存在较强的负相关性，能耗指数评价值较低，则工业化指数评价值往往较高；反之亦然。

3.2.2 污染指数

表3-6 中原经济区30个地市污染指数评测值及排名

地 市	2010年		2011年		2012年	
	评测值	排名	评测值	排名	评测值	排名
郑州市	51.82	25	57.18	22	59.37	23
开封市	61.41	22	65.54	20	68.83	19
洛阳市	0.00	30	7.54	30	14.11	30
平顶山市	35.32	28	30.06	29	34.44	29
安阳市	70.27	19	71.84	17	72.93	17
鹤壁市	88.29	10	89.98	8	91.08	8
新乡市	84.84	14	87.71	12	88.81	12
焦作市	65.10	20	69.61	18	71.80	18
濮阳市	77.69	18	80.52	16	81.61	16
许昌市	94.17	5	37.73	26	41.02	27
漯河市	90.55	8	91.50	5	91.60	6
三门峡市	52.03	24	57.17	23	60.45	22
南阳市	86.96	12	88.31	10	89.40	10
商丘市	86.25	13	87.97	11	89.06	11
信阳市	83.78	16	85.91	14	87.01	14
周口市	95.78	3	96.19	3	96.71	3

续表

地 市	2010年		2011年		2012年	
	评测值	排 名	评测值	排 名	评测值	排 名
驻马店市	84.23	15	85.96	13	87.06	13
济源市	99.87	1	99.82	1	100.00	1
运城市	47.46	27	54.90	24	59.00	24
晋城市	48.33	26	51.96	25	55.24	25
长治市	30.63	29	35.55	27	38.83	28
邢台市	61.30	23	65.33	21	66.43	21
邯郸市	63.11	21	66.84	19	67.94	20
聊城市	93.74	6	34.31	28	44.16	26
菏泽市	87.22	11	89.06	9	90.15	9
淮北市	81.41	17	84.26	15	85.36	15
宿州市	91.00	7	91.47	6	92.12	5
蚌埠市	90.20	9	91.22	7	91.44	7
亳州市	95.67	4	95.98	4	96.09	4
阜阳市	96.84	2	97.40	2	97.51	2

由表3-5和表3-6可知，污染指数和能耗指数存在正相关性，能耗高的地区往往污染也较为严重，而能耗低的地区则污染程度较轻。2012年长治、运城能耗较高，分别位列中原经济区第29、第30，同时，两个城市的污染也较为严重，污染指数分析排在第28位、第24位。整体而言，资源型区域污染较为严重，综合区域次之，农业型区域污染较轻。

3.2.3 环保指数

表3-7 中原经济区30个地市环保指数评测值及排名

地 市	2010年		2011年		2012年	
	评测值	排 名	评测值	排 名	评测值	排 名
郑州市	12.27	13	19.00	6	19.68	9
开封市	4.83	21	2.92	27	5.86	23
洛阳市	12.37	11	10.87	15	16.32	10

续表

地 市	2010 年		2011 年		2012 年	
	评测值	排名	评测值	排名	评测值	排名
平顶山市	12.35	12	9.20	17	20.15	8
安阳市	9.57	16	14.13	12	14.79	14
鹤壁市	28.10	4	16.31	7	27.61	5
新乡市	18.81	9	15.72	8	14.62	15
焦作市	22.91	6	15.04	9	20.60	7
濮阳市	4.01	23	4.00	25	8.57	20
许昌市	4.88	19	13.25	13	15.14	13
漯河市	5.93	18	8.44	20	7.86	22
三门峡市	22.93	5	28.13	4	34.60	3
南阳市	19.48	8	15.03	10	16.05	11
商丘市	2.60	26	5.00	23	5.58	24
信阳市	4.88	20	8.94	18	11.67	18
周口市	3.71	24	5.22	21	5.12	25
驻马店市	4.79	22	5.20	22	4.91	26
济源市	46.91	1	35.64	2	47.26	1
运城市	20.66	7	21.99	5	23.76	6
晋城市	12.82	10	14.74	11	15.20	12
长治市	11.35	14	11.35	14	12.11	17
邢台市	8.47	17	8.47	19	9.01	19
邯郸市	36.03	3	36.03	1	40.03	2
聊城市	9.82	15	10.48	16	14.49	16
菏泽市	2.21	27	4.35	24	8.46	21
淮北市	1.86	28	2.91	28	3.49	29
宿州市	2.77	25	3.05	26	3.51	28
蚌埠市	36.53	2	33.62	3	31.70	4
亳州市	0.52	30	1.46	29	4.24	27
阜阳市	0.76	29	0.00	30	2.58	30

由表 3-7 可知,2010~2012 年中原经济区各个地市的环保指数都很低,也没有像其他指数那样出现整体较为明显的上升趋势。这样的数据特征反映出中

原经济较为尴尬的环保局面,各个地市在发展经济过程中忽略了对环境的保护,人均环保经费较低,缺乏治理力度。面对日益严重的环境污染问题,仅依靠单薄的环保支出难以解决。

3.2.4 生态环境发展指数

表3-8 中原经济区30个地市生态环境发展指数评测值及排名

地 市	2010年		2011年		2012年	
	评测值	排 名	评测值	排 名	评测值	排 名
郑州市	57.06	17	68.53	9	70.00	10
开封市	58.96	12	68.49	10	70.70	7
洛阳市	43.51	23	53.24	23	57.02	23
平顶山市	36.14	27	50.10	26	55.73	25
安阳市	34.41	28	54.90	21	58.09	21
鹤壁市	59.29	11	58.68	20	64.22	18
新乡市	57.35	15	67.58	11	68.88	11
焦作市	44.29	22	60.32	19	63.57	19
濮阳市	48.88	21	62.63	16	64.64	16
许昌市	62.58	8	62.87	14	64.50	17
漯河市	64.84	4	69.29	7	70.68	8
三门峡市	49.21	20	60.68	18	64.88	15
南阳市	64.79	5	76.67	3	78.01	2
商丘市	59.84	10	66.82	12	68.24	12
信阳市	61.28	9	70.93	5	72.48	5
周口市	65.20	3	77.80	2	78.26	1
驻马店市	63.04	7	68.99	8	70.84	6
济源市	49.74	19	52.50	24	56.30	24
运城市	18.52	30	25.91	30	29.88	30
晋城市	36.85	26	48.67	27	50.56	27
长治市	18.89	29	35.37	29	37.81	29
邢台市	42.30	24	46.64	28	48.87	28
邯郸市	41.58	25	51.14	25	54.25	26
聊城市	57.25	16	53.42	22	57.21	22
菏泽市	57.48	14	62.77	15	64.95	14

续表

地 市	2010 年		2011 年		2012 年	
	评测值	排 名	评测值	排 名	评测值	排 名
淮北市	50.34	18	61.60	17	62.87	20
宿州市	63.32	6	69.45	6	70.13	9
蚌埠市	69.50	1	82.32	1	77.93	3
亳州市	68.08	2	73.59	4	74.61	4
阜阳市	57.57	13	65.20	13	66.42	13

通过表3-8可知，生态环境发展指数和经济发展指数存在明显的负相关性，经济发展指数较高的地区其生态环境指数往往较低，从侧面反映出中原经济区经济的发展是以牺牲资源环境为代价。在高耗能、高污染的粗放式经济增长模式影响下，环境问题越来越严重，治理却长期被忽视，导致生态环境越来越脆弱，各个地市普遍出现的雾霾天气正是这一现象的集中体现。处理经济增长与生态环境的关系是未来中原经济区发展中难以回避的问题，破解这一问题的根源在于转变经济发展方式，提高资源能源的利用效率，由注重经济的"量"转变为"质""量"兼顾。

3.3 准则层B之社会环境发展指数及其下层指数的特征分析

3.3.1 收入指数

表3-9 中原经济区30个地市收入指数评测值及排名

地 市	2010 年		2011 年		2012 年	
	评测值	排 名	评测值	排 名	评测值	排 名
郑州市	29.60	1	34.01	1	38.27	1
开封市	11.68	20	16.00	19	20.41	20
洛阳市	14.31	13	18.34	14	22.60	14
平顶山市	12.96	18	16.86	18	21.21	18

续表

地 市	2010 年		2011 年		2012 年	
	评测值	排 名	评测值	排 名	评测值	排 名
安阳市	17.26	8	21.27	8	25.49	9
鹤壁市	19.36	5	24.14	5	28.42	5
新乡市	16.58	9	20.98	9	25.56	8
焦作市	22.68	3	26.67	3	30.99	3
濮阳市	10.32	22	14.30	21	18.65	21
许昌市	21.23	4	25.71	4	29.98	4
漯河市	17.58	7	21.69	7	25.98	7
三门峡市	14.13	15	18.23	15	22.59	15
南阳市	13.49	16	17.56	16	22.00	16
商丘市	7.65	28	11.80	28	16.11	28
信阳市	11.16	21	14.26	22	18.57	22
周口市	6.06	29	10.39	29	14.65	29
驻马店市	8.59	24	12.57	25	16.76	26
济源市	23.86	2	28.29	2	32.71	2
运城市	8.03	27	12.10	27	16.26	27
晋城市	15.28	12	19.25	12	23.54	13
长治市	15.51	11	19.45	11	23.84	11
邢台市	9.56	23	12.82	23	16.97	24
邯郸市	16.22	10	20.43	10	24.92	10
聊城市	17.66	6	22.12	6	26.67	6
菏泽市	14.15	14	19.07	13	23.73	12
淮北市	11.76	19	15.55	20	20.70	19
宿州市	8.38	25	12.59	24	16.94	25
蚌埠市	13.03	17	16.98	17	21.83	17
亳州市	8.31	26	12.43	26	17.23	23
阜阳市	4.57	30	9.20	30	13.99	30

由表 3-9 可知，2012 年整体而言中原经济区各个地市的收入指数普遍较低，最高的郑州评测值为 38.27，最低的阜阳仅为 13.99，造成这一现象的原

因：一方面是城镇居民可支配收入和农村居民人均纯收入的绝对值均较低；另一方面是城乡收入差距过大，收入结构也不尽合理，农村居民人均纯收入达到城镇居民可支配收入50%的仅有郑州、焦作、济源三地市，阜阳、亳州、运城等地市刚刚超过30%。

进一步观察不难发现，不同地区农村居民人均纯收入的差距要远远大于城镇居民可支配收入的差距。2012年，城镇居民可支配收入最高的地市为郑州（23313元），最低的为信阳（16592元），后者是前者的71.17%；农村居民人均纯收入最高的地市为郑州（12049元），最低的为阜阳（5694元），后者仅是前者的47.26%。此外，城镇居民人均收入水平较高的地区（如郑州、济源），其农村居民人均纯收入往往也较高；反之亦然。

3.3.2 健康指数

表3-10 中原经济区30个地市健康指数评测值及排名

地 市	2010年		2011年		2012年	
	评测值	排名	评测值	排名	评测值	排名
郑州市	67.35	1	70.52	1	80.03	1
开封市	32.97	13	36.03	15	45.31	12
洛阳市	44.59	6	46.44	4	51.61	3
平顶山市	39.99	10	44.98	7	48.79	8
安阳市	32.18	16	35.15	16	43.41	15
鹤壁市	41.48	9	39.97	11	43.45	14
新乡市	43.01	7	44.95	8	51.50	4
焦作市	46.82	4	46.31	5	50.60	6
濮阳市	32.64	14	36.27	14	41.63	16
许昌市	29.74	18	33.10	18	41.44	17
漯河市	34.21	12	37.83	13	45.76	11
三门峡市	39.95	11	44.72	9	56.01	2
南阳市	22.11	25	25.25	25	31.34	24
商丘市	24.07	23	27.68	23	32.44	23
信阳市	14.72	27	19.29	27	21.20	29
周口市	18.21	26	22.59	26	28.43	26

续表

地 市	2010 年		2011 年		2012 年	
	评测值	排 名	评测值	排 名	评测值	排 名
驻马店市	23.84	24	27.32	24	32.82	22
济源市	31.39	17	38.70	12	38.82	18
运城市	52.57	2	50.83	3	51.40	5
晋城市	41.62	8	42.82	10	44.81	13
长治市	45.47	5	45.91	6	46.79	10
邢台市	24.18	22	27.71	22	31.11	25
邯郸市	27.03	21	31.87	19	34.03	19
聊城市	27.97	20	30.31	21	33.94	20
菏泽市	29.02	19	31.36	20	33.21	21
淮北市	49.60	3	53.17	2	49.89	7
宿州市	5.09	29	8.98	29	25.48	28
蚌埠市	32.60	15	34.21	17	47.53	9
亳州市	2.45	30	5.47	30	16.40	30
阜阳市	5.75	28	10.65	28	26.60	27

由表 3-10 可知，2012 年整体而言中原经济区各个地市健康指数都有不同程度的提升，卫生机构床位数和卫生技术人员数不断增多，医疗的供给稳步增加。但是随着人口的老龄化及人均收入水平的不断提升，人们对医疗的需求也随之增加，整体而言医疗资源紧张的局面只是局部缓解，并未彻底扭转。

2012 年郑州的健康指数评价值最高并且依然保持了较大优势，万人卫生技术人员数达到 77.24 人，万人卫生机构床位数达到 66.07 张。郑州作为中原经济区的核心增长极拥有更加丰富及优质的医疗资源，这是其他地市所不具备的。但这些医疗资源尤其是稀缺和优质的部分并非由郑州市的常住人口所独享，而是面向全省乃至全国，因此郑州市虽然健康指数评价值较高，但"看病难"的问题依旧突出。[①]

---

① 因优质、稀缺的医疗资源的供给是面向全省乃至全国，因此郑州市健康指数在一定程度上被高估。

3.3.3 教育指数

表 3-11 中原经济区 30 个地市教育指数评测值及排名

地 市	2010 年		2011 年		2012 年	
	评测值	排名	评测值	排名	评测值	排名
郑州市	23.32	21	21.94	25	17.23	24
开封市	24.43	17	28.04	15	17.97	23
洛阳市	27.62	12	29.71	14	32.74	12
平顶山市	25.72	15	27.58	17	16.82	25
安阳市	23.23	22	27.30	18	13.07	27
鹤壁市	32.17	10	33.08	11	37.43	8
新乡市	24.13	18	25.97	20	19.00	20
焦作市	26.15	14	26.87	19	29.90	15
濮阳市	38.46	4	41.46	4	46.01	1
许昌市	34.73	6	38.55	7	38.94	6
漯河市	23.41	20	25.93	21	26.80	17
三门峡市	34.57	7	37.28	8	40.38	3
南阳市	21.12	24	24.30	23	18.34	22
商丘市	46.08	2	52.61	2	39.13	5
信阳市	51.40	1	61.18	1	44.23	2
周口市	33.00	9	41.90	3	35.48	10
驻马店市	29.39	11	36.35	10	32.33	13
济源市	27.52	13	30.11	13	31.59	14
运城市	39.93	3	41.40	5	40.00	4
晋城市	34.14	8	36.59	9	37.88	7
长治市	37.45	5	38.77	6	36.91	9
邢台市	22.66	23	24.47	22	25.04	18
邯郸市	25.68	16	27.99	16	28.18	16
聊城市	12.18	26	15.84	26	18.42	21
菏泽市	23.98	19	30.19	12	33.03	11
淮北市	17.46	25	22.59	24	23.75	19
宿州市	8.98	27	12.66	27	13.47	26
蚌埠市	7.70	28	11.10	28	12.89	28
亳州市	4.79	29	8.98	29	12.30	29
阜阳市	0.00	30	4.98	30	8.54	30

由表 3-11 可知，中原经济区各地市教育指数评价值均偏低，尤其是人均教育经费，与所选参照系存在较大差距，但教育经费短缺并不是中原经济区所独有的问题，且这一现象正在发生积极的转变，2010~2012 年多数地市人均教育经费保持了 10% 以上的增长速度。

郑州作为中原经济区的核心，教育指数仅排第 24 位，原因在于 2010~2012 年度，反映基础教育可获得性的万人中小学专任教师数连续出现负增长，2012 年下滑到 64.87 人，位列第 29，"上学难"正是这一问题的真实写照；郑州市反映教育水平的人均教育经费虽然领先于其他地市，但优势并不十分明显，且绝对数仅为 1612 元。

3.3.4 城市生活环境指数

表 3-12 中原经济区 30 个地市城市生活环境指数评测值及排名

地 市	2010 年		2011 年		2012 年	
	评测值	排 名	评测值	排 名	评测值	排 名
郑 州 市	14.38	25	16.55	26	18.09	27
开 封 市	12.26	28	19.74	23	20.79	25
洛 阳 市	7.05	29	10.50	29	11.43	29
平顶山市	13.34	26	13.77	28	18.02	28
安 阳 市	19.70	21	22.00	21	22.30	22
鹤 壁 市	31.24	9	33.70	12	31.66	14
新 乡 市	22.85	18	23.68	20	24.41	18
焦 作 市	25.02	16	28.41	16	28.79	16
濮 阳 市	16.47	24	24.11	19	24.34	19
许 昌 市	22.44	19	18.05	25	21.56	23
漯 河 市	30.51	13	30.25	15	29.99	15
三门峡市	16.86	22	24.19	18	19.97	26
南 阳 市	12.97	27	16.42	27	26.32	17
商 丘 市	3.65	30	3.55	30	8.15	30
信 阳 市	34.31	8	35.52	9	33.63	12
周 口 市	38.66	4	40.36	5	39.07	7
驻马店市	35.98	6	38.59	6	39.97	6
济 源 市	41.21	3	41.69	3	41.95	4

续表

地 市	2010年		2011年		2012年	
	评测值	排名	评测值	排名	评测值	排名
运城市	28.50	14	30.61	14	35.97	9
晋城市	26.31	15	34.40	11	35.16	11
长治市	23.11	17	21.61	22	20.84	24
邢台市	30.61	12	33.39	13	35.57	10
邯郸市	34.37	7	37.84	7	40.00	5
聊城市	36.13	5	37.46	8	37.86	8
菏泽市	21.43	20	26.56	17	23.78	20
淮北市	47.22	1	56.23	1	61.62	1
宿州市	30.98	11	41.10	4	44.26	3
蚌埠市	42.46	2	46.71	2	48.17	2
亳州市	16.84	23	18.83	24	23.55	21
阜阳市	31.21	10	34.62	10	32.26	13

由表3-12可知，中原经济区30个地市差距非常大，2012年城市生活环境指数评测值最高的淮北为61.62，而排位最低的商丘的该指标评测值仅为8.15。城市生活环境指数下属3个指标也存在巨大差异，以人均城市公园绿地面积为例，排名第1位的淮北人均值为41.45平方米，排名最后的商丘、郑州的人均值仅分别为5.81平方米、6.03平方米。城市生活环境严重依赖于公共财政的投入，各个地市城市生活环境指数评测值相差较大说明各个地市财政投入力度有明显的差异，城市生活环境指数下属3个指标差异较大说明各个地市财政投入的侧重点不同。

3.3.5 社会环境发展指数

表3-13 中原经济区30个地市社会环境发展指数评测值及排名

地 市	2010年		2011年		2012年	
	评测值	排名	评测值	排名	评测值	排名
郑州市	32.48	1	34.87	1	37.23	1
开封市	18.70	23	22.92	24	23.78	25
洛阳市	22.18	16	25.27	16	29.01	13
平顶山市	20.89	18	24.06	20	24.13	24

续表

地 市	2010 年		2011 年		2012 年	
	评测值	排 名	评测值	排 名	评测值	排 名
安阳市	21.55	17	25.24	17	24.63	22
鹤壁市	27.61	4	30.09	4	33.65	3
新乡市	23.53	11	26.48	12	27.81	16
焦作市	27.75	2	30.06	5	33.63	4
濮阳市	22.30	15	26.30	13	30.48	9
许昌市	26.46	6	29.72	6	33.50	5
漯河市	23.12	12	26.28	14	29.78	12
三门峡市	24.22	10	28.35	9	32.65	6
南阳市	16.94	27	20.56	26	22.90	27
商丘市	20.56	19	24.88	18	24.36	23
信阳市	25.11	9	30.12	3	27.55	17
周口市	18.61	24	23.96	22	24.99	21
驻马店市	19.44	22	24.03	21	25.89	20
济源市	27.75	3	31.76	2	34.27	2
运城市	26.01	7	28.23	10	30.39	10
晋城市	25.81	8	29.31	7	32.06	7
长治市	27.14	5	29.27	8	30.87	8
邢台市	17.56	25	20.42	27	23.27	26
邯郸市	22.33	14	26.04	15	28.74	14
聊城市	19.57	21	23.17	23	26.63	18
菏泽市	19.97	20	24.85	19	27.84	15
淮北市	22.84	13	27.46	11	30.18	11
宿州市	10.19	28	14.76	28	19.98	28
蚌埠市	17.53	26	20.98	25	26.02	19
亳州市	7.21	29	10.97	29	16.34	29
阜阳市	6.05	30	10.70	30	16.26	30

由表 3-13 可知，2010~2012 年，中原经济区社会环境发展指数整体呈现增长态势，社会环境不断改善，城镇居民的生活质量也随之不断提升。但是，

我们注意到 2010~2012 年中原经济区 30 个地市经济发展指数的平均值分别为 29.73、32.60、35.38，社会环境发展指数的平均值分别为 21.38、25.04、27.62，社会环境发展指数均值低于经济发展指数的均值。这说明相对于经济发展而言，中原经济区的社会事业发展长期被忽略，涉及民生的城市道路管网建设、园林绿化、社区公共服务设施等方面的财政支出严重不足，因此社会事业欠账越积越多。近年来，中原经济区各地市普遍出现的交通堵塞正是这一问题的典型写照。

3.4 目标层 A 之中原经济区发展指数的特征分析

通过中原经济区发展指数的计算结果可以看出，2010~2012 年，郑州、济源、焦作、淮北、鹤壁 5 地市牢牢占据排行榜前 5 位，它们也是排名靠前的典型代表。郑州作为中原经济区的核心增长极，各项准则层 B 及准则层 C 指标评价值均大幅领先于其他城市，排名稳居中原经济区榜首，淮北、济源、鹤壁因"小而精"的特色占据排行榜前列。焦作各项指标的评价值高且较为均衡，因此排名也靠前；排名居中的地市代表是平顶山、三门峡、安阳、长治、邯郸等，这些地市各项准则层 B 和准则层 C 指标评价值多位居中游水平，因此总评价值和总排名也居中；排名靠后的地市代表是商丘、周口、驻马店、运城、宿州、亳州、阜阳等，虽然这些地市生态环境发展指数评价值较高，但所占权重较大的经济发展指数和社会环境发展指数评价值较低，因此总评价值和总排名也相应靠后。

3.5 区域差异特征分析

3.5.1 中原经济区差异分析方法介绍

中原经济区内部不同区域的自然禀赋不同，工业化起步时间和发展路径存在一定差异，城镇化进程中也出现各异的特征。这些差异经过长时间的积累，

第3章 中原经济区发展指数的特征分析

使得中原经济区内部各地市的经济发展水平和社会面貌出现了显著的差别。对30个地市现代化进程中产生的差异进行分析，有利于加深对中原经济区的认识。

课题组利用箱线图对中原经济区的差异程度进行分析。箱线图是利用一组数据中的五个统计量（最小值、第一四分位数、中位数、第三四分位数和最大值）来描述数据的一种方法。它也可以粗略地看出数据是否具有对称性、分布的分散程度等信息，也可以用于样本的比较。每一批数据分布的偏态如何，通过分析中位线和异常值的位置也可估计出来。要了解不同年份数据的四分位距大小，正常值的分布是集中还是分散，只需观察各方盒和线段的长短即可。利用箱线图，我们可以看出某一年度中原经济区30个地市发展指数差异程度，也可以将不同年份的数据放在一起做出几个箱线图，纵向比较中原经济区综合发展的变化情况。

课题组用SPSS Statistics 20软件对2010~2012年中原经济区30个样本地市目标层A评测值进行处理，按照"图形—旧对话框—箱图"的操作顺序，选择"简单""各变量的摘要"，变量VAR00001、VAR00002和VAR00003分别代表2010年、2011年和2012年中原经济区所有30个样本地市目标层A发展指数的评测值，奇异点1为郑州市。如图3-1所示，最终的箱线图形象地反映了中原经济区30个地市的发展差异。

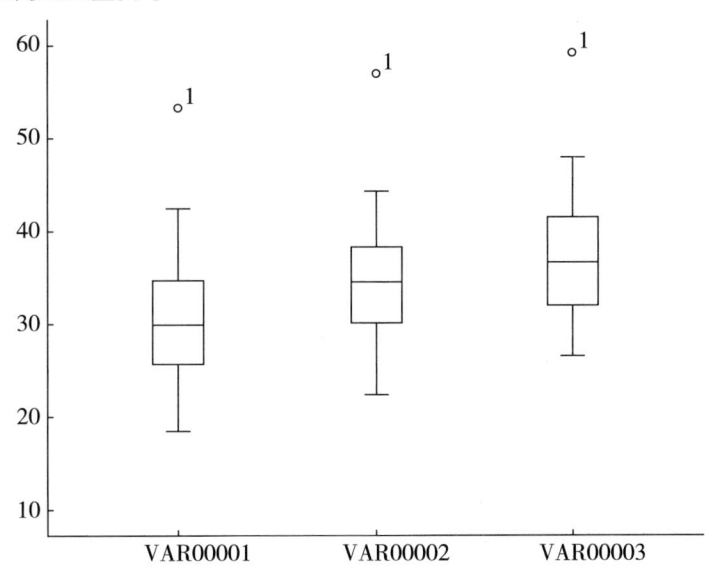

图3-1 中原经济区发展指数箱线图

3.5.2 中原经济区整体发展水平逐年上升,但依然处于较低的位置

从图3-1可以看出,2010~2012年箱线图的最小值、第一四分位数、中位数、第三四分位数和最大值均有不同程度地抬升,说明中原经济区整体发展情况逐年向好;三个箱线图均具有良好的对称性,中位数近似位于上下四分位之间,上下尾长近似相等,说明整体而言中原经济区29个地市的分布近似于期望等于中位数的正态分布,郑州作为上奇异点,显示出其整体发展水平远远高于其他地市的事实。进一步观察发现,上下四分位中间的箱体,即正常值较为集中的分布在30左右,是低水平的集中。这说明目前中原经济区发展情况尚处在较低的水平,与课题组所选参照系还有较大差距。

3.5.3 中原经济区区域内部差异逐渐缩小

进一步观察图3-1可知,中原经济区发展指数2012年的箱线图上尾长度基本不变,下尾长度明显变短,最大值与最小值的范围变小且上下四分位之间代表正常值的箱体长度变长,说明一些先前介于下四分位到最小值之间的地市,经过发展进入了正常值范围内,这就意味着一些排名靠后的地市其发展速度更快。虽然中原经济区内部发展不平衡的问题较为突出,但区域内部综合发展的差距正在逐步减小,区域内部发展不平衡的现状正出现积极地好转。

第 4 章
中原经济区发展指数聚类分析

第 3 章对各个区域 22 个指标的加权平均数即发展指数的结果进行了逐层分析，在一定程度上纠正了人们对中原经济区传统、片面的认识。本章将所有指标等权对待，把 30 个地市进行归类，进一步探究不同地市的共性和特性，以及它们对区域发展的影响。《中原经济区发展指数研究报告（2012）》对中原经济区 30 个地市进行了聚类分析，本年度课题组又对指标体系进行了调整，聚类的基础发生了改变，且经过一年的发展，30 个地市的经济、社会及生态环境都有所变化，因此有必要重新进行聚类。

4.1 聚类分析的实施过程与结果

聚类分析是一种对多属性统计样本进行定量分类的多元统计分析方法，其基本思想是：从一批样本的多个观测指标中，找出度量样本之间或指标之间相似程度（亲疏关系）的统计量，构成一个对称的相似性矩阵，并在此基础上进一步找寻各样本（或变量）之间或样本组合之间的相似程度，按相似程度的大小，把样本（或变量）逐一归类，关系密切的归类集聚到一个小的分类单位，关系疏远的集聚到一个大的分类单位，直到所有样本或变量集聚完毕，形成一个亲疏关系谱系图，用以更自然地和直观地显示分类对象（个体或指标）的差异和联系。[①] 因此，通过聚类分析可以把中原经济区 30 个地市按照性质的不同

---

① 倪鹏飞、刘高军、宋漩涛：《中国城市竞争力聚类分析》，《中国工业经济》2003 年第 7 期。

划分为若干区域发展类型，不同的区域发展类型之间拥有的内部条件与面临的外部约束各不相同，这样通过区域发展类型的初步划分就可以找出中原经济区以及内部各区域要素的配置方向和趋势，为进一步认识事物的发展规律奠定基础。

课题组用 SPSS Statistics 20 软件对中原经济区 30 个样本城市的 23 项指标标准化后的数据进行计算处理，采用"系统聚类"的"组间链接"方法，以"平方 Euclideun 距离"衡量组间距离，聚类成员选择"无"。最终聚类结果产生的树状图形象地反映了各类区域的异同，0~25 的标尺刻度表示类别之间的亲疏距离（见图 4-1）。

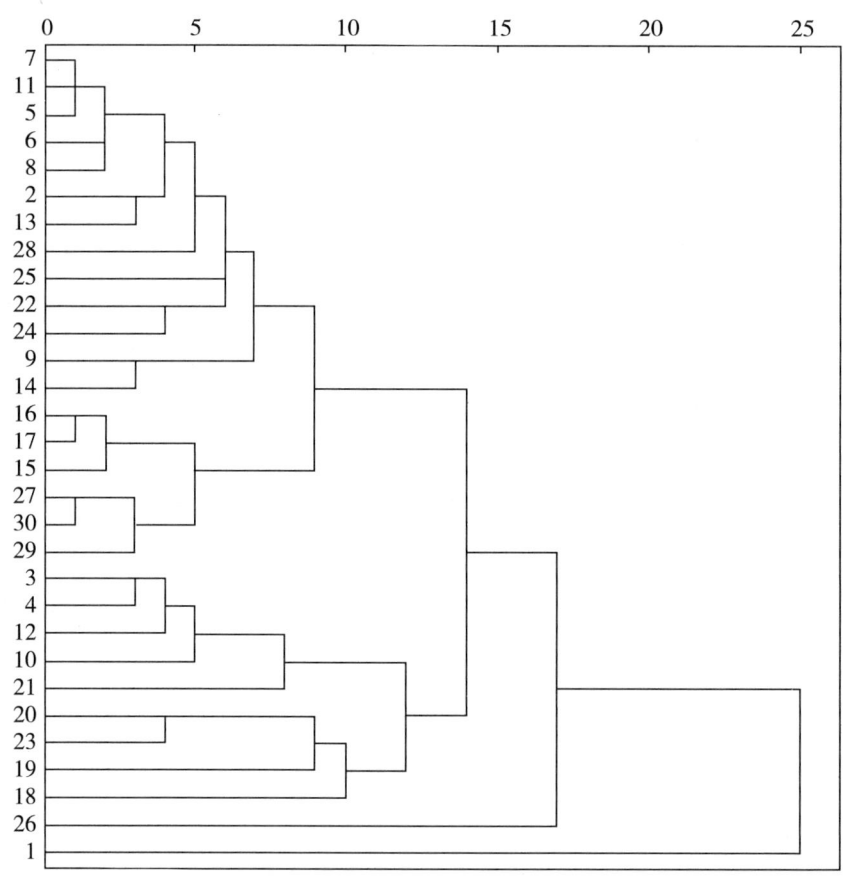

图 4-1 聚类分析树状图

注：1. 郑州，2. 开封，3. 洛阳，4. 平顶山，5. 安阳，6. 鹤壁，7. 新乡，8. 焦作，9. 濮阳，10. 许昌，11. 漯河，12. 三门峡，13. 南阳，14. 商丘，15. 信阳，16. 周口，17. 驻马店，18. 济源，19. 运城，20. 晋城，21. 长治，22. 邢台，23. 邯郸，24. 聊城，25. 菏泽，26. 淮北，27. 宿州，28. 蚌埠，29. 亳州，30. 阜阳。

4.2 聚类分析的总体特征

综合聚类分析的树状图和发展指数的总体特征，可以得出以下三个特征。

第一，相邻区域之间具有一定的相似性，相邻的区域虽然发展指数千差万别，但随着类别数目的减少，相邻区域更容易地归结为一类，这是"物以类聚"思想在地理上的表现。比如，高度相似的周口与驻马店以及在此基础上扩展的宿州、信阳、亳州、阜阳六地市归为一类，它们都位于中原经济区东南部的黄淮平原，农业优势比较突出。又如，归为一类的晋城、长治、平顶山、三门峡、洛阳、运城等6个城市，在空间区位上大致位于中原经济区的西部。

第二，发展指数与聚类分析存在明显的不一致性，且这种不一致性随着类别的减少而不断增强。比如，发展指数排名第2的淮北和排名第26的运城、第6的晋城、第13的邯郸高度相似，可以看出，发展指数的高低与相似程度并没有必然的联系，通过聚类分析更加揭示了发展指数的解释性指标的内在逻辑关系，在一定程度上弥补了偏重结果分析的弊端。

第三，相似程度最高的情况出现在两类区域中：一是制造业基础较好或者是资源型产业转型较成功的区域，如漯河、鹤壁、新乡、焦作等；二是农业基础特别突出的区域，如周口、驻马店等。而其他区域之间的相似程度都要低于这两类区域的相似程度。这也说明相似程度也呈现出"U"形曲线特征，产业基础较好或者可持续发展能力较强的区域，其经济发展过程呈现出高水平的趋同；而农业基础特别突出的区域，其经济发展过程则呈现出低水平的趋同。

4.3 区域发展类型的划分

4.3.1 区域发展类型划分的思路

根据聚类分析的树状图，区域发展类型大致可以进行如下划分。

如果分成两类,郑州是一类,其余地市是一类;如果分成3类,淮北从剩余的29个地市中脱离出来。郑州是省会城市,与生俱来的丰富的政治资源强化了其配置各种要素的能力,经济与社会的发展自然领先于其他地区。淮北作为安徽省新型城镇化建设的示范城市以及全国采煤塌陷区治理示范区,获得了大量的政策倾斜,经济尤其是社会事业的发展呈现出鲜明的特征。进一步细分,在上述分类的基础上,可把洛阳、平顶山、三门峡、许昌、济源、晋城、运城、长治、邯郸九地市归为一类,其余归为一类;再进一步细分,信阳、周口、驻马店、宿州、亳州、阜阳六地市归为一类,其余归为一类;以此类推还可以进行更细致的类别划分,类别划分的越多,越能反映出区域间的差异性与区域内的同质性特征。

根据以上划分,我们可以看出除了郑州和淮北因政策倾斜表现出明显的特殊性之外,其余地市可以大致划分为三种类型:第一,以洛阳、平顶山、三门峡、济源、晋城、运城、长治、邯郸八地市为代表,该类型区域大致分布在中原经济区的西北部地区,拥有良好的自然资源禀赋,工业化进程高度依赖于矿产资源,形成了庞大的初级能源加工产业,工业化的效果好,但生态环境和社会环境欠佳,课题组把该类型区域称为资源型区域;第二,以信阳、周口、驻马店、宿州、亳州、阜阳六地市为代表,该类型区域大致分布在中原经济区的南部,拥有良好的农业资源禀赋,是我国中部地区的主要产粮地,经济基础薄弱,社会形态较为落后,但生态环境较好,课题组把该类型区域称为农业型区域;第三,以焦作、新乡、漯河为代表的13个地市,该类型区域大致位于中原经济区沿"东北—西南"的轴线上,该类型区域的资源禀赋介于资源型区域和农业型区域之间,工业化的结构效果好,社会环境总体上也是最好的,生态环境总体上比农业区域差而又强于资源型区域,课题组把该类型区域称为综合型区域。另外,郑州现代化进程的轨迹更多地与综合型区域重合,淮北经过多年的调整,其经济和社会结构已经和典型的资源型区域表现出明显的差异,更多的呈现出综合性区域的特征,因此课题组在接下来的分析中把郑州和淮北归为综合型区域进行分析处理。各区域的空间结构如图4-2所示。

第4章 中原经济区发展指数聚类分析

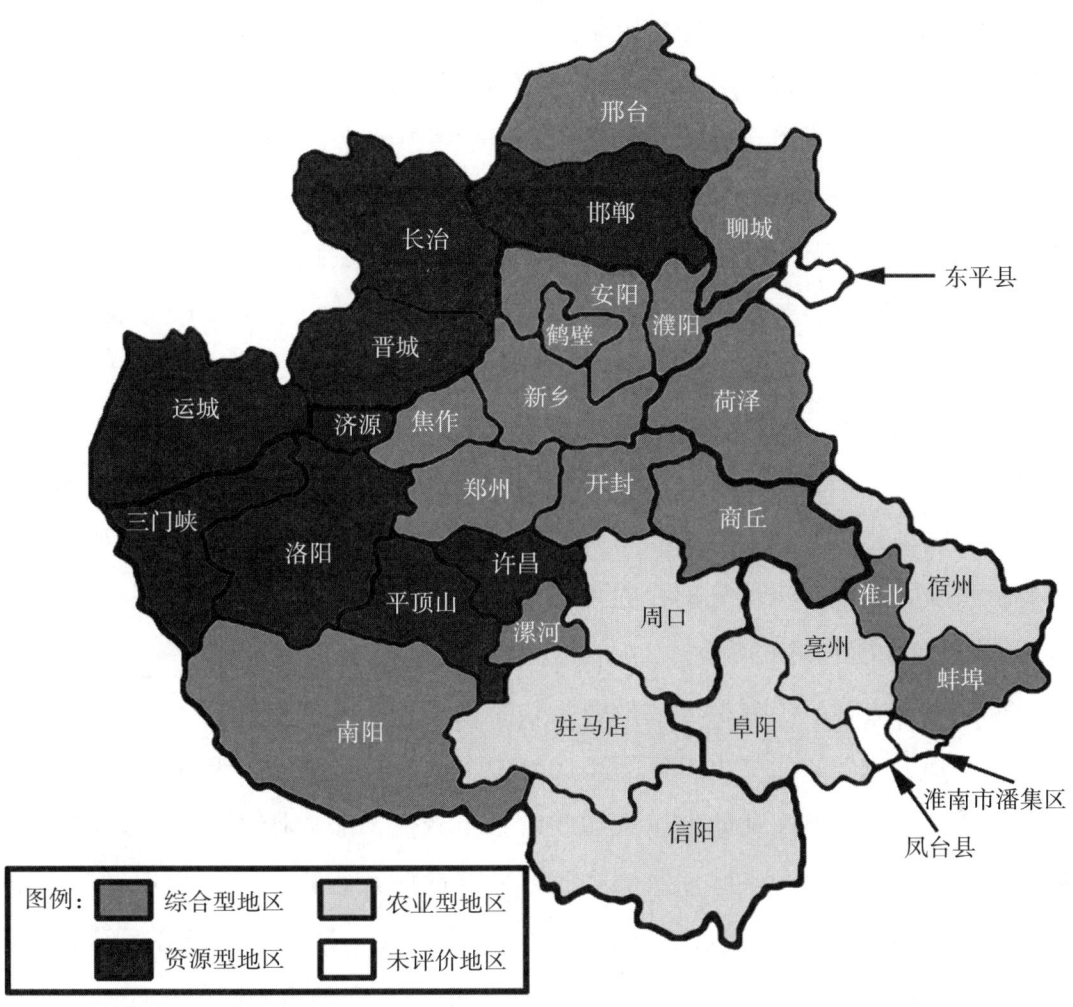

图4-2 中原经济区区域发展类型聚类示意

4.3.2 资源型区域

经济发展方面，资源型区域呈现出工业化进程快于城镇化进程，城镇化进程又快于农业现代化进程的显著特征。代表资源型区域的8个地市无一例外均具有良好的自然资源禀赋。依赖丰富的矿产资源，资源型区域具有明显的先发优势，率先实现工业大发展，工业化进程较快，占工业化指数权重最大的人均GDP指标普遍处于上游水平，如济源、三门峡、洛阳、晋城的人均GDP分别为59960元、48467元、43573元、42505元，分别排在中原经济区的第1、第3、第4、第5位。由于工业化进程中重工业的发展较为突出，且初级能源及原材料加工业占比过大，资源型区域吸收周边地区劳动力能力较弱，因此城镇化进程落后于工业化进程，城镇化指数的排位多处于中游水平，如2012年三门峡排在第12位，平顶山排在第14位。资源型区域农业现代化进程最为缓慢，2012年济源、洛阳、三门峡、平顶山的农业现代化指数分别排在第25位、第27位、第29位、第30位，与工业化指数形成了鲜明的对比，从侧面反映出农业发展长期被忽视的事实。

生态环境方面，资源型区域虽然环保投入力度较大，但长期粗放式经济增长模式导致污染问题十分严重，单位GDP能耗较高，生态环境整体状况堪忧。生态环境发展指数方面，资源型区域排名普遍靠后，如2012年济源、平顶山、邯郸、晋城、长治、运城分别排在中原经济区的第24位、第25位、第26位、第27位、第29位、第30位。

社会发展方面，资源型区域最明显的特征是城乡收入差距过大，城乡之间发展不平衡的问题较为突出。资源型区域中多数城镇的兴建正是源于矿产资源的开采，因此矿产所在地的城镇人均收入水平较高，非矿产地的农村地区人均收入水平较低。资源型区域反映城乡收入差距的收入结构指标排名均靠后，如洛阳2012年城镇居民人均可支配收入达到21765元，排在中原经济区第3位，但其农村居民人均纯收入仅为7477元，排在第15位，两者差距较大。

4.3.3 农业型区域

经济发展方面，农业型区域工业化进程最为缓慢，工业化指数多处于下游水平，工业化进程缓慢导致城镇化进程缓慢，该区域城镇就业机会普遍较少，劳动力和人口呈现净流出状态，城镇化指数也最低。由于是中部地区主要产粮地，农业型区域肩负着保证粮食安全的重任，因此该区域6个地市普遍第一产业占比、国民经济比重以及农业人口占总就业人口比重最高，农作物产出量大，农业现代化水平高于工业化和城镇化水平，但农产品商品化程度较低。由于权重占比较大的工业化、城镇化指数排位均靠后，农业型区域经济发展指数排位也相应靠后。

生态环境方面，由于工业化和城镇化进程缓慢，农业型区域的生态环境最好，单位 GDP 能耗较低，污染最少，生态环境发展指数普遍处于上游水平，2012 年周口、亳州、信阳、驻马店、宿州分别列中原经济区第 1 位、第 4 位、第 5 位、第 6 位、第 9 位，只有阜阳排位相对靠后，但也排在第 13 位。

社会发展方面，由于工业化进程缓慢，农业型区域的居民收入水平普遍偏低，收入指数的排位相应的也处于下游水平。经济的落后造成财政紧张，进而导致医疗卫生方面的支出不足，因此健康指数排位也处于下游水平。值得注意的是，河南省的农业型区域基础教育的可得性最高，万人中小学专任教师数最多的几个城市均属于河南省的农业型区域，如信阳 2012 年万人中小学专任教师数达到 104 人，位列中原经济区第 2，教育指数也在其基础教育可得性的带动下排在第 2 位。此外，农业型区域人均分享及占有公共产品的数量和机会普遍较大，如 2012 年周口和驻马店的人均城市道路面积分别为 22 平方米和 21 平方米，分列中原经济区第 2 位和第 3 位。

4.3.4 综合型区域

经济发展方面，综合型区域的工业化、城镇化、农业现代化指数多处于中原经济区上游水平且较为协调，经济发展整体较好。一些自然资源及农业资源禀赋较高的地市，经过多年调整，三次产业结构及第二产业内部结构不断优化，经济发展逐渐摆脱了对资源的依赖，或者已经跨越传统农区的范畴，进入综合型区域。比如，鹤壁和焦作的煤炭采选业及相关上下游产业对其经济发展的影响越来越小，第二产业中制造业增加值占比越来越高，经济结构日趋合理，城镇化水平随之稳步提升；随着菌类、烟叶、油料等经济作物播种面积越来越大以及农产品商品化率的不断提升，南阳农村居民人均纯收入水平明显提升，逐渐与周口、驻马店等传统农区拉开了差距，2012 年南阳农村居民人均纯收入为 7454 元，位列中原经济区第 16，而驻马店、周口仅分别为 6345 元、5961 元，分别排在第 26 位、第 29 位。随着经济结构的调整，未来会有更多的地市被纳综合型区域。

生态环境方面,综合型区域的能耗及污染介于资源型区域和农区型区域之间,生态环境发展指数总体而言处于中游水平。2012年,农业型区域中周口、亳州、信阳、驻马店、宿州的生态环境发展指数排位分别为第1名、第4名、第5名、第6名、第9名,整体处于上游水平;资源型区域中,洛阳、平顶山、运城的生态环境发展指数排位分别为第23名、第25名、第30名,整体处于下游水平;综合型区域中,新乡、鹤壁的生态环境发展指数排位分别为第11名、第18名,整体处于中游水平。

社会发展方面,综合型区域普遍处于中上游水平。由于人均收入水平最高,且城乡差距最小,收入指数的评测值普遍较高,排位也靠前。健康指数和城市生活环境指数的评测值很大程度上取决于公共财政的支出力度,因此综合性区域这两项得分普遍高于财政较为紧张的农业型区域,而与资源型区域相比,并无明显优势。值得注意的是,个别属于综合型区域的地市其教育指数评测值特别低,如2010~2012年郑州的排名分别为第21位、第25位、第24位。

第 5 章
中原经济区发展问题思考

通过聚类分析把纷繁复杂的变量按照内在逻辑关系进行"物以类聚"式的归类，区域发展类型也初步划分为资源型区域、农业型区域和综合型区域三大类。不同区域发展类型的"经济—生态—社会"三个维度共22个指标的内在逻辑关系千差万别，三大类型区域的划分为更深入地认识事物发展的内在规律提供了相对科学的分析视角，也为各个区域从更深层次认识自身的优势与剖析自身的不足提供了可能，使其在政策的制定上具有科学性与可行性。

5.1 中原经济区资源型城市多，转变经济发展方式的压力较大

根据2013年12月国务院印发的《全国资源型城市可持续发展规划（2013~2020年）》的通知，中原经济区30个地级市，其中15个属于资源型城市，不包括7个县级市以及安阳县，[①] 其中濮阳市、焦作市、淮北、灵宝市被明确列为衰退型城市。整体而言，中原经济区面临十分严峻的转型发展问题。在长期粗放型的经济增长模式影响下，多数资源型城市只针对特定的资源

---

① 三门峡市、洛阳市、焦作市、鹤壁市、濮阳市、平顶山市、南阳市、长治、晋城、运城、邢台、邯郸、宿州、亳州、淮北15个地级市。登封、新密、巩义、荥阳、灵宝、永城、禹州7个县级市。安阳县1个县级单位。需要特别说明的是，濮阳、焦作为衰退型城市，资源型区域的特征也不再明显，因此聚类分析并未将二者纳入资源型城市，这也从侧面体现出聚类分析的科学性。

进行采选和初级加工,能源、原材料等国民经济上游产业构成了资源型城市的产业主体。现代化进程初期,资源型城市依靠资源比较优势,在较短的时间内完成了资本的原始积累,先发优势十分明显。但是,随着资源的开采和开发,资源型城市普遍遇到了严重的转型发展问题,主要体现在以下几个方面。

第一,缺乏后续的发展动力,可持续发展面临挑战。资源型城市的资源储备量不断下降,可供开发的年限所剩不多。[①] 随着资源逐步走向枯竭,部分自然资源的开采难度增大,企业成本上升,效益降低,企业利润下滑,产量开始或已经出现下降。资源型城市一旦进入衰退期,其经济和社会可持续发展后续动力将严重不足,并可能以"乘数效应"的方式迅速蔓延,积重难返,产生"弱者更弱"的马太效应。

第二,经济发展呈现明显的周期性,波动较大。由于产业结构较为单一,经济结构不合理的问题较为突出,资源型城市的经济起伏较大,抵御周期性波动的能力较差。受国际金融危机的影响,中原经济区几个资源型城市的经济增速明显下滑。作为典型的资源型城市,平顶山市2010~2012年的人均GDP累计增长不足10个百分点,排在中原经济区倒数第1位,工业化指数排位也连年下降,经济增长明显放缓。

第三,污染问题严重,生态环境脆弱。多数资源型城市都存在严重的污染问题,从生态环境发展指数可知,中原经济区几个资源型城市的生态环境发展指数的评测值都非常低,其中长治、运城分别位列倒数第1和倒数第2。

第四,体制机制性矛盾较为突出,企业运行效率低,城市活力不足。资源型城市的发展大多严重依赖于少数几家大型国有企业,职能机构的设置也多是围绕这些企业的,"企业办社会"的现象较为明显。比如,平顶山的发展严重依赖于平煤集团,部分城市管理职能就是针对平煤集团而设置的。

综上所述,在资源逐步枯竭的约束下,资源型城市高投入、高耗能、高污

---

① 按照目前的开采速度和已探明的储存量,我国铜资源的静态可开采年为16.9年,铝土矿为5.7年,铅为6.7年,锌为5.4年,形势十分严峻。

染、低产出的粗放型经济增长方式将难以为继。这些城市正在或即将面临选择的十字路口，或随着资源的枯竭而衰退，如濮阳、灵宝，曾经的辉煌已成历史；或转变经济发展方式，摆脱对资源的依赖，如洛阳、南阳，转向可持续发展道路。资源型区域转型是一场剧烈的经济社会变革，需要经历较长的阵痛期，好在转型并非中原经济区独自需要面对问题，全国其他地区以及其他发达国家的成功经验是我们很好的教材。美国的休斯敦地区、德国的鲁尔工业区、日本的九州地区以及法国东北部的重工业基地等都在政府的引导下成功地实现了地区经济转型。总结这些地区在政府主导下成功转型的经验，最关键的一点是对原有衰退主导产业的优化、升级，或者另辟蹊径，重新选择高成长的朝阳产业。具体来说，以下几点值得重视。

第一，各级政府的大力支持。德国鲁尔工业区的转型获得了联邦、州和市三级政府的大力支持。为保证转型顺利、快速地实施，三级政府均设立专门的职能部门，分工明确并相互协调。同时，联邦政府和州政府出资9000万马克用于建设技术园区。环境恢复治理费用由联邦政府承担2/3，地方政府承担1/3。而日本政府通过立法，以更加强硬的方式引导九州地区淘汰落后产能，并对更新技术装备的企业予以财政补贴。

第二，避免盲目模仿。资源型城市转型应该充分结合自身特点，因地制宜，因时制宜，可考虑在原有产品的基础上进行精细制造和深加工，延伸产业链条，提高产品附加值，或者逐渐放弃衰退产业，发展新兴产业，这也是更为普遍的方式。在德国鲁尔工业区的转型过程中，煤炭采选、钢铁冶炼等传统产业逐渐被放弃，当地政府和企业根据国际市场的需要，因时制宜地选择了以计算机、通信为代表的电子信息及生物药品制造业等新兴产业。法国东北部的洛林地区则更具代表性，该地区煤矿、铁矿、炼钢厂和纺织厂等高耗能、高污染的企业被彻底关闭，转型初期出现了众多的由10人以下组成的从事微电子等产业的微型企业，符合当地失业人群庞大且综合素质不高的特点，可谓因地制宜。

第三，接续产业的选择应该考虑就业问题与环境问题。随着资源的枯竭和产量的下降，资源型城市会产生较多的下岗职工再就业问题及严重的污染问题，后续产业不仅要解决发展问题，而且要解决就业、环境等民生问题。所以续接产业应该优先考虑高就业、环保型产业。

第四，注重人才的再培养。在资源型城市中，人才结构较为单一，适应后续产业的能力较差。并且由于转型中城市经济、社会、环境等方面的问题较多，转型初期难以吸引外来人才，后续产业的就业只能由本地解决。法国东北部的洛林地区把培训职工、提高技能作为重新就业的重要途径，培训后可供选择的职业岗位多达100种以上，90%的人员实现了再就业。

中原经济区资源型城市过多，调整经济结构的压力较大。为实现可持续发展，必须推进经济结构的转型和城市的再生，尽管这一过程漫长而痛苦，但只有这样，这些资源日益枯竭、经济增长缓慢、环境污染严重的资源型城市才能摆脱目前的发展困境。

5.2　人口流动对中原经济区整体及其内部不同区域的影响

在中国现代化的进程中，人口流动的总体趋势是从经济欠发达、社会形态落后的中西部传统农区流向经济较为发达的东部沿海地区。人口流动对于迁入地和迁出地的经济与社会发展产生的影响不同，作用机制也不相同。中原经济区的大部分地区，尤其是南部地区是典型的传统农区，人口处于净流出状态。2009年末中原经济区常住人口为15947万人，2012年末常住人口为15884万人，三年累计减少63万人。南部传统农区几个农业型城市人口流出现象更为明显，2009年信阳、周口、驻马店、宿州、阜阳以及商丘6个地市常住人口为4621万人，2012年这一数字下降到4248万人，三年累计减少373万人。作为典型的迁出地，常住人口数量的减少对迁出地的影响体现在以下几个方面。

第一，农民通过外出务工提高收入，整体上带动人均收入水平的提升，同时降低了中原经济区与其他区域之间的收入差距，也降低了中原经济区内部的城乡收入差距。收入水平上升及收入差距缩小有利于促进消费，推动经济发展。

第二，人口外流有助于城镇化率的提升。相比人口迁入地靠工业发展"主动"地吸纳劳动力，人口迁出地通过大量农民的外流，间接地提升了其城镇化率。课题组将迁入地城镇化率的提升称为"主动城镇化"，将迁出地城镇化率的提升称为"被动城镇化"。

对于被动城镇化的区域，人口外流有助于缓解迁出地公共资源的配置压力。在财政支出不变的情况下，迁出地由于人口基数的减少，人均能分摊到更多地使用及占有公共资源的机会，从而间接地达到提升人均指标的效果。南部的周口、驻马店、信阳、阜阳及商丘等地市的万人中小学专任教师数、人均城市道路面积、人均城市公园绿地面积等与人们生活息息相关的指标数值都较高。

虽然中原经济区整体呈现出人口净流出状态，但郑州作为中原经济区的核心城市，人口呈现出净流入的状态，2009年末郑州市常住人口为748万人，2012年这一数值达到903万人，三年净增155万人。作为人口的迁入地，常住人口数量的增多对郑州的影响体现在以下几个方面。

第一，人口由农村向城市的迁移，为郑州的工业化和城镇化的发展提供了丰富的低价的生产要素，加快了郑州现代化的进程并降低了成本，节省了开支。

第二，人口激增给郑州市带来教育、医疗、交通、环境、能源等方面的压力。郑州市万人中小学专任教师数、人均城市道路面积、人均城市公园绿地面积等指标数值非常低，"上学难"、交通拥堵、空气污染等问题十分突出。但是我们要看到，这些问题都是发展中的问题，交通拥挤与规划滞后有直接的关系，"上学难"可以通过统筹省级层面的财政支付（减少人口迁出地的教育经费，增加迁入地的教育经费）或增加市一级财政支出来解决，环境污染并不是人口迁入地的特殊现象。因此，我们不能夸大人口流动对迁入地带来的负面作用，换一种角度看，解决这些负面影响也是城镇化的动力之一。

综上所述，在现代化进程中，人口自由流动无论对迁入地还是迁出地而言都有巨大益处。问题在于，目前的种种制度安排影响了各种资源要素尤其是人口的自由迁徙，影响了不同类型区域之间发展指数的动态优化。

5.3 深化改革，保证人口的自由流动

十八届三中全会指出，全面深化改革的总目标是完善和发展中国特色社会主义制度，推进国家治理体系和治理能力现代化，在这一过程中要紧紧围绕"使市场在资源配置中起决定性作用"这一主题。城乡二元结构限制了资源要素尤其是劳动力的自由流动，导致从更大范围空间看，局部范围要素的"高效"利用可能就变成"低效"。劳动力是生产要素中最为活跃的部分，保证劳动力的自由流动是"深化改革，使市场在资源配置中起决定性作用"的前提。

要保证人口的自由流动就必须深化改革。上文提到的种种制度安排中，最为关键的是二元的户籍制度，它从根本上阻碍了人口的自由流动。为了巩固二元结构，在户籍制度基础上还衍生出一系列辅助政策，如医疗制度、教育制度、就业制度、婚姻生育制度等社会保障制度。这些政策作为户籍制度的延伸，从实施层面限制了人口的流动，导致了不同户籍的人在教育、就业、医疗、保险等方面存在巨大的差别，形成了二元的福利政策。流动人口，尤其是收入较低的农民工群体，无法得到相应的福利和保障，普遍对城市缺乏认同感与归属感，心理上的剥离感造成他们很难真正融入城市，因此阻碍了不同类型区域发展指数的提升。户籍制度改革的方向是强化户籍的登记功能，淡化其分配功能。医疗、教育等基本公共服务不应该与户籍制度挂钩，相应的财政支付应该以常住人口为标准，保证基本公共服务的均等化。

为保证户籍政策改革的顺利进行，还应该建立以市场化为基础的农民宅基地交易机制。目前地方政府的普遍做法严重损害了农民利益，仅仅将宅基地溢价中很小的一部分以复耕补偿费的形式补贴给农民，剩余的大部分则形成了行

政租金,农民享受不到完整的事实上已明确到个人"产权"的收益权利,[①] 造成农民消极对待,成为阻碍其向城镇流动的最后的羁绊。问题的关键是集体建设用地与城镇国有建设用地之间没有一个以市场化为基础的转换机制。因此,贯彻"核心问题是处理好政府和市场的关系,使市场在资源配置中起决定性作用"这一原则,将市场能解决的问题交给市场,建立以市场化为基础的农民农村集体利益的退出机制就显得极为重要。

5.4 不同区域,实现现代化的路径、扮演的角色、承担的责任不同

不同类型区域在不同的内部环境(如资源禀赋)和外部环境(政策、发展机遇)的影响下,现代化的实现路径各有不同。对于综合型区域来说,产业基础尤其是制造业基础较好,其现代化水平的提升主要依托良好的产业基础优势来充分吸纳劳动力,提高经济产出效益,提升城镇化水平,改善民生,这一过程的实现是主动性的。资源型区域现代化进程中的前期过多地依赖自身的资源禀赋,未来应该走可持续发展道路,向综合型区域靠拢,反之则在资源枯竭过程中成为衰亡型区域。而对于农业型区域来说,经济结构对本地劳动力的吸纳能力有限,其现代化的实现在向综合型区域转变的基础上可以借助劳动力的不断外流,从而实现自身人均指标的上升,相对综合型区域,这一过程是被动性的。

中原地区肩负国家粮食安全及节能减排的重任,这两项社会责任长期以来分别主要由农业型区域和资源型区域承担,也正因此,综合型区域得以轻装上阵,拥有足够的空间去实现自身的主动性增长,应建立予以农业型区域和资源型区域的补偿机制。

现行的干部考核体系采用的是"一刀切"模式,且侧重于经济的产出,忽

---

① 张建秋:《中原经济区与新型农村社区建设》,《商丘师范学院学报》2012 年第 5 期。

略了不同区域现代化路径、承担社会责任、扮演角色的差异。这样的考核体制对资源型区域和农业型区域是不利的,也与经济社会发展规律不符。只有改变考核体系,将地方政府作为地方利益的代理人,才能将其追求自身利益的过程与区域经济社会发展的客观规律较好地结合,实现全面、可持续的发展。课题组建议针对上述两个区域的干部考核体系植入相应的结构性因素,降低经济产出评价指标的权重,提高承担社会责任的权重。

下篇
中原经济区发展指数的地市分析

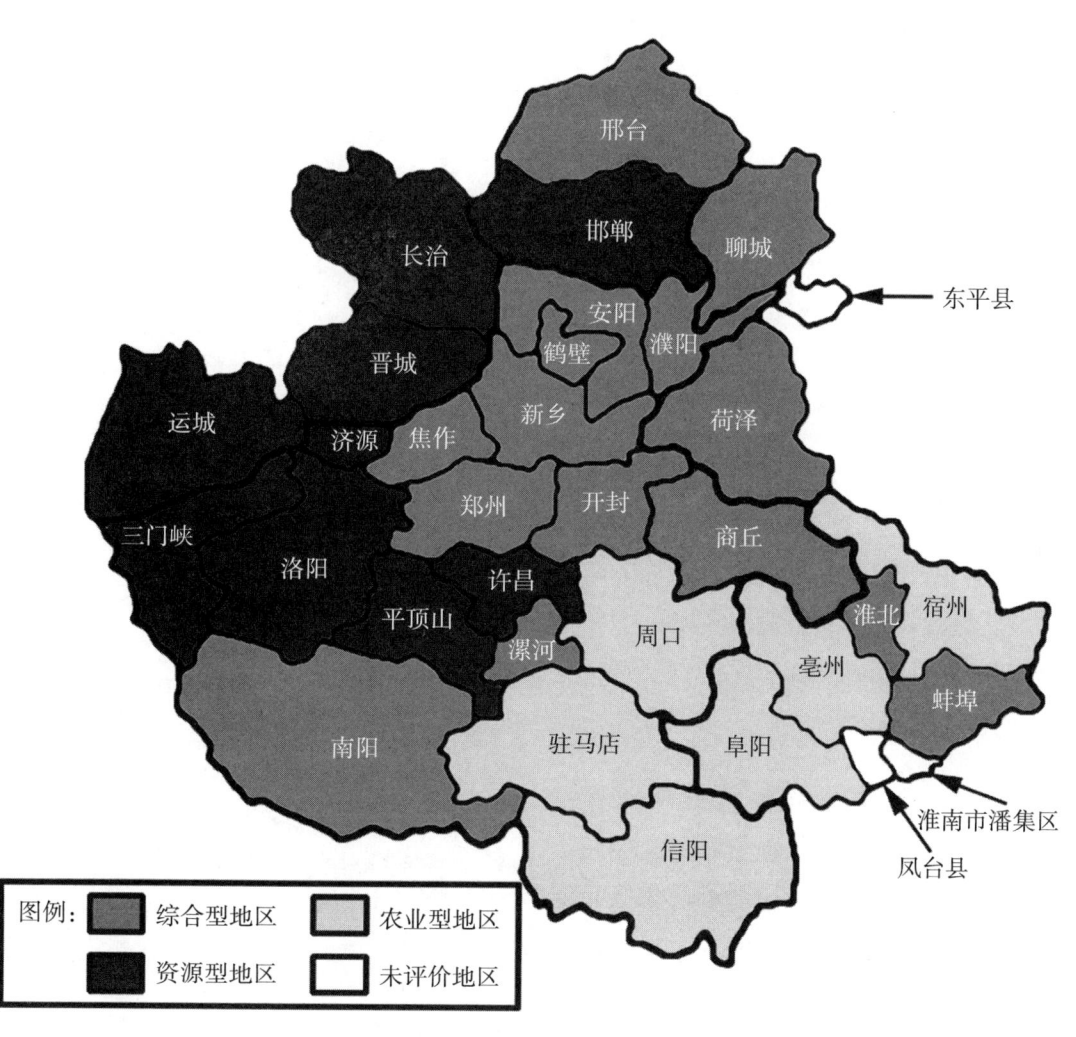

第6章
郑州市发展指数分析

6.1 郑州市经济发展评价分析

2011~2012年，郑州市经济发展指数及其下层指标评价值和排位变化情况，如表6-1和图6-1所示。

表6-1 郑州市2011~2012年经济发展评价值及排名

项目	人均GDP	三次产业结构	非国有工业增加值占比	工业化指数	城镇化率	第一产业就业人数比重	人均全社会消费品零售总额	城镇化指数	劳均种植业经营面积	按产量平均的农产品加工动力机械	按产量平均的农用大中型拖拉机动力	农业现代化指数	经济发展指数
2010年	64.01	95.27	67.65	70.99	61.95	71.32	59.42	64.12	20.77	14.63	19.66	20.01	63.64
2011年	68.63	96.83	67.65	74.07	64.09	73.26	60.89	66.14	21.06	15.57	20.74	20.49	65.88
2012年	71.95	97.08	69.12	76.41	66.68	74.74	65.21	68.63	21.20	15.66	23.91	21.13	68.22
2011年排名	1	1	11	1	1	1	1	1	20	6	9	19	1
2012年排名	2	1	9	1	1	1	1	1	22	5	10	20	1
位次升降	-1	0	2	0	0	0	0	0	-2	1	-1	-1	0
优势度	优势	优势	优势	优势	优势	优势	优势	优势	劣势	优势	优势	中势	优势

（1）2012年郑州市经济发展指数排名第1位，在中原经济区处于优势地位，与2011年相比排位没有变化。其中，工业化指数排名第1位，与2011年

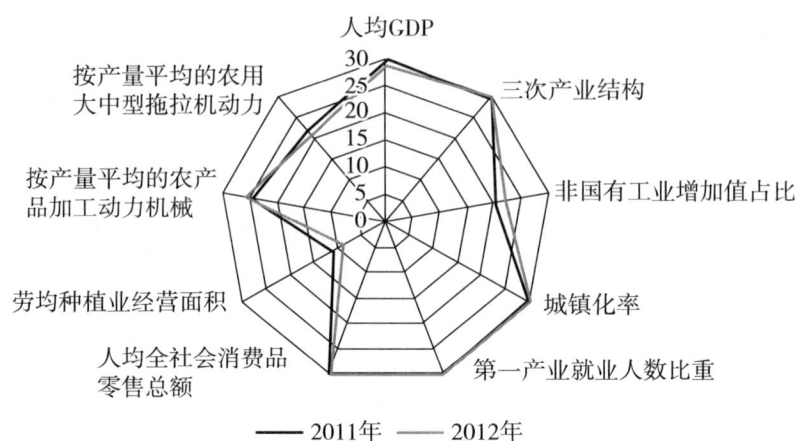

图 6-1 郑州市 2011~2012 年经济发展指数及下层指标排位比较雷达图

相比没有变化；城镇化指数排名第 1 位，与 2011 年相比没有变化；农业现代化指数排名第 20 位，与 2011 年相比下降 1 个位次。

（2）从方案层指标的优势度看，人均 GDP、三次产业结构、非国有工业增加值占比、工业化指数、城镇化率、第一产业就业人数比重、人均全社会消费品零售总额、城镇化指数、按产量平均的农产品加工动力机械、按产量平均的农用大中型拖拉机动力是郑州市经济发展指数中的优势指标，劳均种植业经营面积是郑州市经济发展指数中的劣势指标，农业现代化指数是中势指标。

（3）从雷达图图形变化看，2012 年与 2011 年相比，面积基本不变，经济发展指数排位保持平稳。

（4）从排位变化的动因看，在非国有工业增加值占比、按产量平均的农产品加工动力机械指标排位上升和劳均种植业经营面积、人均 GDP 等指标排位下降的综合作用下，2012 年郑州市经济发展指数排位保持不变，居中原经济区第 1 位。

6.2 郑州市生态环境发展评价分析

2011~2012 年，郑州市生态环境发展指数及其下层指标评价值和排位变化

第6章　郑州市发展指数分析

情况，如表6-2和图6-2所示。

表6-2　郑州市2011~2012年生态环境发展评价值及排名

项　目	万元GDP能耗	按辖区面积平均的工业烟尘排放量	人均公共预算节能环保支出	生态环境发展指数
2010年	72.07	51.82	12.27	57.06
2011年	86.79	57.18	19.00	68.53
2012年	88.29	59.37	19.68	70.00
2011年排名	6	22	6	9
2012年排名	5	23	9	10
位次升降	1	-1	-3	-1
优势度	优势	劣势	优势	优势

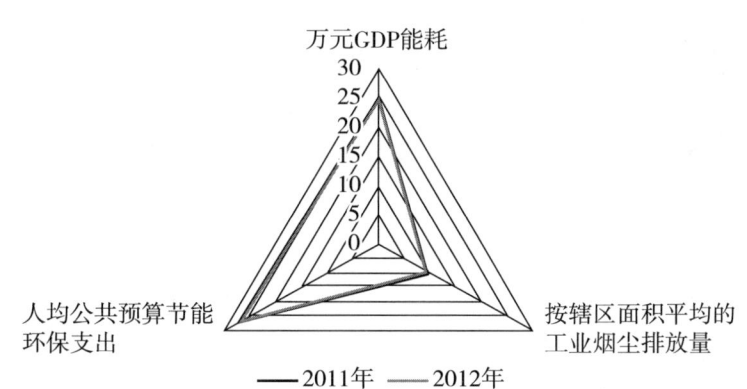

图6-2　郑州市2011~2012年生态环境发展指数及下层指标排位比较雷达图

（1）2012年郑州市生态环境发展指数排名第10位，在中原经济区处于优势地位，与2011年相比排位下降1个位次。

（2）从方案层指标的优势度看，万元GDP能耗、人均公共预算节能环保支出是郑州市生态环境发展指数中的优势指标，按辖区面积平均的工业烟尘排放量是郑州市生态环境发展指数中的劣势指标。

（3）从雷达图图形变化看，2012年与2011年相比，面积略有缩小，生态环境发展指数排位呈下降态势。

（4）从排位变化的动因看，在万元 GDP 能耗指标排位上升和按辖区面积平均的工业烟尘排放量、人均公共预算节能环保支出指标排位下降的综合作用下，2012 年郑州市生态环境发展指数排名下降 1 个位次，居中原经济区第 10 位。

6.3 郑州市社会环境发展评价分析

2011~2012 年，郑州市社会环境发展指数及其下层指标评价值和排位变化情况，如表 6-3 和图 6-3 所示。

表 6-3 郑州市 2011~2012 年社会环境发展评价值及排名

项目	城乡居民收入比	城镇居民人均可支配收入	农村居民人均纯收入	收入指数	每万人卫生技术人员数	每万人卫生机构床位数	健康指数	万人中小学专任教师数	人均教育经费	教育指数	人均城市公园绿地面积	人均城市道路面积	人均城乡社区事务财政支出	城市生活环境指数	社会环境发展指数
2010 年	26.94	28.78	33.08	29.60	53.71	80.99	67.35	24.11	22.53	23.32	3.91	1.93	37.31	14.38	32.48
2011 年	29.61	34.41	37.99	34.01	56.36	84.67	70.52	16.81	27.07	21.94	4.91	3.21	41.52	16.55	43.89
2012 年	29.76	42.21	42.84	38.27	64.70	95.36	80.03	3.37	31.09	17.23	2.67	0.00	51.60	18.09	45.20
2011 年排名	1	1	1	1	1	1	1	26	3	25	29	30	1	26	1
2012 年排名	1	1	1	1	1	1	1	29	3	24	29	30	1	27	1
位次升降	0	0	0	0	0	0	0	-3	0	1	0	0	0	-1	0
优势度	优势	优势	优势	优势	优势	优势	优势	劣势	优势	劣势	劣势	劣势	优势	劣势	优势

（1）2012 年郑州市社会环境发展指数排名第 1 位，在中原经济区处于优势地位，与 2011 年相比排位没有变化。其中，教育指数排名第 24 位，与 2011 年相比排位上升 1 个位次；健康指数排名第 1 位，与 2011 年相比排位没有变化；

第 6 章 郑州市发展指数分析

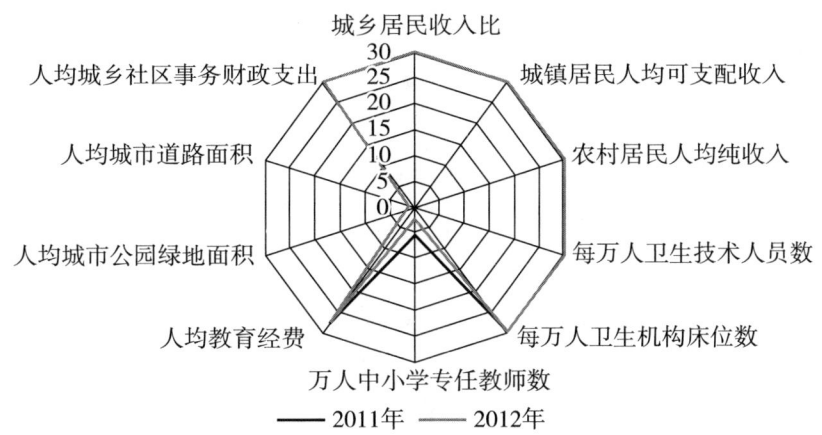

图 6-3 郑州市 2011~2012 年社会环境发展指数及下层指标排位比较雷达图

收入指数排名第 1 位,与 2011 年相比排位没有变化。

(2) 从方案层指标的优势度看,城乡居民收入比、城镇居民人均可支配收入、农村居民人均纯收入、收入指数、每万人卫生技术人员数、每万人卫生机构床位数、健康指数、人均教育经费、人均城乡社区事务财政支出指标是郑州市社会环境发展指数中的优势指标,万人中小学专任教师数、教育指数、人均城市公园绿地面积、人均城市道路面积、城市生活环境指数等指标是郑州市社会环境发展指数中的劣势指标。

(3) 从雷达图图形变化看,2012 年与 2011 年相比,面积基本不变,社会环境发展指数排位保持平稳。

(4) 从排位变化的动因看,在教育指数排位上升和万人中小学专任教师数、城市生活环境指数排位下降的综合作用下,2012 年郑州市社会环境发展指数排位保持不变,居中原经济区第 1 位。

6.4 郑州市发展评价分析

2011~2012 年,郑州市发展指数及其下层指标评价值和排位变化情况,如表 6-4 和图 6-4 所示。

表 6-4 郑州市 2011～2012 年发展评价值及排名

项 目	经济发展指数	生态环境发展指数	社会环境发展指数	郑州市发展指数
2010 年	63.64	57.06	32.48	53.30
2011 年	65.88	68.53	34.87	57.10
2012 年	68.22	70.00	37.23	59.30
2011 年排名	1	9	1	1
2012 年排名	1	10	1	1
位次升降	0	-1	0	0
优势度	优势	优势	优势	优势

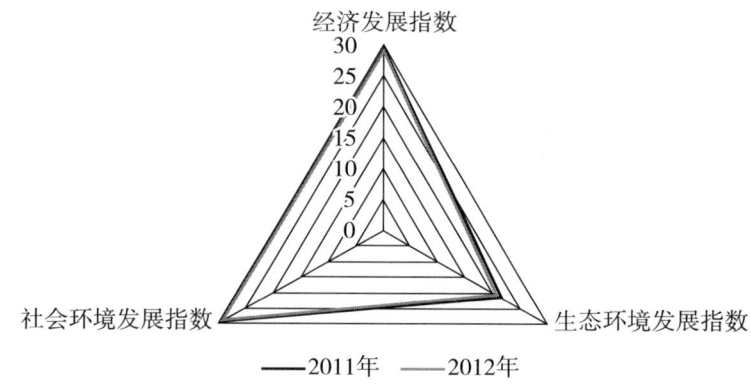

图 6-4 郑州市 2011～2012 年发展指数及下层指标排位比较雷达图

（1）2012 年郑州市发展指数排名第 1 位，在中原经济区处于优势地位，与 2011 年相比排位保持不变。

（2）从准则层指标的优势度看，经济发展指数、生态环境发展指数、社会环境发展指数均是郑州市发展指数中的优势指标。

（3）从雷达图图形变化看，2012 年与 2011 年相比，面积基本不变，郑州市发展指数排位保持平稳。

（4）从排位变化的动因看，在生态环境发展指数排名下降 1 个位次和其他指数排位保持不变的综合作用下，2012 年郑州市发展指数排位保持不变，居中原经济区第 1 位。

第7章
开封市发展指数分析

7.1 开封市经济发展评价分析

2011~2012年，开封市经济发展指数及其下层指标评价值和排位变化情况，如表7-1和图7-1所示。

表7-1 开封市2011~2012年经济发展评价值及排名

项　目	人均GDP	三次产业结构	非国有工业增加值占比	工业化指数	城镇化率	第一产业就业人数比重	人均全社会消费品零售总额	城镇化指数	劳均种植业经营面积	按产量平均的农产品加工动力机械	按产量平均的农用大中型拖拉机动力	农业现代化指数	经济发展指数
2010年	33.08	22.12	75.00	39.27	12.80	17.42	26.23	15.43	20.07	7.76	6.81	16.68	22.52
2011年	36.77	27.45	75.00	42.55	15.92	23.79	30.80	19.55	24.86	8.71	7.89	20.49	26.38
2012年	41.26	30.30	82.35	47.29	19.39	28.33	36.09	23.49	28.30	8.22	11.03	23.51	30.50
2011年排名	19	23	5	18	19	28	12	21	17	8	23	20	21
2012年排名	19	23	4	17	20	27	12	20	16	13	21	15	21
位次升降	0	0	1	1	-1	1	0	1	1	-5	2	5	0
优势度	中势	劣势	优势	中势	中势	劣势	中势	中势	中势	中势	劣势	中势	劣势

（1）2012年开封市经济发展指数排名第21位，在中原经济区处于劣势地位，与2011年相比排位保持不变。其中，工业化指数排名第17位，与2011年

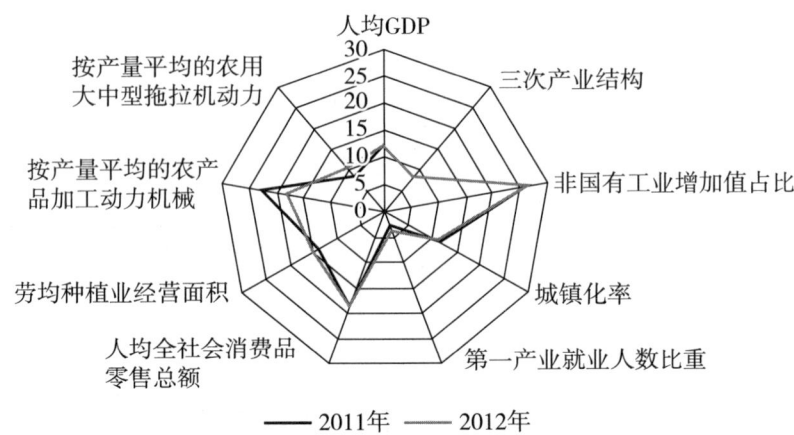

图 7-1 开封市 2011~2012 年经济发展指数及下层指标排位比较雷达图

相比上升 1 个位次；城镇化指数排名第 20 位，与 2011 年相比上升 1 个位次；农业现代化指数排名第 15 位，与 2011 年相比上升 5 个位次。

（2）从方案层指标的优势度看，非国有工业增加值占比是开封市经济发展指数中的优势指标，人均 GDP、工业化指数、城镇化率、人均全社会消费品零售总额、城镇化指数、劳均种植业经营面积、按产量平均的农产品加工动力机械、农业现代化指数等指标是开封市经济发展指数中的中势指标，其余指标为劣势指标。

（3）从雷达图图形变化看，2012 年与 2011 年相比，面积没有明显变化，经济发展指数排位呈现平稳发展态势。

（4）从排位变化的动因看，在非国有工业增加值占比等指标排位上升和按产量平均的农产品加工动力机械等指标排位下降的综合作用下，2012 年开封市经济发展指数排位保持不变，居中原经济区第 21 位。

7.2　开封市生态环境发展评价分析

2011~2012 年，开封市生态环境发展指数及其下层指标评价值和排位变化情况，如表 7-2 和图 7-2 所示。

第7章 开封市发展指数分析

表7-2 开封市2011~2012年生态环境发展评价值及排名

项　目	万元GDP能耗	按辖区面积平均的工业烟尘排放量	人均公共预算节能环保支出	生态环境发展指数
2010年	74.46	61.41	4.83	58.96
2011年	89.05	65.54	2.92	68.49
2012年	90.71	68.83	5.86	70.70
2011年排名	4	20	27	10
2012年排名	3	19	23	7
位次升降	1	1	4	3
优势度	优势	中势	劣势	优势

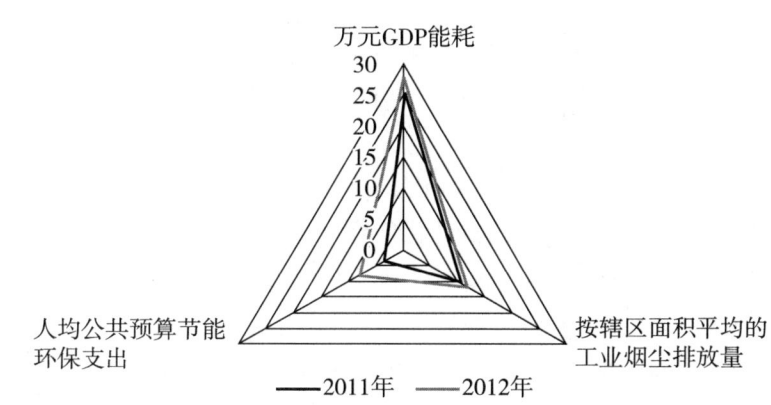

图7-2 开封市2011~2012年生态环境发展指数及下层指标排位比较雷达图

（1）2012年开封市生态环境发展指数排名第7位，在中原经济区处于优势地位，与2011年相比排名上升3个位次。

（2）从方案层指标的优势度看，万元GDP能耗指标是开封市生态环境发展指数中的优势指标，按辖区面积平均的工业烟尘排放量指标是开封市生态环境发展指数中的中势指标，人均公共预算节能环保支出指标是开封市生态环境发展指数中的劣势指标。

（3）从雷达图图形变化看，2012年与2011年相比，面积有所增大，生态环境发展指数排位呈上升态势。

（4）从排位变化的动因看，在三个指标排位全部上升的综合作用下，2012年开封市生态环境发展指数排名上升3个位次，居中原经济区第7位。

7.3 开封市社会环境发展评价分析

2011~2012年,开封市社会环境发展指数及其下层指标评价值和排位变化情况,如表7-3和图7-3所示。

表7-3 开封市2011~2012年社会环境发展评价值及排名

项目	城乡居民收入比	城镇居民人均可支配收入	农村居民人均纯收入	收入指数	每万人卫生技术人员数	每万人卫生机构床位数	健康指数	万人中小学专任教师数	人均教育经费	教育指数	人均城市公园绿地面积	人均城市道路面积	人均城乡社区事务财政支出	城市生活环境指数	社会环境发展指数
2010年	13.43	8.19	13.43	11.68	29.31	36.63	32.97	38.89	9.98	24.43	0.55	35.80	0.42	12.26	18.70
2011年	16.07	13.39	18.54	16.00	31.60	40.46	36.03	39.71	16.36	28.04	9.90	48.91	0.43	19.74	22.92
2012年	16.06	21.52	23.65	20.41	37.00	53.62	45.31	18.70	17.23	17.97	7.64	52.62	2.10	20.79	23.78
2011年排名	9	28	19	19	14	18	15	12	20	15	26	17	29	23	24
2012年排名	9	28	19	20	11	12	12	20	24	23	27	17	29	25	25
位次升降	0	0	0	-1	3	6	3	-8	-4	-8	-1	0	0	-2	-1
优势度	优势	劣势	中势	中势	中势	中势	中势	中势	劣势	劣势	劣势	中势	劣势	劣势	劣势

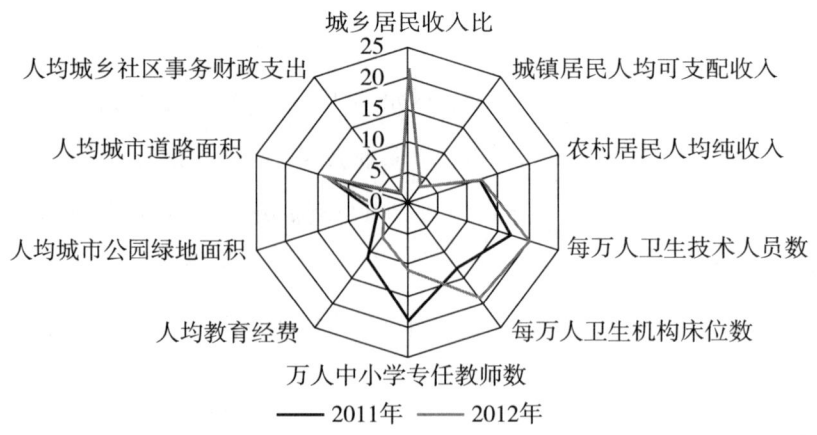

图7-3 开封市2011~2012年社会环境发展指数及下层指标排位比较雷达图

(1) 2012年开封市社会环境发展指数排名第25位，在中原经济区处于劣势地位，与2011年相比排名下降1个位次。其中，教育指数排名第23位，与2011年相比排位下降8个位次；健康指数排名第12位，与2011年相比排位上升3个位次；收入指数排名第20位，与2011年相比排位下降1个位次。

(2) 从方案层指标的优势度看，城乡居民收入比是开封市社会环境发展指数中的优势指标，农村居民人均纯收入、收入指数、每万人卫生技术人员数、每万人卫生机构床位数、健康指数、万人中小学专任教师数、人均城市道路面积等指标是开封市社会环境发展指数中的中势指标，城镇居民人均可支配收入、人均教育经费、教育指数、人均城市公园绿地面积、人均城乡社区事务财政支出、城市生活环境指数等指标是开封市社会环境发展指数中的劣势指标。

(3) 从雷达图图形变化看，2012年与2011年相比，面积变化不明显，社会环境发展指数排位呈现下降态势。

(4) 从排位变化的动因看，在每万人卫生技术人员数、每万人卫生机构床位数等指标排位上升和人均教育经费、教育指数等指标排位下降的综合作用下，2012年开封市社会环境发展指数下降1个位次，居中原经济区第25位。

7.4 开封市发展评价分析

2011~2012年，开封市发展指数及其下层指标评价值和排位变化情况，如表7-4和图7-4所示。

表7-4 开封市2011~2012年发展评价值及排名

项目	经济发展指数	生态环境发展指数	社会环境发展指数	开封市发展指数
2010年	22.52	58.96	18.70	27.36
2011年	26.38	68.49	22.92	32.25
2012年	30.50	70.70	23.78	35.09
2011年排名	21	10	24	19
2012年排名	21	7	25	17
位次升降	0	3	-1	2
优势度	劣势	优势	劣势	中势

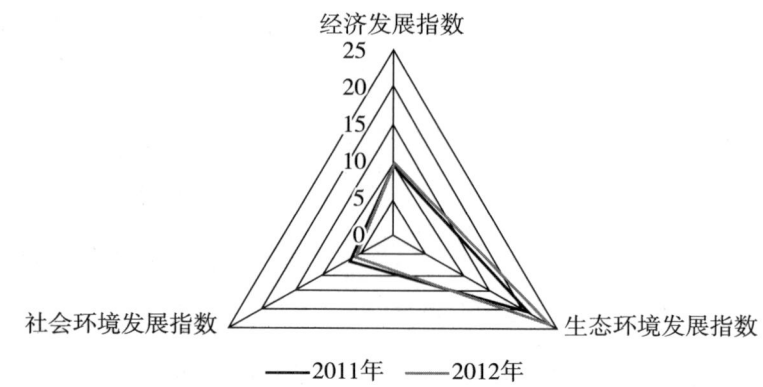

图 7-4 开封市 2011~2012 年发展指数及下层指标排位比较雷达图

(1) 2012 年开封市发展指数排名第 17 位,在中原经济区处于中势地位,与 2011 年相比排位上升 2 个位次。

(2) 从准则层指标的优势度看,生态环境发展指数是开封市发展指数中的优势指标,经济发展指数、社会环境发展指数是开封市发展指数中的劣势指标。

(3) 从雷达图图形变化看,2012 年与 2011 年相比,面积有所增大,开封市发展指数排位呈现上升态势。

(4) 从排位变化的动因看,在生态环境发展指数排位上升和社会环境发展指数排位下降的综合作用下,2012 年开封市发展指数排位上升 2 个位次,居中原经济区第 17 位。

第8章
洛阳市发展指数分析

8.1 洛阳市经济发展评价分析

2011~2012年，洛阳市经济发展指数及其下层指标评价值和排位变化情况，如表8-1和图8-1所示。

表8-1 洛阳市2011~2012年经济发展评价值及排名

项目	人均GDP	三次产业结构	非国有工业增加值占比	工业化指数	城镇化率	第一产业就业人数比重	人均全社会消费品零售总额	城镇化指数	劳均种植业经营面积	按产量平均的农产品加工动力机械	按产量平均的农用大中型拖拉机动力	农业现代化指数	经济发展指数
2010年	53.95	77.45	32.35	54.33	27.62	43.05	42.07	33.18	12.61	17.32	4.71	11.73	38.19
2011年	57.30	79.41	32.35	56.73	30.82	45.23	45.73	36.16	13.56	18.26	5.80	12.71	40.89
2012年	60.90	79.52	36.76	59.79	34.03	46.52	50.80	39.06	13.64	17.23	6.41	12.77	43.68
2011年排名	4	5	21	7	9	9	2	8	24	3	28	25	7
2012年排名	4	5	25	6	8	10	2	7	23	3	29	27	7
位次升降	0	0	-4	1	1	-1	0	1	1	0	-1	-2	0
优势度	优势	优势	劣势	优势	优势	优势	优势	优势	劣势	优势	劣势	劣势	优势

（1）2012年洛阳市经济发展指数排名第7位，在河南省处于优势地位，与2011年相比排位没有变化。其中，工业化指数排名第6位，与2011年相比上升

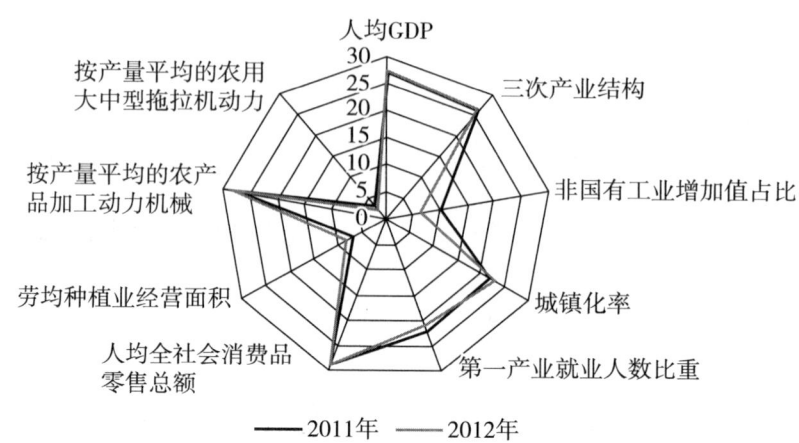

图 8-1　洛阳市 2011~2012 年经济发展指数及下层指标排位比较雷达图

1 个位次；城镇化指数排名第 7 位，与 2011 年相比上升 1 个位次；农业现代化指数排名第 27 位，与 2011 年相比下降 2 个位次。

（2）从方案层指标的优势度看，人均 GDP、三次产业结构、工业化指数、城镇化率、第一产业就业人数比重、人均全社会消费品零售总额、城镇化指数、按产量平均的农产品加工动力机械等指标是洛阳市经济发展指数中的优势指标。非国有工业增加值占比、劳均种植业经营面积、按产量平均的农用大中型拖拉机动力、农业现代化指数等指标是洛阳市经济发展指数中的劣势指标。

（3）从雷达图图形变化看，2012 年与 2011 年相比，面积基本不变，经济发展指数排位保持平稳。

（4）从排位变化的动因看，在工业化指数、城镇化率等指标排位上升和非国有工业增加值占比等指标排位下降的综合作用下，2012 年洛阳市经济发展指数排位保持不变，居中原经济区第 7 位。

8.2　洛阳市生态环境发展评价分析

2011~2012 年，洛阳市生态环境发展指数及其下层指标评价值和排位变化情况，如表 8-2 和图 8-2 所示。

第8章 洛阳市发展指数分析

表8-2 洛阳市2011~2012年生态环境发展评价值及排名

项　　目	万元GDP能耗	按辖区面积平均的工业烟尘排放量	人均公共预算节能环保支出	生态环境发展指数
2010年	65.91	0.00	12.37	43.51
2011年	79.66	7.54	10.87	53.24
2012年	82.10	14.11	16.32	57.02
2011年排名	12	30	15	23
2012年排名	12	30	10	23
位次升降	0	0	5	0
优势度	中势	劣势	优势	劣势

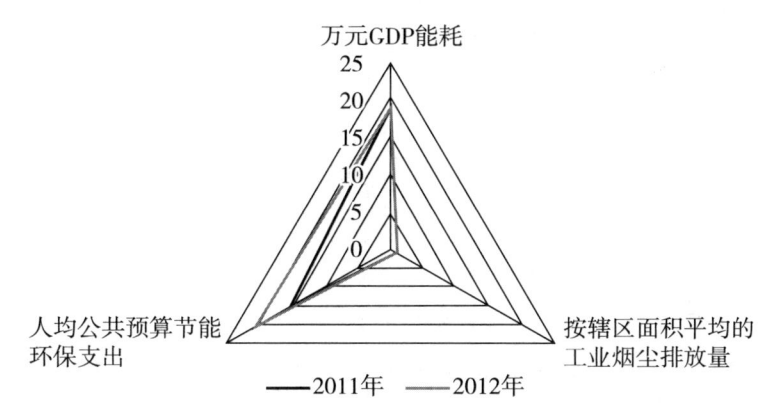

图8-2 洛阳市2011~2012年生态环境发展指数及下层指标排位比较雷达图

（1）2012年洛阳市生态环境发展指数排名第23位，在河南省处于劣势地位，与2011年相比排位保持不变。

（2）从方案层指标的优势度看，人均公共预算节能环保支出指标是洛阳市生态环境发展指数中的优势指标，万元GDP能耗指标是洛阳市生态环境发展指数中的中势指标，按辖区面积平均的工业烟尘排放量是洛阳市生态环境发展指数中的劣势指标。

（3）从雷达图图形变化看，2012年与2011年相比，面积基本不变，生态环境发展指数排位呈平稳发展态势。

（4）从排位变化的动因看，在人均公共预算节能环保支出指标排位上升和其他因素的综合作用下，2012年洛阳市生态环境发展指数排位保持不变，居中原经济区第23位。

8.3 洛阳市社会环境发展评价分析

2011~2012年，洛阳市社会环境发展指数及其下层指标评价值和排位变化情况，如表8-3和图8-3所示。

表8-3 洛阳市2011~2012年社会环境发展评价值及排名

项目	城乡居民收入比	城镇居民人均可支配收入	农村居民人均纯收入	收入指数	每万人卫生技术人员数	每万人卫生机构床位数	健康指数	万人中小学专任教师数	人均教育经费	教育指数	人均城市公园绿地面积	人均城市道路面积	人均城乡社区事务财政支出	城市生活环境指数	社会环境发展指数
2010年	3.22	24.37	15.35	14.31	35.91	53.28	44.59	37.77	17.47	27.62	7.30	4.88	8.95	7.05	22.18
2011年	4.70	29.97	20.36	18.34	37.86	55.02	46.44	36.20	23.22	29.71	7.85	8.68	14.98	10.50	25.27
2012年	4.57	37.82	25.40	22.60	40.77	62.46	51.61	37.80	27.69	32.74	5.17	11.25	17.87	11.43	29.01
2011年排名	26	3	15	14	7	4	4	16	5	14	28	28	5	29	16
2012年排名	26	3	15	14	5	5	3	13	5	12	28	29	5	29	13
位次升降	0	0	0	0	2	-1	1	3	0	2	0	-1	0	0	3
优势度	劣势	优势	中势	中势	优势	优势	优势	中势	优势	中势	劣势	劣势	优势	劣势	中势

（1）2012年洛阳市社会环境发展指数排名第13位，在中原经济区处于中势地位，与2011年相比排位上升3个位次。其中，教育指数排名第12位，与2011年相比排位上升2个位次；健康指数排名第3位，与2011年相比排位上升1个位次；收入指数排名第14位，与2011年相比排位没有变化。

第 8 章　洛阳市发展指数分析

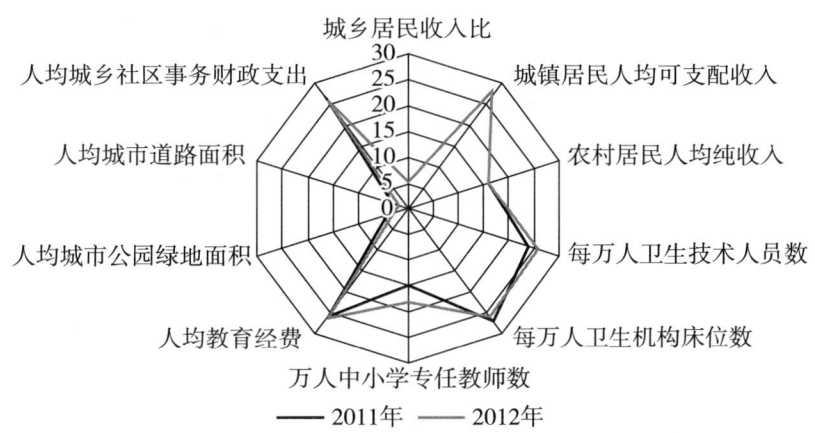

图 8-3　洛阳市 2011~2012 年社会环境发展指数及下层指标排位比较雷达图

（2）从方案层指标的优势度看，城镇居民人均可支配收入、每万人卫生技术人员数、每万人卫生机构床位数、健康指数、人均教育经费、人均城乡社区事务财政支出等指标是洛阳市社会环境发展指数中的优势指标，农村居民人均纯收入、收入指数、万人中小学专任教师数、教育指数等指标是洛阳市社会环境发展指数中的中势指标，城乡居民收入比、人均城市公园绿地面积、人均城市道路面积、城市生活环境指数等指标是洛阳市社会环境发展指数中的劣势指标。

（3）从雷达图图形变化看，2012 年与 2011 年相比，面积略有扩大，社会环境发展指数排位呈上升态势。

（4）从排位变化的动因看，在万人中小学专任教师数等指标排位上升和每万人卫生机构床位数等指标排位下降的综合作用下，2012 年洛阳市社会环境发展指数上升 3 个位次，居中原经济区第 13 位。

8.4　洛阳市发展评价分析

2011~2012 年，洛阳市发展指数及其下层指标评价值和排位变化情况，如表 8-4 和图 8-4 所示。

表 8-4 洛阳市 2011～2012 年发展评价值及排名

项 目	经济发展指数	生态环境发展指数	社会环境发展指数	洛阳市发展指数
2010 年	38.19	43.51	22.18	34.30
2011 年	40.89	53.24	25.27	38.27
2012 年	43.68	57.02	29.01	41.50
2011 年排名	7	23	16	9
2012 年排名	7	23	13	8
位次升降	0	0	3	1
优势度	优势	劣势	中势	优势

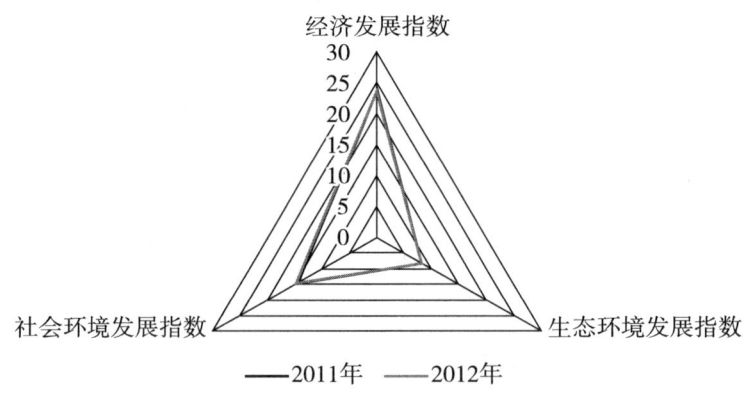

图 8-4 洛阳市 2011～2012 年发展指数及下层指标排位比较雷达图

(1) 2012 年洛阳市发展指数排名第 8 位，在中原经济区处于优势地位，与 2011 年相比排位上升 1 个位次。

(2) 从准则层指标的优势度看，经济发展指数是洛阳市发展指数中的优势指标，社会环境发展指数是洛阳市发展指数中的中势指标，生态环境发展指数是洛阳市发展指数中的劣势指标。

(3) 从雷达图图形变化看，2012 年与 2011 年相比，面积基本不变，洛阳市发展指数排位呈上升态势。

(4) 从排位变化的动因看，在社会环境发展指数排位上升和其他指标保持不变的综合作用下，2012 年洛阳市发展指数排位上升 1 个位次，居中原经济区第 8 位。

第9章
平顶山市发展指数分析

9.1 平顶山市经济发展评价分析

2011~2012年,平顶山市经济发展指数及其下层指标评价值和排位变化情况,如表9-1和图9-1所示。

表9-1 平顶山市2011~2012年经济发展评价值及排名

项目	人均GDP	三次产业结构	非国有工业增加值占比	工业化指数	城镇化率	第一产业就业人数比重	人均全社会消费品零售总额	城镇化指数	劳均种植业经营面积	按产量平均的农产品加工动力机械	按产量平均的农用大中型拖拉机动力	农业现代化指数	经济发展指数
2010年	43.72	75.11	27.94	46.84	22.39	25.11	23.18	23.18	0.99	7.63	18.15	4.50	29.09
2011年	46.42	73.72	33.82	49.36	25.50	28.65	26.99	26.48	2.46	8.58	19.23	5.85	32.05
2012年	46.84	71.55	36.76	49.77	28.76	28.85	32.02	29.13	2.64	8.29	22.33	6.47	33.93
2011年排名	11	9	20	14	12	24	17	14	29	10	11	30	16
2012年排名	14	9	25	16	12	26	16	14	30	12	12	30	17
位次升降	-3	0	-5	-2	0	-2	1	0	-1	-2	-1	0	-1
优势度	中势	优势	劣势	中势	中势	劣势	中势	中势	劣势	中势	中势	劣势	中势

(1) 2012年平顶山市经济发展指数排名第17位,在中原经济区中处于中势地位,与2011年相比排位下降1个位次。其中,工业化指数排名

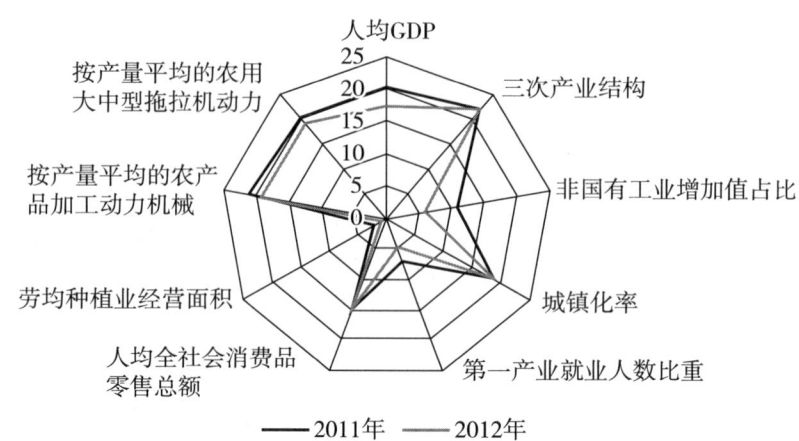

图 9-1 平顶山市 2011~2012 年经济发展指数及下层指标排位比较雷达图

第 16 位，与 2011 年相比下降 2 个位次；城镇化指数排名第 14 位，与 2011 年相比没有变化；农业现代化指数排名第 30 位，与 2011 年相比没有变化。

（2）从方案层指标的优势度看，三次产业结构是平顶山市经济发展指数中的优势指标，非国有工业增加值占比、第一产业就业人数比重、劳均种植业经营面积、农业现代化指数等指标是平顶山市经济发展指数中的劣势指标。

（3）从雷达图图形变化看，2012 年与 2011 年相比，面积略有缩小，经济发展指数排位呈下降态势。

（4）从排位变化的动因看，在非国有工业增加值占比等指标排位下降和人均全社会消费品零售总额等指标排位上升的综合作用下，2012 年平顶山市经济发展指数排位下降 1 个位次，居中原经济区第 17 位。

9.2 平顶山市生态环境发展评价分析

2011~2012 年，平顶山市生态环境发展指数及其下层指标评价值和排位变化情况，如表 9-2 和图 9-2 所示。

表 9-2 平顶山市 2011~2012 年生态环境发展评价值及排名

项目	万元GDP能耗	按辖区面积平均的工业烟尘排放量	人均公共预算节能环保支出	生态环境发展指数
2010 年	43.52	35.32	12.35	36.14
2011 年	68.38	30.06	9.20	50.10
2012 年	72.79	34.44	20.15	55.73
2011 年排名	22	29	17	26
2012 年排名	22	29	8	25
位次升降	0	0	9	1
优势度	劣势	劣势	优势	劣势

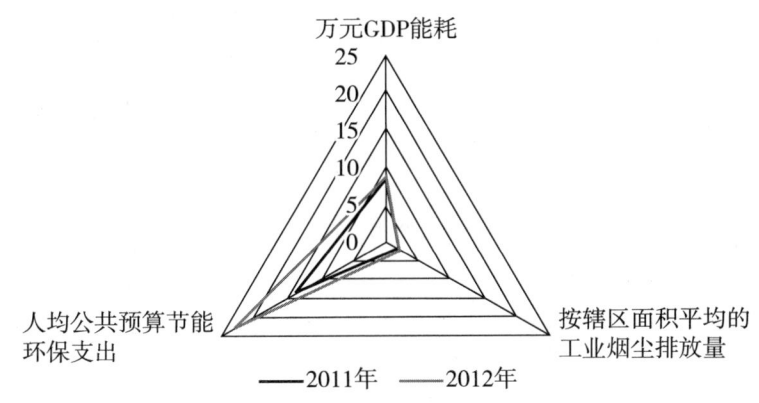

图 9-2 平顶山市 2011~2012 年生态环境发展指数及下层指标排位比较雷达图

（1）2012 年平顶山市生态环境发展指数排名第 25 位，在中原经济区处于劣势地位，与 2011 年相比排位上升 1 个位次。

（2）从方案层指标的优势度看，人均公共预算节能环保支出指标是平顶山市生态环境发展指数中的优势指标，万元 GDP 能耗、按辖区面积平均的工业烟尘排放量等指标是平顶山市生态环境发展指数中的劣势指标。

（3）从雷达图图形变化看，2012 年与 2011 年相比，面积有所扩大，生态环境发展指数排位呈现上升态势。

（4）从排位变化的动因看，在人均公共预算节能环保支出指标排位上升和其他两个指标排位保持不变的综合作用下，2012 年平顶山市生态环境发展指数排位上升1个位次,居中原经济区第25位。

9.3 平顶山市社会环境发展评价分析

2011~2012年,平顶山市社会环境发展指数及其下层指标评价值和排位变化情况,如表9-3和图9-3所示。

表9-3 平顶山市2011~2012年社会环境发展评价值及排名

项 目	城乡居民收入比	城镇居民人均可支配收入	农村居民人均纯收入	收入指数	每万人卫生技术人员数	每万人卫生机构床位数	健康指数	万人中小学专任教师数	人均教育经费	教育指数	人均城市公园绿地面积	人均城市道路面积	人均城乡社区事务财政支出	城市生活环境指数	社会环境发展指数
2010年	5.73	18.96	14.20	12.96	31.30	48.69	39.99	36.47	14.97	25.72	12.25	22.62	5.15	13.34	20.89
2011年	7.61	23.94	19.02	16.86	37.10	52.85	44.98	36.32	18.84	27.58	12.39	22.56	6.38	13.77	24.06
2012年	7.66	31.82	24.16	21.21	40.10	57.47	48.79	12.51	21.13	16.82	14.23	33.74	6.08	18.02	24.13
2011年排名	19	9	18	18	9	7	7	15	14	17	23	26	12	28	20
2012年排名	20	11	18	18	7	9	8	24	16	25	19	25	15	28	24
位次升降	-1	-2	0	0	2	-2	-1	-9	-2	-8	4	1	-3	0	-4
优势度	中势	中势	中势	中势	优势	优势	优势	劣势	中势	劣势	中势	劣势	中势	劣势	劣势

(1)2012年平顶山市社会环境发展指数排名第24位,在中原经济区处于劣势地位,与2011年相比排位下降了4个位次。其中,教育指数排名第25位,与2011年相比排位下降8个位次;健康指数排名第8位,与2011年相比排位下降1个位次;收入指数排名第18位,与2011年相比排位没有变化。

(2)从方案层指标的优势度看,每万人卫生技术人员数、每万人卫生机构床位数、健康指数等指标是平顶山市社会环境发展指数中的优势指标,万人中小学专任教师数、城市生活环境指数、人均城市道路面积等指标是平顶山市社会环境发展指数中的劣势指标。

第9章 平顶山市发展指数分析

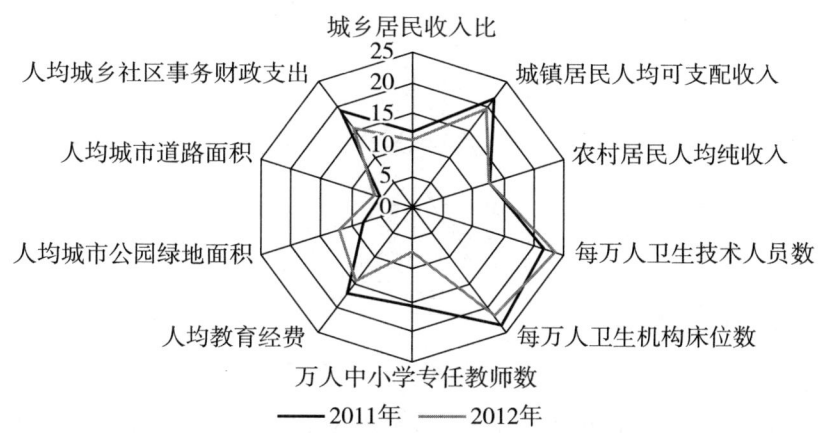

图9-3 平顶山市2011~2012年社会环境发展指数及下层指标排位比较雷达图

（3）从雷达图图形变化看，2012年与2011年相比，面积略有缩小，社会环境发展指数排位呈现下降态势。

（4）从排位变化的动因看，在人均城市公园绿地面积等指标排位上升和万人中小学专任教师数等指标排位下降的综合作用下，2012年平顶山市社会环境发展指数排位下降了4个位次，居中原经济区第24位。

9.4 平顶山市发展评价分析

2011~2012年，平顶山市发展指数及其下层指标评价值和排位变化情况，如表9-4和图9-4所示。

表9-4 平顶山市2011~2012年发展评价值及排名

项目	经济发展指数	生态环境发展指数	社会环境发展指数	平顶山市发展指数
2010年	29.09	36.14	20.89	27.81
2011年	32.05	50.10	24.06	32.63
2012年	33.93	55.73	24.13	34.58
2011年排名	16	26	20	18
2012年排名	17	25	24	19
位次升降	-1	1	-4	-1
优势度	中势	劣势	劣势	中势

图 9－4　平顶山市 2011～2012 年发展指数及下层指标排位比较雷达图

（1）2012 年平顶山市发展指数排名第 19 位，在中原经济区处于中势地位，与 2011 年相比排位下降 1 个位次。

（2）从准则层指标的优势度看，经济发展指数是平顶山市发展指数中的中势指标，生态环境发展指数、社会环境发展指数是平顶山市发展指数中的劣势指标。

（3）从雷达图图形变化看，2012 年与 2011 年相比，面积略有缩小，平顶山发展指数排位呈现下降态势。

（4）从排位变化的动因看，在生态环境发展指数排位上升和社会环境发展指数、经济环境发展指数排位下降的综合作用下，2012 年平顶山市发展指数排位下降 1 个位次，居中原经济区第 19 位。

第 10 章
安阳市发展指数分析

10.1 安阳市经济发展评价分析

2011~2012 年,安阳市经济发展指数及其下层指标评价值和排位变化情况,如表10-1和图10-1所示。

表 10-1 安阳市 2011~2012 年经济发展评价值及排名

项目	人均GDP	三次产业结构	非国有工业增加值占比	工业化指数	城镇化率	第一产业就业人数比重	人均全社会消费品零售总额	城镇化指数	劳均种植业经营面积	按产量平均的农产品加工动力机械	按产量平均的农用大中型拖拉机动力	农业现代化指数	经济发展指数
2010 年	41.83	63.23	69.12	51.57	17.42	32.33	20.76	21.66	17.82	2.36	6.31	14.43	30.06
2011 年	44.72	64.30	72.06	54.11	20.79	37.10	24.93	25.48	20.31	3.31	7.39	16.54	33.40
2012 年	47.12	63.69	69.12	54.83	24.24	39.53	30.28	28.86	24.57	3.17	8.58	19.87	36.01
2011 年排名	14	12	7	9	17	17	20	16	22	24	24	24	15
2012 年排名	13	12	9	10	17	12	20	15	18	25	25	21	14
位次升降	1	0	-2	-1	0	5	0	1	4	-1	-1	3	1
优势度	中势	中势	优势	优势	中势	中势	中势	中势	中势	劣势	劣势	劣势	中势

(1)2012 年安阳市经济发展指数排名第 14 位,在中原经济区处于中势地位,与 2011 年相比排位上升 1 个位次。其中,工业化指数排名第 10

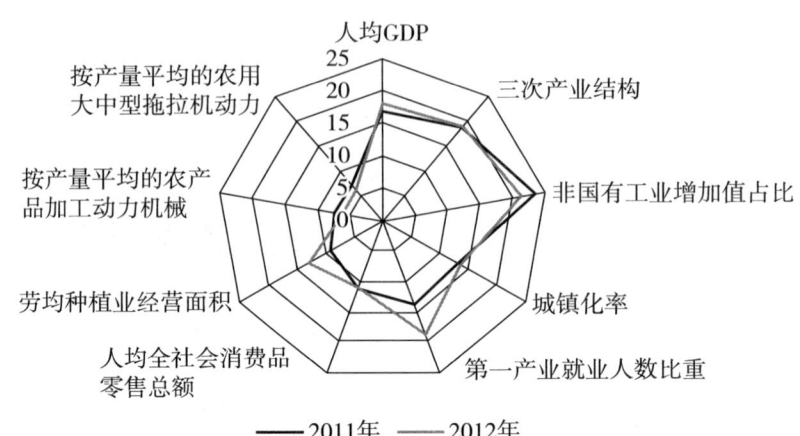

图 10-1　安阳市 2011～2012 年经济发展指数及下层指标排位比较雷达图

位，与 2011 年相比下降 1 个位次；城镇化指数排名第 15 位，与 2011 年相比上升 1 个位次；农业现代化指数排名第 21 位，与 2011 年相比上升 3 个位次。

（2）从方案层指标的优势度看，非国有工业增加值占比、工业化指数是安阳市经济发展指数中的优势指标，按产量平均的农产品加工动力机械、按产量平均的农用大中型拖拉机动力、农业现代化指数等指标是安阳市经济发展指数中的劣势指标。

（3）从雷达图图形变化看，2012 年与 2011 年相比，面积略有缩小，经济发展指数排位呈下降态势。

（4）从排位变化的动因看，在第一产业就业人数比重等指标排位上升和非国有工业增加值占比等指标排位下降的综合作用下，2012 年安阳市经济发展指数排位上升 1 个位次，居中原经济区第 14 位。

10.2　安阳市生态环境发展评价分析

2011～2012 年，安阳市生态环境发展指数及其下层指标评价值和排位变化情况，如表 10-2 和图 10-2 所示。

第10章 安阳市发展指数分析

表10-2 安阳市2011~2012年生态环境发展评价值及排名

项　目	万元GDP能耗	按辖区面积平均的工业烟尘排放量	人均公共预算节能环保支出	生态环境发展指数
2010年	31.10	70.27	9.57	34.41
2011年	62.05	71.84	14.13	54.90
2012年	66.63	72.93	14.79	58.09
2011年排名	23	17	12	21
2012年排名	24	17	14	21
位次升降	-1	0	-2	0
优势度	劣势	中势	中势	劣势

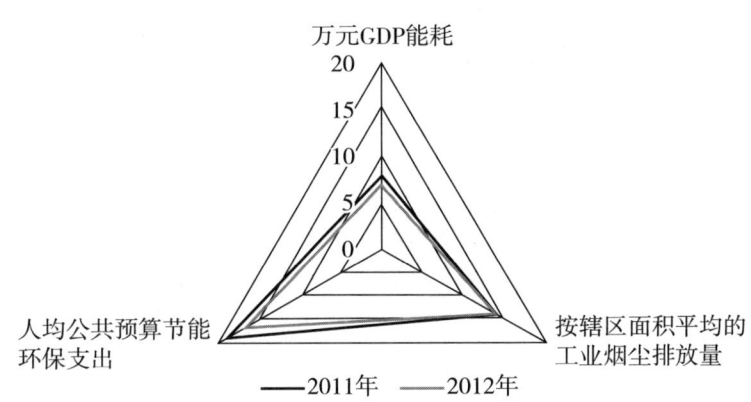

图10-2 安阳市2011~2012年生态环境发展指数及下层指标排位比较雷达图

（1）2012年安阳市生态环境发展指数排名第21位，在中原经济区处于劣势地位，与2011年相比排位保持不变。

（2）从方案层指标的优势度看，按辖区面积平均的工业烟尘排放量、人均公共预算节能环保支出等指标是安阳市生态环境发展指数中的中势指标，万元GDP能耗指标是安阳市生态环境发展指数中的劣势指标。

（3）从雷达图图形变化看，2012年与2011年相比，面积没有明显变化，生态环境发展指数排位呈平稳态势。

（4）从排位变化的动因看，在按辖区面积平均的工业烟尘排放量指标排位不变和万元GDP能耗、人均公共预算节能环保支出等指标排位下降的综合作用下，2012年安阳市生态环境发展指数排位保持不变，居中原经济区第21位。

10.3 安阳市社会环境发展评价分析

2011~2012年，安阳市社会环境发展指数及其下层指标评价值和排位变化情况，如表10-3和图10-3所示。

表10-3 安阳市2011~2012年社会环境发展评价值及排名

项目	城乡居民收入比	城镇居民人均可支配收入	农村居民人均纯收入	收入指数	每万人卫生技术人员数	每万人卫生机构床位数	健康指数	万人中小学专任教师数	人均教育经费	教育指数	人均城市公园绿地面积	人均城市道路面积	人均城乡社区事务财政支出	城市生活环境指数	社会环境发展指数
2010年	12.62	19.69	19.48	17.26	26.30	38.07	32.18	33.59	12.88	23.23	12.25	43.19	3.65	19.70	21.55
2011年	14.45	25.11	24.24	21.27	27.62	42.68	35.15	34.43	20.17	27.30	14.43	47.62	3.96	22.00	25.24
2012年	14.17	33.15	29.15	25.49	32.22	54.61	43.41	9.32	16.83	13.07	12.04	48.67	6.18	22.30	24.63
2011年排名	11	8	8	8	18	15	16	19	10	18	22	19	15	21	17
2012年排名	11	9	9	9	17	11	15	26	25	27	26	19	14	22	22
位次升降	0	-1	-1	-1	1	4	1	-7	-15	-9	-4	0	1	-1	-5
优势度	中势	优势	优势	优势	中势	中势	中势	劣势	劣势	劣势	劣势	中势	中势	劣势	劣势

（1）2012年安阳市社会环境发展指数排名第22位，在中原经济区处于劣势地位，与2011年相比排位下降5个位次。其中，教育指数排名第27位，与2011年相比排位下降9个位次；健康指数排名第15位，与2011年相比排位上升1个位次；收入指数排名第9位，与2011年相比排位下降1个位次。

（2）从方案层指标的优势度看，城镇居民人均可支配收入、农村居民人均纯收入、收入指数等指标是安阳市社会环境发展指数中的优势指标，万人中小学专任教师数、人均教育经费、教育指数、人均城市公园绿地面积、城市生活环境指数等指标是安阳市社会环境发展指数中的劣势指标。

第10章 安阳市发展指数分析

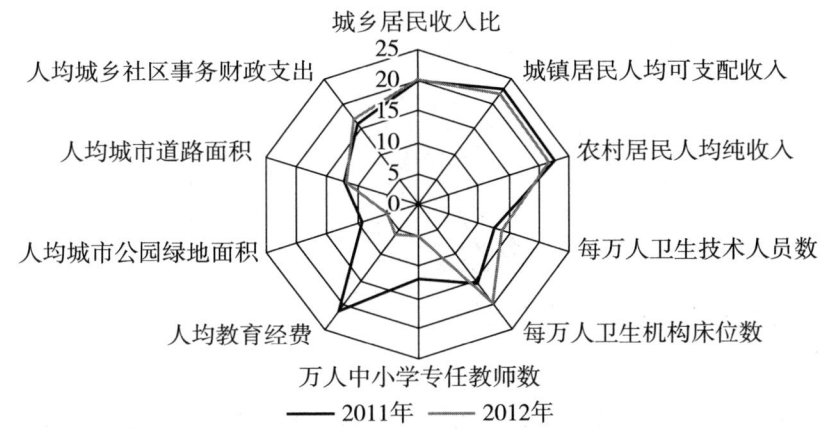

图 10-3　安阳市 2011~2012 年社会环境发展指数及下层指标排位比较雷达图

（3）从雷达图图形变化看，2012 年与 2011 年相比，面积明显缩小，社会环境发展指数排位呈下降态势。

（4）从排位变化的动因看，在每万人卫生机构床位数等指标排位上升和人均教育经费等指标排位下降的综合作用下，2012 年安阳市社会环境发展指数排位下降 5 个位次，居中原经济区第 22 位。

10.4　安阳市发展评价分析

2011~2012 年，安阳市发展指数及其下层指标评价值和排位变化情况，如表 10-4 和图 10-4 所示。

表 10-4　安阳市 2011~2012 年发展评价值及排名

项　目	经济发展指数	生态环境发展指数	社会环境发展指数	安阳市发展指数
2010 年	30.06	34.41	21.55	28.24
2011 年	33.40	54.90	25.24	34.50
2012 年	36.01	58.09	24.63	36.24
2011 年排名	15	21	17	16
2012 年排名	14	21	22	16
位次升降	1	0	-5	0
优势度	中势	劣势	劣势	中势

图 10-4　安阳市 2011~2012 年发展指数及下层指标排位比较雷达图

（1）2012 年安阳市发展指数排名第 16 位，在中原经济区处于中势地位，与 2011 年相比排位保持不变。

（2）从准则层指标的优势度看，经济发展指数是安阳市发展指数中的中势指标，生态环境发展指数、社会环境发展指数是安阳市发展指数中的劣势指标。

（3）从雷达图图形变化看，2012 年与 2011 年相比，面积没有变化，安阳市发展指数排位呈现平稳态势。

（4）从排位变化的动因看，在经济发展指数排位上升和社会环境发展指数排位下降的综合作用下，2012 年安阳市发展指数排位保持不变，居中原经济区第 16 位。

第 11 章
鹤壁市发展指数分析

11.1 鹤壁市经济发展评价分析

2011~2012 年，鹤壁市经济发展指数及其下层指标评价值和排位变化情况，如表11-1和图 11-1 所示。

表 11-1 鹤壁市 2011~2012 年经济发展评价值及排名

项目	人均GDP	三次产业结构	非国有工业增加值占比	工业化指数	城镇化率	第一产业就业人数比重	人均全社会消费品零售总额	城镇化指数	劳均种植业经营面积	按产量平均的农产品加工动力机械	按产量平均的农用大中型拖拉机动力	农业现代化指数	经济发展指数
2010 年	46.01	65.75	44.12	49.58	34.17	45.99	18.27	35.56	35.63	1.81	12.47	28.55	39.29
2011 年	48.16	66.47	51.47	52.48	37.28	47.11	20.64	38.08	36.11	2.76	13.55	29.18	41.82
2012 年	51.26	68.35	60.29	56.49	40.49	50.64	25.63	41.56	39.70	2.67	15.78	32.19	45.42
2011 年排名	10	11	17	11	5	7	24	6	8	28	14	8	6
2012 年排名	10	11	17	9	5	5	24	6	5	27	15	7	6
位次升降	0	0	0	2	0	2	0	0	3	1	-1	1	0
优势度	优势	中势	中势	优势	优势	优势	劣势	优势	优势	劣势	中势	优势	优势

（1）2012 年鹤壁市经济发展指数排名第 6 位，在中原经济区处于优势地位，与 2011 年相比排位没有变化。其中，工业化指数排名第 9 位，与 2011 年

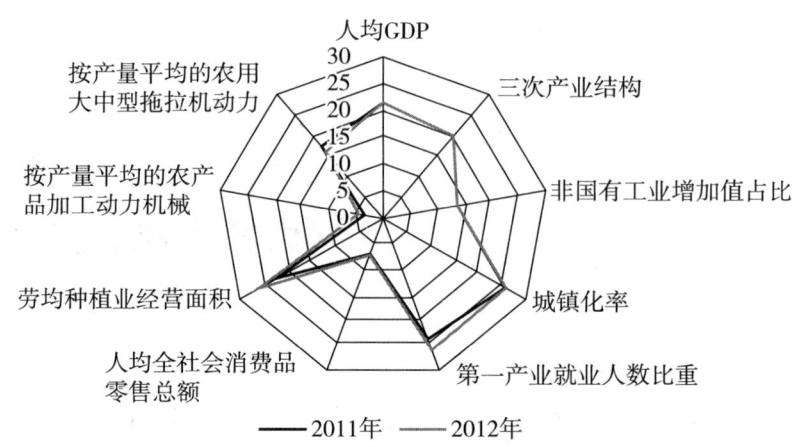

图 11-1 鹤壁市 2011~2012 年经济发展指数及下层指标排位比较雷达图

相比上升 2 个位次；城镇化指数排名第 6 位，与 2011 年相比没有变化；农业现代化指数排名第 7 位，与 2011 年相比上升 1 个位次。

（2）从方案层指标的优势度看，人均 GDP、工业化指数、城镇化率、第一产业就业人数比重、城镇化指数、劳均种植业经营面积、农业现代化指数等指标是鹤壁市经济发展指数中的优势指标，人均全社会消费品零售总额、按产量平均的农产品加工动力机械等指标是鹤壁市经济发展指数中的劣势指标。

（3）从雷达图图形变化看，2012 年与 2011 年相比，面积基本不变，经济发展指数排位保持平稳。

（4）从排位变化的动因看，劳均种植业经营面积等指标排位上升和按产量平均的农用大中型拖拉机动力等指标排位下降的综合作用下，2012 年鹤壁市经济发展指数排位保持不变，居中原经济区第 6 位。

11.2 鹤壁市生态环境发展评价分析

2011~2012 年，鹤壁市生态环境发展指数及其下层指标评价值和排位变化情况，如表 11-2 和图 11-2 所示。

第11章 鹤壁市发展指数分析

表11-2 鹤壁市2011~2012年生态环境发展评价值及排名

项　目	万元GDP能耗	按辖区面积平均的工业烟尘排放量	人均公共预算节能环保支出	生态环境发展指数
2010年	59.95	88.29	28.10	59.29
2011年	62.00	89.98	16.31	58.68
2012年	67.14	91.08	27.61	64.22
2011年排名	23	17	12	21
2012年排名	23	8	5	18
位次升降	0	9	7	3
优势度	劣势	优势	优势	中势

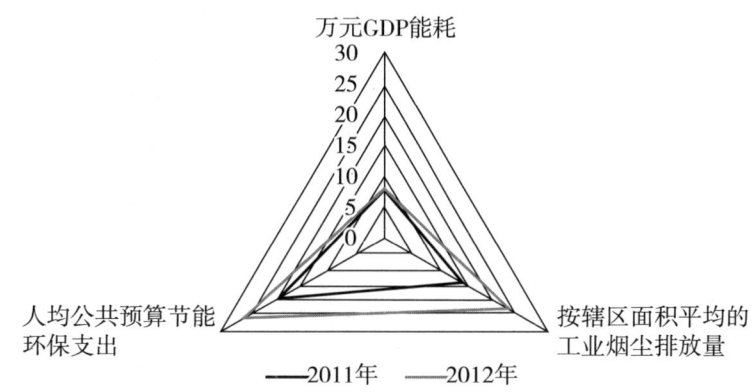

图11-2 鹤壁市2011~2012年生态环境发展指数及下层指标排位比较雷达图

（1）2012年鹤壁市生态环境发展指数排名第18位，在中原经济区处于中势地位，与2011年相比排位上升3个位次。

（2）从方案层指标的优势度看，按辖区面积平均的工业烟尘排放量、人均公共预算节能环保支出等指标是鹤壁市生态环境发展指数中的优势指标，万元GDP能耗指标是鹤壁市生态环境发展指数中的劣势指标。

（3）从雷达图图形变化看，2012年与2011年相比，面积略有扩大，生态环境发展指数排位呈上升态势。

（4）从排位变化的动因看，按辖区面积平均的工业烟尘排放量、人均公共预算节能环保支出指标排位上升和其他指标保持不变的综合作用下，2012年鹤壁市生态环境发展指数排位上升3个位次，居中原经济区第18位。

11.3 鹤壁市社会环境发展评价分析

2011～2012年，鹤壁市社会环境发展指数及其下层指标评价值和排位变化情况，如表11-3和图11-3所示。

表11-3 鹤壁市2011～2012年社会环境发展评价值及排名

项目	城乡居民收入比	城镇居民人均可支配收入	农村居民人均纯收入	收入指数	每万人卫生技术人员数	每万人卫生机构床位数	健康指数	万人中小学专任教师数	人均教育经费	教育指数	人均城市公园绿地面积	人均城市道路面积	人均城乡社区事务财政支出	城市生活环境指数	社会环境发展指数
2010年	21.84	14.26	22.00	19.36	35.22	47.73	41.48	45.54	18.81	32.17	30.97	53.86	8.88	31.24	27.61
2011年	25.02	20.01	27.40	24.14	35.48	44.45	39.97	38.83	27.33	33.08	34.36	59.77	6.96	33.70	30.09
2012年	25.40	27.57	32.28	28.42	37.21	49.68	43.45	42.95	31.90	37.43	25.67	59.15	10.18	31.66	33.65
2011年排名	5	19	5	5	11	11	11	13	1	11	6	11	10	12	4
2012年排名	5	19	5	5	10	14	14	12	2	8	9	14	8	14	3
位次升降	0	0	0	0	1	-3	-3	1	-1	3	-3	-3	2	-2	1
优势度	优势	中势	优势	优势	优势	中势	中势	中势	优势	优势	优势	中势	优势	中势	优势

（1）2012年鹤壁市社会环境发展指数排名第3位，在中原经济区处于优势地位，与2011年相比排位上升1个位次。其中，教育指数排名第8位，与2011年相比排位上升3个位次；健康指数排名第14位，与2011年相比排位下降3个位次；收入指数排名第5位，与2011年相比排位没有变化。

（2）从方案层指标的优势度看，城乡居民收入比、农村居民人均纯收入、收入指数、每万人卫生技术人员数、人均教育经费、教育指数、人均城市公园绿地面积、人均城乡社区事务财政支出等指标是鹤壁市社会环境发展指数中的优势指标，其余指标是鹤壁市社会环境发展指数中的中势指标。

第 11 章 鹤壁市发展指数分析

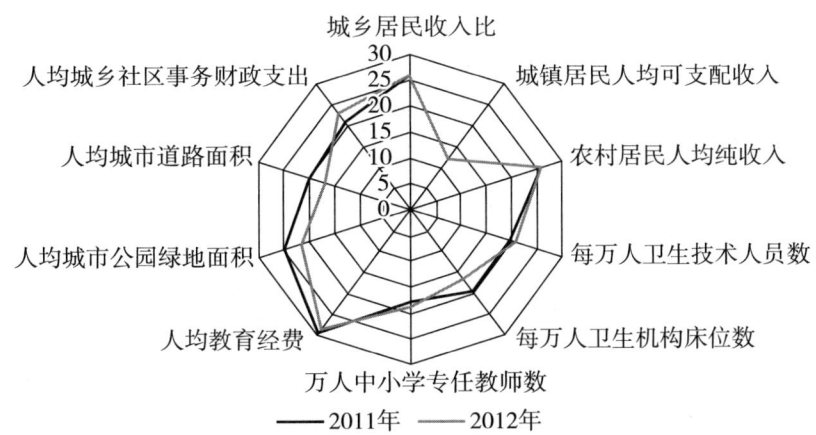

图 11-3 鹤壁市 2011~2012 年社会环境发展指数及下层指标排位比较雷达图

（3）从雷达图图形变化看，2012 年与 2011 年相比，面积略有扩大，社会环境发展指数排位呈现上升态势。

（4）从排位变化的动因看，在教育指数等指标排位上升和每万人卫生机构床位数等指标排位下降的综合作用下，2012 年鹤壁市社会环境发展指数排位上升了 1 个位次，居中原经济区第 3 位。

11.4 鹤壁市发展评价分析

2011~2012 年，鹤壁市发展指数及其下层指标评价值和排位变化情况，如表 11-4 和图 11-4 所示。

表 11-4 鹤壁市 2011~2012 年发展评价值及排名

项　　目	经济发展指数	生态环境发展指数	社会环境发展指数	鹤壁市发展指数
2010 年	39.29	59.29	27.61	39.10
2011 年	41.82	58.68	30.09	41.09
2012 年	45.42	64.22	33.65	45.00
2011 年排名	6	20	4	5
2012 年排名	6	18	3	5
位次升降	0	2	1	0
优势度	优势	中势	优势	优势

111

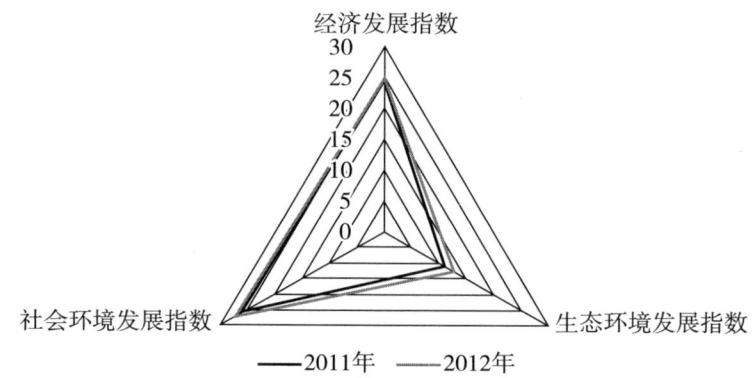

图 11-4 鹤壁市 2011~2012 年发展指数及下层指标排位比较雷达图

(1) 2012 年鹤壁市发展指数排名第 5 位,在中原经济区处于优势地位,与 2011 年相比排位保持不变。

(2) 从准则层指标的优势度看,经济发展指数、社会环境发展指数是鹤壁市发展指数中的优势指标。

(3) 从雷达图图形变化看,2012 年与 2011 年相比,面积保持不变,鹤壁发展指数排位呈现平稳态势。

(4) 从排位变化的动因看,在生态环境发展指数、社会环境发展指数等指标排位上升和其他指数排位保持不变的综合作用下,2012 年鹤壁市发展指数排位保持不变,居中原经济区第 5 位。

第 12 章 新乡市发展指数分析

12.1 新乡市经济发展评价分析

2011～2012年，新乡市经济发展指数及其下层指标评价值和排位变化情况，如表12-1和图12-1所示。

表 12-1 新乡市 2011～2012 年经济发展评价值及排名

项目	人均GDP	三次产业结构	非国有工业增加值占比	工业化指数	城镇化率	第一产业就业人数比重	人均全社会消费品零售总额	城镇化指数	劳均种植业经营面积	按产量平均的农产品加工动力机械	按产量平均的农用大中型拖拉机动力	农业现代化指数	经济发展指数
2010 年	35.56	59.25	64.71	46.13	21.85	39.54	22.34	26.51	36.18	4.79	11.59	29.09	32.44
2011 年	41.39	61.49	63.24	49.78	25.06	41.02	26.21	29.34	37.86	5.74	12.68	30.61	35.43
2012 年	44.71	62.23	69.12	53.10	28.26	41.90	31.88	32.20	39.23	5.74	14.54	31.93	38.34
2011 年排名	16	14	14	13	13	14	19	12	7	17	15	7	12
2012 年排名	16	15	9	13	13	11	18	13	6	19	16	8	11
位次升降	0	-1	5	0	0	3	1	-1	1	-2	-1	-1	1
优势度	中势	中势	优势	中势	中势	中势	中势	中势	优势	中势	中势	优势	中势

（1）2012年新乡市经济发展指数排名第11位，在中原经济区处于中势地位，与2011年相比排位上升1个位次。其中，工业化指数排名第13位，与

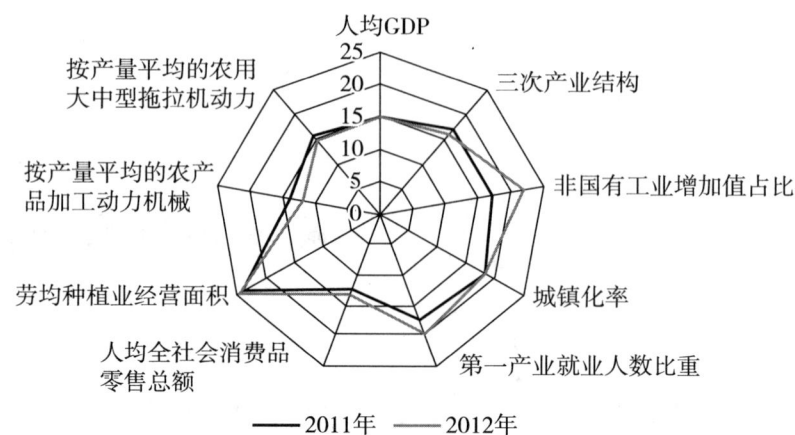

图 12-1 新乡市 2011~2012 年经济发展指数及下层指标排位比较雷达图

2011 年相比没有变化；城镇化指数排名第 13 位，与 2011 年相比下降 1 个位次；农业现代化指数排名第 8 位，与 2011 年相比下降 1 个位次。

（2）从方案层指标的优势度看，非国有工业增加值占比、劳均种植业经营面积、农业现代化指数等指标是新乡市经济发展指数中的优势指标。

（3）从雷达图图形变化看，2012 年与 2011 年相比，面积略有扩大，经济发展指数排位呈现上升趋势。

（4）从排位变化的动因看，在非国有工业增加值占比等指标排位上升和按产量平均的农产品加工动力机械等指标排位下降的综合作用下，2012 年新乡市经济发展指数排位上升 1 个位次，居中原经济区第 11 位。

12.2 新乡市生态环境发展评价分析

2011~2012 年，新乡市生态环境发展指数及其下层指标评价值和排位变化情况，如表 12-2 和图 12-2 所示。

（1）2012 年新乡市生态环境发展指数排名第 11 位，在中原经济区处于中势地位，与 2011 年相比排位保持不变。

（2）从方案层指标的优势度看，3 个指标均是新乡市生态环境发展指数中的中势指标。

表 12－2 新乡市 2011～2012 年生态环境发展评价值及排名

项　目	万元 GDP 能耗	按辖区面积平均的 工业烟尘排放量	人均公共预算 节能环保支出	生态环境 发展指数
2010 年	60.66	84.84	18.81	57.35
2011 年	77.10	87.71	15.72	67.58
2012 年	79.18	88.81	14.62	68.88
2011 年排名	14	12	8	11
2012 年排名	14	12	15	11
位次升降	0	0	-7	0
优势度	中势	中势	中势	中势

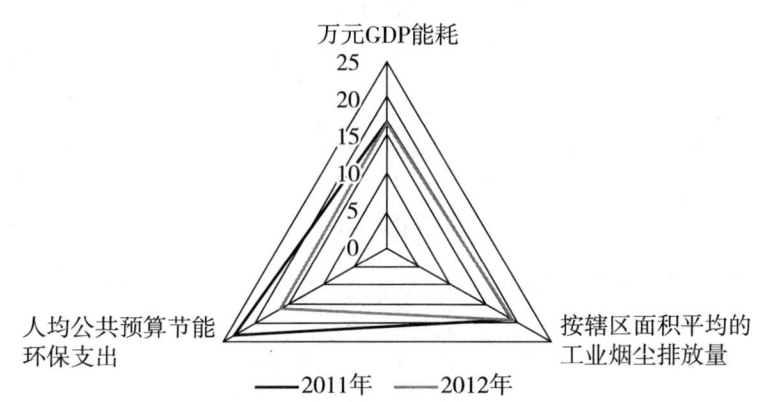

图 12－2 新乡市 2011～2012 年生态环境发展指数及下层指标排位比较雷达图

（3）从雷达图图形变化看，2012 年与 2011 年相比，面积保持不变，生态环境发展指数排位呈平稳态势。

（4）从排位变化的动因看，在人均公共预算节能环保支出指标排位下降和其他指标保持不变的综合作用下，2012 年新乡市生态环境发展指数保持不变，居中原经济区第 11 位。

12.3 新乡市社会环境发展评价分析

2011～2012 年，新乡市社会环境发展指数及其下层指标评价值和排位变化情况，如表 12－3 和图 12－3 所示。

表 12-3 新乡市 2011~2012 年社会环境发展评价值及排名

项目	城乡居民收入比	城镇居民人均可支配收入	农村居民人均纯收入	收入指数	每万人卫生技术人员数	每万人卫生机构床位数	健康指数	万人中小学专任教师数	人均教育经费	教育指数	人均城市公园绿地面积	人均城市道路面积	人均城乡社区事务财政支出	城市生活环境指数	社会环境发展指数
2010年	13.81	17.13	18.79	16.58	35.12	50.90	43.01	36.20	12.05	24.13	15.40	49.23	3.92	22.85	23.53
2011年	16.28	22.67	23.98	20.98	36.20	53.70	44.95	34.48	17.47	25.97	17.23	49.49	4.33	23.68	26.48
2012年	16.99	30.41	29.28	25.56	41.55	61.45	51.50	17.86	20.13	19.00	13.90	52.36	6.95	24.41	27.81
2011年排名	8	13	9	10	6	8		18	19	20	18	16	13	20	12
2012年排名	7	13	8	4	7	4		23	18	20	21	18	12	18	16
位次升降	1	0	1	6	-1	4		-5	1	0	-3	-2	1	2	-4
优势度	优势	中势	优势	优势	优势	优势		劣势	中势	中势	劣势	中势	中势	中势	中势

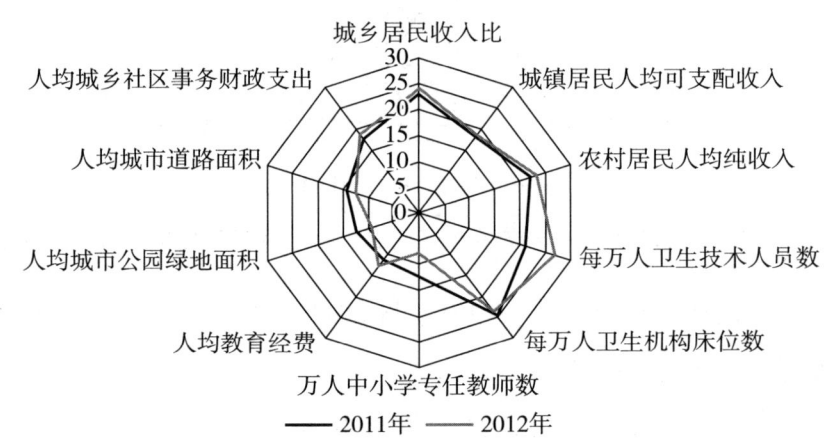

图 12-3 新乡市 2011~2012 年社会环境发展指数及下层指标排位比较雷达图

（1）2012 年新乡市社会环境发展指数排名第 16 位，在中原经济区处于中势地位，与 2011 年相比排位下降 4 个位次。其中，教育指数排名第 20 位，与 2011 年相比排位没有变化；健康指数排名第 4 位，与 2011 年相比排位上升 4 个位次；收入指数排名第 8 位，与 2011 年相比排位上升 1 个位次。

（2）从方案层指标的优势度看，城乡居民收入比、农村居民人均纯收入、收入指数、每万人卫生技术人员数、每万人卫生机构床位数、健康指数等指标是新乡市社会环境发展指数中的优势指标，万人中小学专任教师数、人均城市公园绿地面积等指标是新乡市社会环境发展指数中的劣势指标。

（3）从雷达图图形变化看，2012年与2011年相比，面积明显缩小，社会环境发展指数排位呈现下降态势。

（4）从排位变化的动因看，在每万人卫生技术人员数等指标排位上升和万人中小学专任教师数等指标排位下降的综合作用下，2012年新乡市社会环境发展指数排位下降4个位次，居中原经济区第16位。

12.4 新乡市发展评价分析

2011~2012年，新乡市发展指数及其下层指标评价值和排位变化情况，如表12-4和图12-4所示。

表12-4 新乡市2011~2012年发展评价值及排名

项 目	经济发展指数	生态环境发展指数	社会环境发展指数	新乡市发展指数
2010年	32.44	57.35	23.53	33.87
2011年	35.43	67.58	26.48	38.04
2012年	38.34	68.88	27.81	40.21
2011年排名	12	11	12	11
2012年排名	11	11	16	11
位次升降	1	0	-4	0
优势度	中势	中势	中势	中势

（1）2012年新乡市发展指数排名第11位，在中原经济区处于中势地位，与2011年相比排位保持不变。

（2）从准则层指标的优势度看，3个指标均是新乡市发展指数中的中势指标。

（3）从雷达图图形变化看，2012年与2011年相比，面积保持不变，新乡

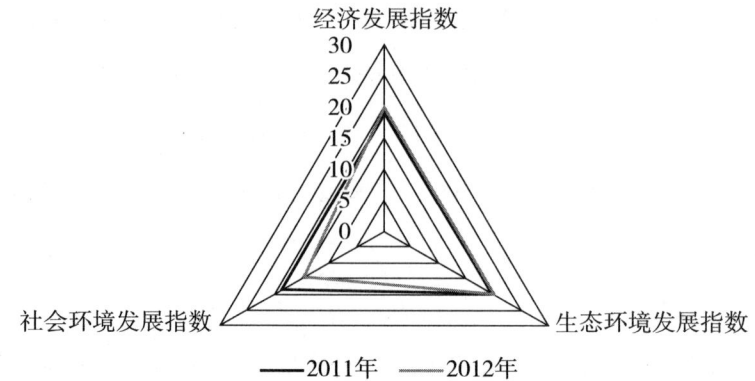

图 12 - 4　新乡市 2011~2012 年发展指数及下层指标排位比较雷达图

发展指数呈平稳态势。

（4）从排位变化的动因看，在经济发展指数排位上升和社会环境发展指数排位下降的综合作用下，2012 年新乡市发展指数排位保持不变，居中原经济区第 11 位。

第 13 章
焦作市发展指数分析

13.1 焦作市经济发展评价分析

2011~2012 年,焦作市经济发展指数及其下层指标评价值和排位变化情况,如表 13-1 和图 13-1 所示。

表 13-1 焦作市 2011~2012 年经济发展评价值及排名

项目	人均GDP	三次产业结构	非国有工业增加值占比	工业化指数	城镇化率	第一产业就业人数比重	人均全社会消费品零售总额	城镇化指数	劳均种植业经营面积	按产量平均的农产品加工动力机械	按产量平均的农用大中型拖拉机动力	农业现代化指数	经济发展指数
2010 年	53.96	77.31	70.59	61.95	32.46	41.41	31.83	34.73	10.43	0.94	16.07	10.48	41.37
2011 年	56.97	78.09	70.59	63.92	35.58	46.20	35.28	38.31	11.71	1.89	17.16	11.70	44.35
2012 年	59.88	78.17	76.47	66.86	38.99	50.56	40.45	42.16	13.33	1.93	18.29	13.09	47.79
2011 年排名	5	7	9	3	6	8	5	5	25	30	13	26	5
2012 年排名	6	6	6	3	6	6	5	5	24	30	14	26	4
位次升降	-1	1	3	0	0	2	0	0	1	0	-1	0	1
优势度	优势	优势	优势	优势	优势	优势	优势	优势	劣势	劣势	中势	劣势	优势

(1) 2012 年焦作市经济发展指数排名第 4 位,在中原经济区处于优势地位,与 2011 年相比排位上升 1 个位次。其中,工业化指数排名第 3 位,与 2011

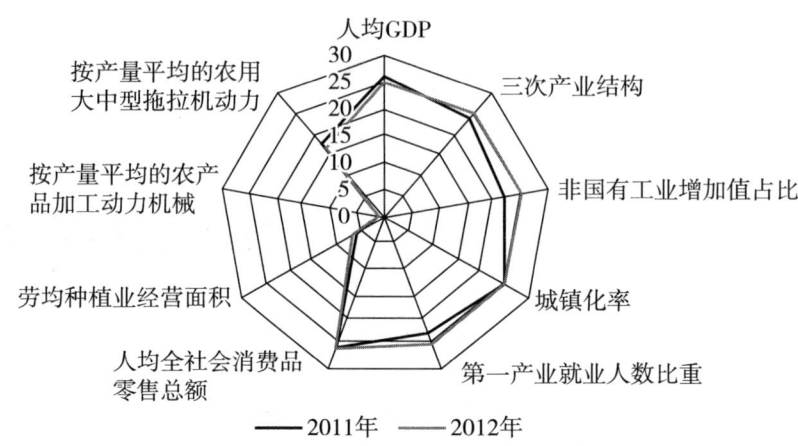

图 13-1 焦作市 2011~2012 年经济发展指数及下层指标排位比较雷达图

年相比没有变化；城镇化指数排名第 5 位，与 2011 年相比没有变化；农业现代化指数排名第 26 位，与 2011 年相比没有变化。

（2）从方案层指标的优势度看，人均 GDP、三次产业结构、非国有工业增加值占比、工业化指数、城镇化率、第一产业就业人数比重、人均全社会消费品零售总额、城镇化指数等指标是焦作市经济发展指数中的优势指标，劳均种植业经营面积、按产量平均的农产品加工动力机械、农业现代化指数等指标是焦作市经济发展指数中的劣势指标。

（3）从雷达图图形变化看，2012 年与 2011 年相比，面积略有扩大，经济发展指数排位呈上升态势。

（4）从排位变化的动因看，在非国有工业增加值占比等指标排位上升和人均 GDP 等指标排位下降的综合作用下，2012 年焦作市经济发展指数排位上升 1 个位次，居中原经济区第 4 位。

13.2 焦作市生态环境发展评价分析

2011~2012 年，焦作市生态环境发展指数及其下层指标评价值和排位变化情况，如表 13-2 和图 13-2 所示。

表 13-2 焦作市 2011~2012 年生态环境发展评价值及排名

项 目	万元GDP能耗	按辖区面积平均的工业烟尘排放量	人均公共预算节能环保支出	生态环境发展指数
2010 年	44.47	65.10	22.91	44.29
2011 年	71.11	69.61	15.04	60.32
2012 年	73.99	71.80	20.60	63.57
2011 年排名	21	18	9	19
2012 年排名	19	18	7	19
位次升降	2	0	2	0
优势度	中势	中势	优势	中势

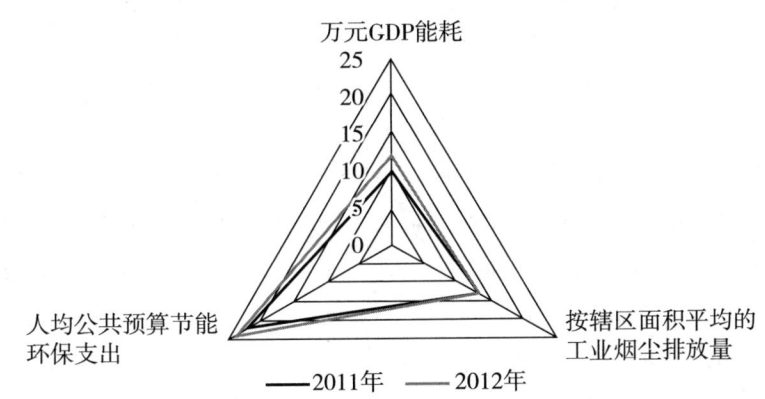

图 13-2 焦作市 2011~2012 年生态环境发展指数及下层指标排位比较雷达图

（1）2012 年焦作市生态环境发展指数排名第 19 位，在中原经济区处于中势地位，与 2011 年相比排位保持不变。

（2）从方案层指标的优势度看，人均公共预算节能环保支出指标是焦作市生态环境发展指数中的优势指标，其余指标均为中势指标。

（3）从雷达图图形变化看，2012 年与 2011 年相比，面积没有变化，生态环境发展指数排位呈平稳态势。

（4）从排位变化的动因看，在万元 GDP 能耗、人均公共预算节能环保支出等指标排位上升和其余指标排位保持不变的综合作用下，2012 年焦作市生态环境发展指数排位保持不变，居中原经济区第 19 位。

13.3 焦作市社会环境发展评价分析

2011~2012年,焦作市社会环境发展指数及其下层指标评价值和排位变化情况,如表13-3和图13-3所示。

表13-3 焦作市2011~2012年社会环境发展评价值及排名

项目	城乡居民收入比	城镇居民人均可支配收入	农村居民人均纯收入	收入指数	每万人卫生技术人员数	每万人卫生机构床位数	健康指数	万人中小学专任教师数	人均教育经费	教育指数	人均城市公园绿地面积	人均城市道路面积	人均城乡社区事务财政支出	城市生活环境指数	社会环境发展指数
2010年	25.20	17.25	25.57	22.68	38.66	54.98	46.82	36.57	15.73	26.15	15.12	51.03	8.92	25.02	27.75
2011年	27.18	22.73	30.09	26.67	38.40	54.22	46.31	34.52	19.23	26.87	16.09	59.51	9.64	28.41	30.06
2012年	27.64	30.33	35.00	30.99	39.32	61.88	50.60	35.67	24.13	29.90	13.30	61.86	11.20	28.79	33.63
2011年排名	3	12	3	3	6	5	5	17	13	19	19	12	6	16	5
2012年排名	2	14	3	3	8	6	6	14	9	15	22	13	7	16	4
位次升降	1	-2	0	0	-2	-1	-1	3	4	4	-3	-1	-1	0	1
优势度	优势	中势	优势	优势	优势	优势	优势	中势	优势	中势	劣势	中势	优势	中势	优势

(1) 2012年焦作市社会环境发展指数排名第4位,在中原经济区处于优势地位,与2011年相比排位上升1个位次。其中,教育指数排名第15位,与2011年相比排位上升4个位次;健康指数排名第6位,与2011年相比排位下降1个位次;收入指数排名第3位,与2011年相比排位没有变化。

(2) 从方案层指标的优势度看,城乡居民收入比、农村居民人均纯收入、收入指数、每万人卫生技术人员数、每万人卫生机构床位数、健康指数、人均教育经费、人均城乡社区事务财政支出等指标是焦作市社会环境发展指数中的优势指标,人均城市公园绿地面积指标是焦作市社会环境发展指数中的劣势指标。

第 13 章 焦作市发展指数分析

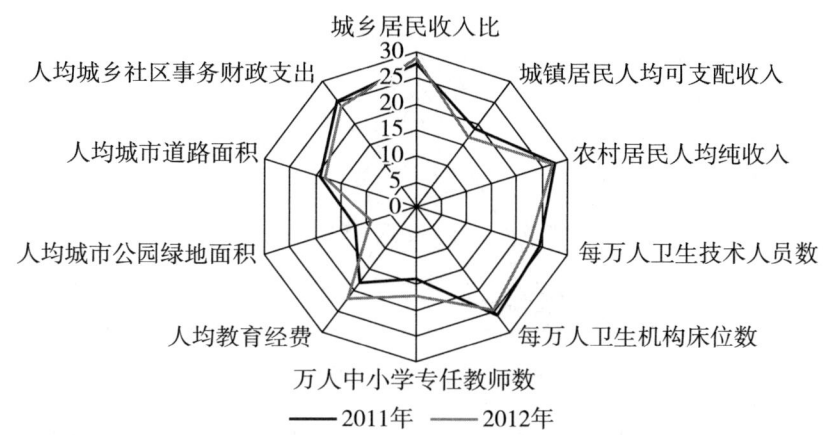

图 13-3 焦作市 2011~2012 年社会环境发展指数及下层指标排位比较雷达图

(3) 从雷达图图形变化看，2012 年与 2011 年相比，面积略有扩大，社会环境发展指数排位呈上升态势。

(4) 从排位变化的动因看，在教育指数等指标排位上升和人均城市公园绿地面积等指标排位下降的综合作用下，2012 年焦作市社会环境发展指数排位上升 1 个位次，居中原经济区第 4 位。

13.4 焦作市发展评价分析

2011~2012 年，焦作市发展指数及其下层指标评价值和排位变化情况，如表 13-4 和图 13-4 所示。

表 13-4 焦作市 2011~2012 年发展评价值及排名

项 目	经济发展指数	生态环境发展指数	社会环境发展指数	焦作市发展指数
2010 年	41.37	44.29	27.75	37.80
2011 年	44.35	60.32	30.06	42.71
2012 年	47.79	63.57	33.63	46.16
2011 年排名	5	19	5	3
2012 年排名	4	19	4	3
位次升降	1	0	1	0
优势度	优势	中势	优势	优势

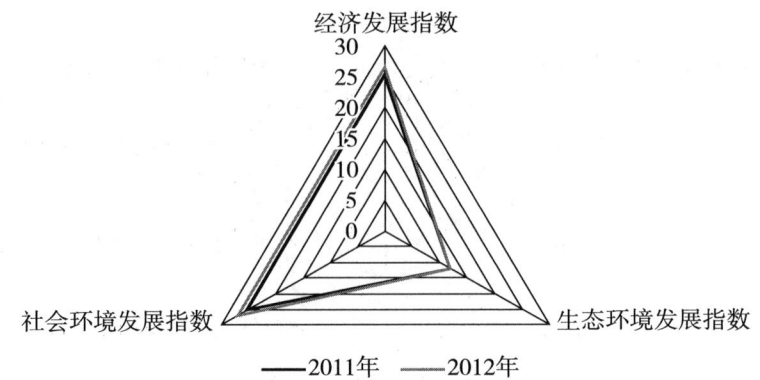

图 13 – 4　焦作市 2011~2012 年发展指数及下层指标排位比较雷达图

（1）2012 年焦作市发展指数排名第 3 位，在中原经济区处于优势地位，与 2011 年相比排位保持不变。

（2）从准则层指标的优势度看，经济发展指数、社会环境发展指数是焦作市发展指数中的优势指标。

（3）从雷达图图形变化看，2012 年与 2011 年相比，面积保持不变，焦作市发展指数排位保持平稳趋势。

（4）从排位变化的动因看，在经济发展指数、社会环境发展指数等排位上升和其他指数排位保持不变的综合作用下，2012 年焦作市发展指数排位保持不变，居中原经济区第 3 位。

第 14 章
濮阳市发展指数分析

14.1 濮阳市经济发展评价分析

2011～2012 年,濮阳市经济发展指数及其下层指标评价值和排位变化情况,如表14-1和图14-1所示。

表14-1 濮阳市2011～2012年经济发展评价值及排名

项 目	人均GDP	三次产业结构	非国有工业增加值占比	工业化指数	城镇化率	第一产业就业人数比重	人均全社会消费品零售总额	城镇化指数	劳均种植业经营面积	按产量平均的农产品加工动力机械	按产量平均的农用大中型拖拉机动力	农业现代化指数	经济发展指数
2010 年	36.53	56.86	52.94	43.88	4.72	21.76	19.98	10.78	8.95	2.64	5.49	7.78	20.36
2011 年	39.84	55.30	47.06	44.37	8.08	44.81	24.11	19.35	10.63	3.58	6.58	9.28	26.15
2012 年	43.53	56.72	47.06	46.88	11.37	28.88	29.35	17.84	13.12	3.73	8.52	11.46	26.03
2011 年排名	17	17	19	17	23	10	21	22	26	23	27	28	22
2012 年排名	18	18	22	18	23	25	21	23	26	22	26	28	23
位次升降	-1	-1	-3	-1	0	-15	0	-1	0	1	1	0	-1
优势度	中势	中势	劣势	中势	劣势	劣势	劣势	劣势	劣势	劣势	劣势	劣势	劣势

(1) 2012 年濮阳市经济发展指数排名第 23 位,在中原经济区处于劣势地位,与 2011 年相比排位下降了 1 个位次。其中,工业化指数排名第 18 位,与

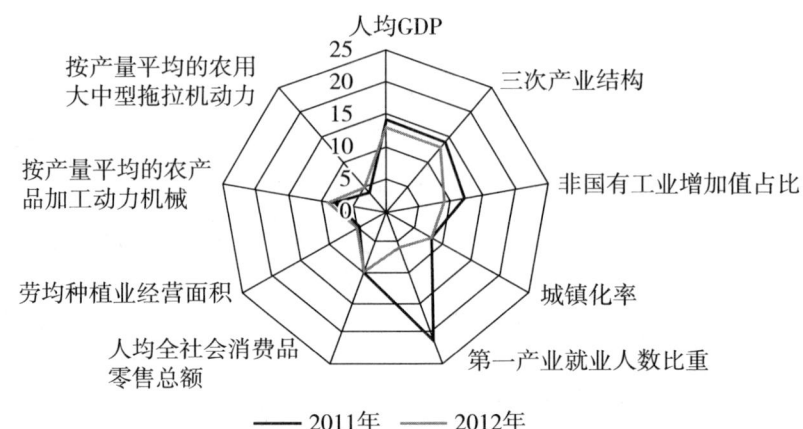

图14-1 濮阳市2011~2012年经济发展指数及下层指标排位比较雷达图

2011年相比排位下降1个位次；城镇化指数排名第23位，与2011年相比排位下降了1个位次；农业现代化指数排名第28位，与2011年相比排位没有变化。

（2）从方案层指标的优势度看，人均GDP、三次产业结构等指标是濮阳市经济发展指数中的中势指标，其余指标均为濮阳市经济发展指数中的劣势指标。

（3）从雷达图图形变化看，2012年与2011年相比，面积有所缩小，经济发展指数排位呈现下降趋势。

（4）从排位变化的动因看，在按产量平均的农产品加工动力机械指标排位上升1个位次、按产量平均的农用大中型拖拉机动力指标排位上升1个位次、第一产业就业人数比重指标排位下降15个位次、非国有工业增加值占比指标排位下降3个位次等因素的综合作用下，2012年濮阳市经济发展指数排位上下降了1个位次，居中原经济区第23位。

14.2 濮阳市生态环境发展评价分析

2011~2012年，濮阳市生态环境发展指数及其下层指标评价值和排位变化情况，如表14-2和图14-2所示。

表 14-2　濮阳市 2011~2012 年生态环境发展评价值及排名

项　目	万元 GDP 能耗	按辖区面积平均的工业烟尘排放量	人均公共预算节能环保支出	生态环境发展指数
2010 年	53.70	77.69	4.01	48.88
2011 年	74.84	80.52	4.00	62.63
2012 年	76.37	81.61	8.57	64.64
2011 年排名	16	16	25	16
2012 年排名	15	16	20	16
位次升降	1	0	5	0
优势度	中势	中势	中势	中势

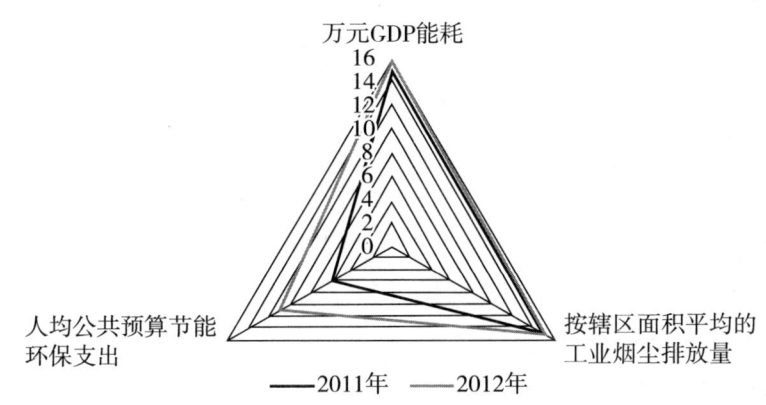

图 14-2　濮阳市 2011~2012 年生态环境发展指数及下层指标排位比较雷达图

（1）2012 年濮阳市生态环境发展指数排名第 16 位，在中原经济区处于中势地位，与 2011 年相比排位没有发生变化。

（2）从方案层指标的优势度看，濮阳市生态环境发展指数中的 3 个指标均是中势指标。

（3）从雷达图图形变化看，2012 年与 2011 年相比，面积有所增大，生态环境发展指数排位保持平稳发展态势。

（4）从排位变化的动因看，在万元 GDP 能耗上升指标 1 个位次、人均公共预算节能环保支出指标上升 5 个位次和按辖区面积平均的工业烟尘排放量指标排位没有发生变化等因素的综合作用下，2012 年濮阳市生态环境发展指数排位没有发生变化，居中原经济区第 16 位。

14.3 濮阳市社会环境发展评价分析

2011~2012年,濮阳市社会环境发展指数及其下层指标评价值和排位变化情况,如表14-3和图14-3所示。

表14-3 濮阳市2011~2012年社会环境发展评价值及排名

项目	城乡居民收入比	城镇居民人均可支配收入	农村居民人均纯收入	收入指数	每万人卫生技术人员数	每万人卫生机构床位数	健康指数	万人中小学专任教师数	人均教育经费	教育指数	人均城市公园绿地面积	人均城市道路面积	人均城乡社区事务财政支出	城市生活环境指数	社会环境发展指数
2010年	5.12	14.59	11.24	10.32	28.46	36.81	32.64	62.95	13.96	38.46	25.99	20.95	2.46	16.47	22.30
2011年	6.82	19.91	16.16	14.30	30.51	42.02	36.27	61.99	20.92	41.46	25.40	43.83	3.11	24.11	26.30
2012年	6.38	28.31	21.27	18.65	34.73	48.54	41.63	66.30	25.73	46.01	20.06	46.02	6.94	24.34	30.48
2011年排名	21	20	22	21	15	16	14	5	9	4	12	20	20	19	13
2012年排名	23	18	22	21	15	15	16	1	8	1	12	20	13	19	9
位次升降	-2	2	0	0	0	1	-2	4	1	3	0	0	7	0	4
优势度	劣势	中势	劣势	劣势	中势	中势	中势	优势	优势	优势	中势	中势	中势	中势	优势

(1) 2012年濮阳市社会环境发展指数排名第9位,在中原经济区处于优势地位,与2011年相比排位上升4个位次。其中,教育指数排名第1位,与2011年相比排位上升3个位次;城市生活环境指数排名第19位,与2011年相比排位没有发生变化;健康指数排名第16位,与2011年相比排位下降2个位次;收入指数排名第21位,与2011年相比排位没有发生变化。

(2) 从方案层指标的优势度看,万人中小学专任教师数、人均教育经费等指标是濮阳市社会环境发展指数中的优势指标,城乡居民收入比、农村居民人均纯收入等指标是濮阳市社会环境发展指数中的劣势指标。

(3) 从雷达图图形变化看,2012年与2011年相比,面积有所变大,社会

第14章 濮阳市发展指数分析

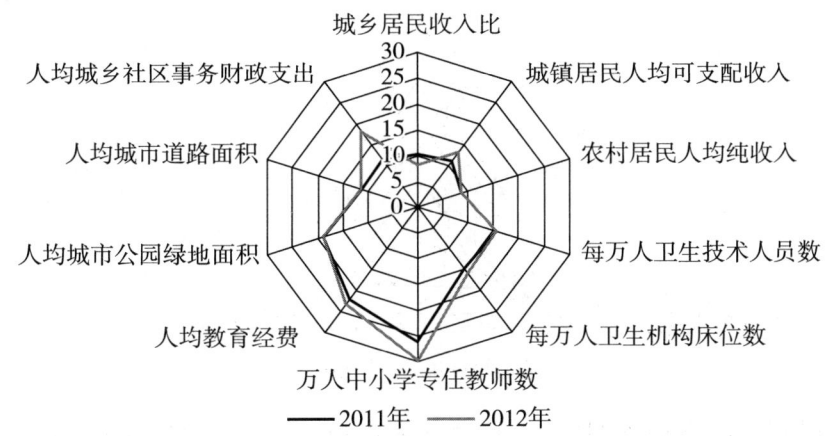

图 14-3 濮阳市 2011~2012 年社会环境发展指数及下层指标排位比较雷达图

环境发展指数排位呈上升趋势。

（4）从排位变化的动因看，人均城乡社区事务财政支出指标排位上升7个位次、万人中小学专任教师数指标排位上升4个位次和城乡居民收入比指标排位下降2个位次等因素的综合作用下，2012年濮阳市社会环境发展指数排位上升4个位次，居中原经济区第9位。

14.4 濮阳市发展评价分析

2011~2012年，濮阳市发展指数及其下层指标评价值和排位变化情况，如表14-4和图14-4所示。

表 14-4 濮阳市 2011~2012 年发展评价值及排名

项　　目	经济发展指数	生态环境发展指数	社会环境发展指数	濮阳市发展指数
2010 年	20.36	48.88	22.30	25.61
2011 年	26.15	62.63	26.30	32.17
2012 年	26.03	64.64	30.48	33.68
2011 年排名	22	16	13	20
2012 年排名	23	16	9	21
位次升降	-1	0	4	-1
优势度	劣势	中势	优势	劣势

图 14-4 濮阳市 2011~2012 年发展指数及下层指标排位比较雷达图

（1）2012年濮阳市发展指数排名第21位，在中原经济区处于劣势地位，与2011年相比排位下降了1个位次。

（2）从准则层指标的优势度看，社会环境发展指数是濮阳市发展指数中的优势指标，经济发展指数是濮阳市发展指数中的劣势指标。

（3）从雷达图图形变化看，2012年与2011年相比，面积略微变大，濮阳市发展指数排位呈下降趋势。

（4）从排位变化的动因看，在社会环境发展指数排位上升4个位次和经济发展指数排位下降1个位次等因素的综合作用下，2012年濮阳市发展指数排位下降了1个位次，居中原经济区第21位。

第 15 章

许昌市发展指数分析

15.1 许昌市经济发展评价分析

2011~2012 年,许昌市经济发展指数及其下层指标评价值和排位变化情况,如表15-1和图 15-1所示。

表 15-1 许昌市 2011~2012 年经济发展评价值及排名

项目	人均GDP	三次产业结构	非国有工业增加值占比	工业化指数	城镇化率	第一产业就业人数比重	人均全社会消费品零售总额	城镇化指数	劳均种植业经营面积	按产量平均的农产品加工动力机械	按产量平均的农用大中型拖拉机动力	农业现代化指数	经济发展指数
2010 年	48.40	65.72	63.24	54.83	18.31	37.94	27.66	24.42	27.91	5.98	4.64	21.94	33.24
2011 年	53.45	67.78	63.24	58.27	21.55	42.40	31.98	28.09	33.67	6.92	5.72	26.46	36.89
2012 年	56.46	69.38	64.71	60.70	24.95	51.15	37.35	33.09	31.83	6.42	6.87	25.25	40.78
2011 年排名	7	10	14	5	15	12	10	13	9	14	29	12	10
2012 年排名	7	10	14	5	15	4	11	11	12	17	28	13	9
位次升降	0	0	0	0	0	8	-1	2	-3	-3	1	-1	1
优势度	优势	优势	中势	优势	中势	优势	中势	中势	中势	中势	劣势	中势	优势

(1)2012 年许昌市经济发展指数排名第 9 位,在中原经济区处于优势地位,与 2011 年相比排位上升了 1 个位次。其中,工业化指数排名第 5 位,与

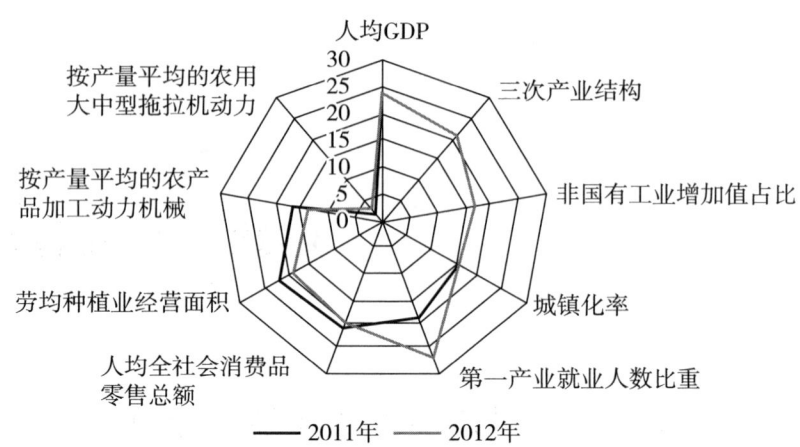

图 15-1 许昌市 2011~2012 年经济发展指数及下层指标排位比较雷达图

2011 年相比排位没有变化；城镇化指数排名第 11 位，与 2011 年相比排位上升了 2 个位次；农业现代化指数排名第 13 位，与 2011 年相比排位下降了 1 个位次。

（2）从方案层指标的优势度看，人均 GDP、三次产业结构、第一产业就业人数比重等指标是许昌市经济发展指数中的优势指标，按产量平均的农用大中型拖拉机动力指标是许昌市经济发展指数中的劣势指标。

（3）从雷达图图形变化看，2012 年与 2011 年相比，面积略有扩大，经济发展指数排位保持上升趋势。

（4）从排位变化的动因看，在第一产业就业人数比重等指标排位上升和劳均种植业经营面积、按产量平均的农产品加工动力机械等指标排位下降的综合作用下，2012 年许昌市经济发展指数排位上升 1 个位次，居中原经济区第 9 位。

15.2 许昌市生态环境发展评价分析

2011~2012 年，许昌市生态环境发展指数及其下层指标评价值和排位变化情况，如表 15-2 和图 15-2 所示。

表 15-2　许昌市 2011~2012 年生态环境发展评价值及排名

项　目	万元 GDP 能耗	按辖区面积平均的工业烟尘排放量	人均公共预算节能环保支出	生态环境发展指数
2010 年	70.41	94.17	4.88	62.58
2011 年	85.30	37.73	13.25	62.87
2012 年	86.36	41.02	15.14	64.50
2011 年排名	7	26	13	14
2012 年排名	8	27	13	17
位次升降	-1	-1	0	-3
优势度	优势	劣势	中势	中势

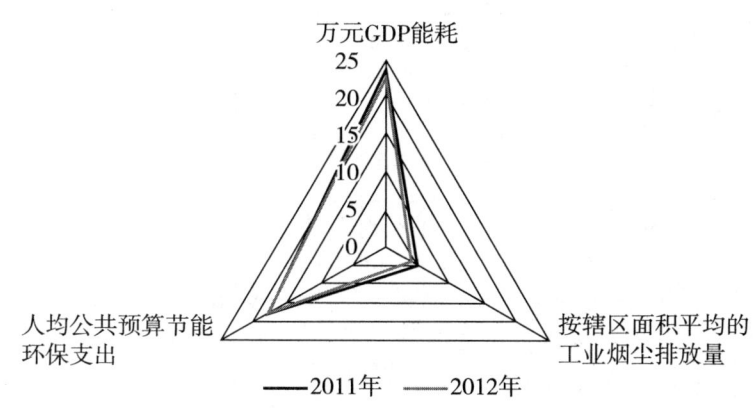

图 15-2　许昌市 2011~2012 年生态环境发展指数及下层指标排位比较雷达图

（1）2012 年许昌市生态环境发展指数排名第 17 位，在中原经济区处于中势地位，与 2011 年相比排位下降 3 个位次。

（2）从方案层指标的优势度看，万元 GDP 能耗指标是许昌市生态环境发展指数中的优势指标，按辖区面积平均的工业烟尘排放量指标是许昌市生态环境发展指数中的劣势指标。

（3）从雷达图图形变化看，2012 年与 2011 年相比，面积略微缩小，生态环境发展指数排位呈下降趋势。

（4）从排位变化的动因看，在万元 GDP 能耗、按辖区面积平均的工业烟尘排放量等指标排位下降和人均公共预算节能环保支出指标排位不变的综合作用下，

2012年许昌市生态环境发展指数排位下降3个位次，居中原经济区第17位。

15.3 许昌市社会环境发展评价分析

2011～2012年，许昌市社会环境发展指数及其下层指标评价值和排位变化情况，如表15-3和图15-3所示。

表15-3 许昌市2011～2012年社会环境发展评价值及排名

项目	城乡居民收入比	城镇居民人均可支配收入	农村居民人均纯收入	收入指数	每万人卫生技术人员数	每万人卫生机构床位数	健康指数	万人中小学专任教师数	人均教育经费	教育指数	人均城市公园绿地面积	人均城市道路面积	人均城乡社区事务财政支出	城市生活环境指数	社会环境发展指数
2010年	24.97	14.73	24.00	21.23	27.55	31.93	29.74	56.85	12.60	34.73	21.90	39.27	6.15	22.44	26.46
2011年	27.16	20.93	29.04	25.71	33.47	32.73	33.10	57.17	19.94	38.55	15.99	29.50	8.65	18.05	29.72
2012年	27.14	28.88	33.92	29.98	36.28	46.61	41.44	54.29	23.59	38.94	14.65	40.47	9.57	21.56	33.50
2011年排名	4	15	4	4	12	22	18	7	11	7	20	23	9	25	6
2012年排名	4	15	4	4	14	16	17	10	6	6	16	22	11	23	5
位次升降	0	0	0	0	-2	6	1	-2	5	1	4	1	-2	2	1
优势度	优势	中势	优势	优势	中势	中势	中势	优势	优势	优势	中势	劣势	中势	劣势	优势

（1）2012年许昌市社会环境发展指数排名第5位，在中原经济区处于优势地位，与2011年相比排位上升1个位次。其中，教育指数排名第6位，与2011年相比排位上升1个位次；城市生活环境指数排名第23位，与2011年相比排位上升2个位次；健康指数排名第17位，与2011年相比排位上升1个位次；收入指数排名第4位，与2011年相比排位没有变化。

（2）从方案层指标的优势度看，城乡居民收入比、农村居民人均纯收入、万人中小学专任教师数、人均教育经费等指标是许昌市社会环境发展指数中的优势指标，人均城市道路面积等指标是许昌市社会环境发展指数中的劣势指标。

（3）从雷达图图形变化看，2012年与2011年相比，面积略有扩大，社

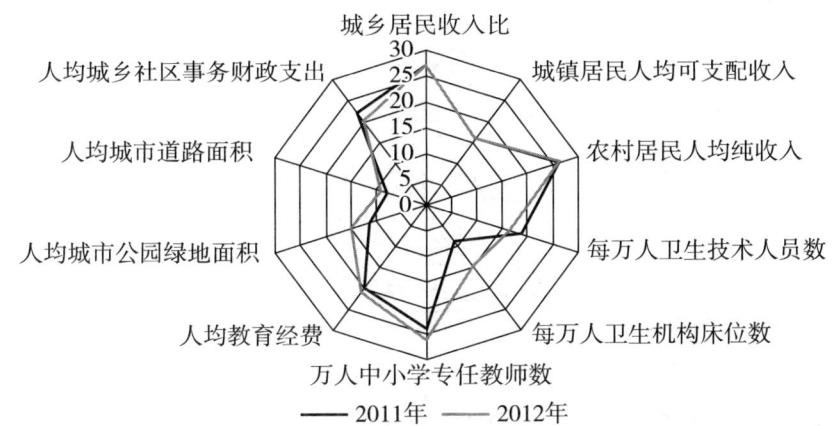

图 15-3　许昌市 2011~2012 年社会环境发展指数及下层指标排位比较雷达图

环境发展指数排位呈现上升趋势。

（4）从排位变化的动因看，在每万人卫生机构床位数、万人中小学专任教师数等指标排位上升和人均城乡社区事务财政支出、每万人卫生技术人员数等指标排位下降的综合作用下，2012 年许昌市社会环境发展指数排位上升 1 个位次，居中原经济区第 5 位。

15.4　许昌市发展评价分析

2011~2012 年，许昌市发展指数及其下层指标评价值和排位变化情况，如表 15-4 和图 15-4 所示。

表 15-4　许昌市 2011~2012 年发展评价值及排名

项　目	经济发展指数	生态环境发展指数	社会环境发展指数	许昌市发展指数
2010 年	33.24	62.58	26.46	36.03
2011 年	36.89	62.87	29.72	39.02
2012 年	40.78	64.50	33.50	42.50
2011 年排名	10	14	6	7
2012 年排名	9	17	5	7
位次升降	1	-3	1	0
优势度	优势	中势	优势	优势

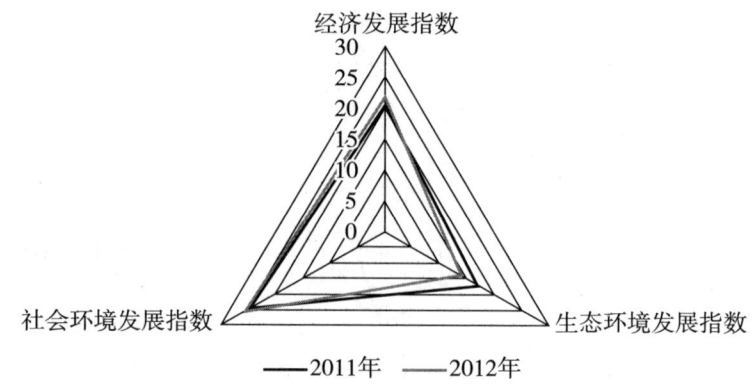

图 15-4　许昌市 2011~2012 年发展指数及下层指标排位比较雷达图

（1）2012 年许昌市发展指数排名第 7 位，在中原经济区处于优势地位，与 2011 年相比排位保持不变。

（2）从准则层指标的优势度看，经济发展指数、社会环境发展指数是许昌市发展指数中的优势指标。

（3）从雷达图图形变化看，2012 年与 2011 年相比，面积基本不变，许昌市发展指数排位呈平稳态势。

（4）从排位变化的动因看，在经济发展指数、社会环境发展指数排位上升和生态环境发展指数排位下降的综合作用下，2012 年许昌市发展指数排位保持不变，居中原经济区第 7 位。

第16章
漯河市发展指数分析

16.1 漯河市经济发展评价分析

2011~2012年,漯河市经济发展指数及其下层指标评价值和排位变化情况,如表16-1和图16-1所示。

表16-1 漯河市2011~2012年经济发展评价值及排名

项目	人均GDP	三次产业结构	非国有工业增加值占比	工业化指数	城镇化率	第一产业就业人数比重	人均全社会消费品零售总额	城镇化指数	劳均种植业经营面积	按产量平均的农产品加工动力机械	按产量平均的农用大中型拖拉机动力	农业现代化指数	经济发展指数
2010年	44.04	60.95	73.53	53.32	18.42	33.32	29.66	23.49	23.37	1.60	7.86	18.71	32.01
2011年	45.55	61.31	72.06	54.00	21.55	33.43	33.20	25.88	23.07	2.54	8.94	18.77	33.76
2012年	47.79	62.48	67.65	54.70	24.97	34.19	38.34	28.79	23.15	2.40	11.00	19.15	35.88
2011年排名	13	15	7	10	15	20	8	15	18	29	21	21	14
2012年排名	12	14	12	11	14	16	8	16	20	29	22	23	15
位次升降	1	1	-5	-1	1	4	0	-1	-2	0	-1	-2	-1
优势度	中势	中势	中势	中势	中势	中势	优势	中势	中势	劣势	劣势	劣势	中势

(1) 2012年漯河市经济发展指数排名第15位,在中原经济区处于中势地位,与2011年相比排位下降了1个位次。其中,工业化指数排名第11位,与

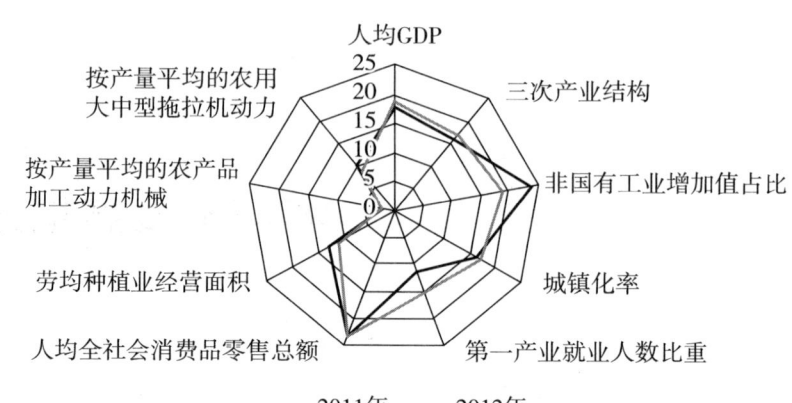

图 16-1 漯河市 2011~2012 年经济发展指数及下层指标排位比较雷达图

2011 年相比排位下降了 1 个位次；城镇化指数排名第 16 位，与 2011 年相比排位下降了 1 个位次；农业现代化指数排名第 23 位，与 2011 年相比排位下降 2 个位次。

（2）从方案层指标的优势度看，人均全社会消费品零售总额指标是漯河市经济发展指数中的优势指标，按产量平均的农产品加工动力机械、按产量平均的农用大中型拖拉机动力等指标是漯河市经济发展指数中的劣势指标。

（3）从雷达图图形变化看，2012 年与 2011 年相比，面积略有缩小，经济发展指数排位呈现下降趋势。

（4）从排位变化的动因看，在第一产业就业人数比重、三次产业结构等指标排位上升和非国有工业增加值占比、劳均种植业经营面积等指标排位下降的综合作用下，2012 年漯河市经济发展指数排位下降 1 个位次，居中原经济区第 15 位。

16.2 漯河市生态环境发展评价分析

2011~2012 年，漯河市生态环境发展指数及其下层指标评价值和排位变化情况，如表 16-2 和图 16-2 所示。

表16-2　漯河市2011~2012年生态环境发展评价值及排名

项　　目	万元GDP能耗	按辖区面积平均的工业烟尘排放量	人均公共预算节能环保支出	生态环境发展指数
2010年	74.79	90.55	5.93	64.84
2011年	80.88	91.50	8.44	69.29
2012年	83.25	91.60	7.86	70.68
2011年排名	11	5	20	7
2012年排名	11	6	22	8
位次升降	0	-1	-2	-1
优势度	中势	优势	劣势	优势

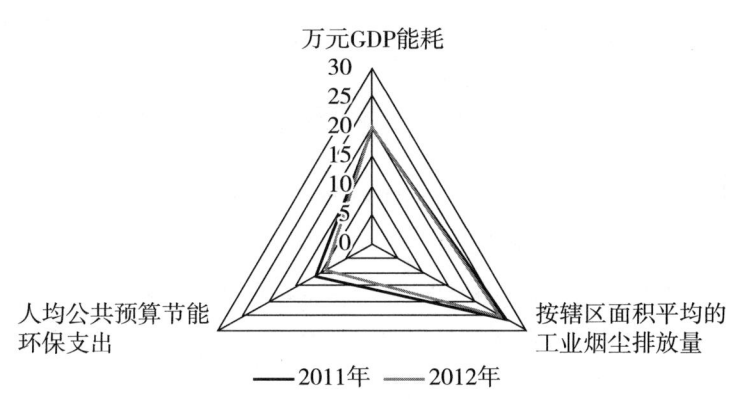

图16-2　漯河市2011~2012年生态环境发展指数及下层指标排位比较雷达图

（1）2012年漯河市生态环境发展指数排名第8位，在中原经济区处于优势地位，与2011年相比排位下降1个位次。

（2）从方案层指标的优势度看，按辖区面积平均的工业烟尘排放量指标是漯河市生态环境发展指数中的优势指标，人均公共预算节能环保支出指标是漯河市生态环境发展指数中的劣势指标。

（3）从雷达图图形变化看，2012年与2011年相比，面积略有缩小，生态环境发展指数排位呈下降趋势。

（4）从排位变化的动因看，在按辖区面积平均的工业烟尘排放量、人均公共预算节能环保支出等指标排位下降的作用下，2012年漯河市生态环境发展指数排位下降1个位次,居中原经济区第8位。

16.3 漯河市社会环境发展评价分析

2011~2012年,漯河市社会环境发展指数及其下层指标评价值和排位变化情况,如表16-3和图16-3所示。

表16-3 漯河市2011~2012年社会环境发展评价值及排名

项目	城乡居民收入比	城镇居民人均可支配收入	农村居民人均纯收入	收入指数	每万人卫生技术人员数	每万人卫生机构床位数	健康指数	万人中小学专任教师数	人均教育经费	教育指数	人均城市公园绿地面积	人均城市道路面积	人均城乡社区事务财政支出	城市生活环境指数	社会环境发展指数
2010年	19.69	13.01	20.05	17.58	31.01	37.41	34.21	34.93	11.88	23.41	35.02	51.35	5.15	30.51	23.12
2011年	21.22	19.05	24.78	21.69	32.74	42.92	37.83	33.56	18.31	25.93	34.15	49.81	6.78	30.25	26.28
2012年	21.14	27.07	29.73	25.98	36.55	54.97	45.76	31.05	22.55	26.80	27.12	53.20	9.66	29.99	29.78
2011年排名	6	22	7	7	13	14	13	20	16	21	7	15	11	15	14
2012年排名	6	22	7	7	13	10	11	18	12	17	7	16	10	15	12
位次升降	0	0	0	0	0	4	2	2	4	4	0	-1	1	0	2
优势度	优势	劣势	优势	优势	中势	优势	中势	中势	中势	中势	优势	中势	优势	中势	中势

(1) 2012年漯河市社会环境发展指数排名第12位,在中原经济区处于中势地位,与2011年相比排位上升了2个位次。其中,教育指数排名第17位,与2011年相比排位上升了4个位次;城市生活环境指数排名第15位,与2011年相比排位没有发生变化;健康指数排名第11位,与2011年相比排位上升了2个位次;收入指数排名第7位,与2011年相比排位没有变化。

(2) 从方案层指标的优势度看,城乡居民收入比、农村居民人均纯收入、每万人卫生机构床位数、人均城市公园绿地面积、人均城乡社区事务财政支出等指标是漯河市社会环境发展指数中的优势指标,城镇居民人均可支配收入指

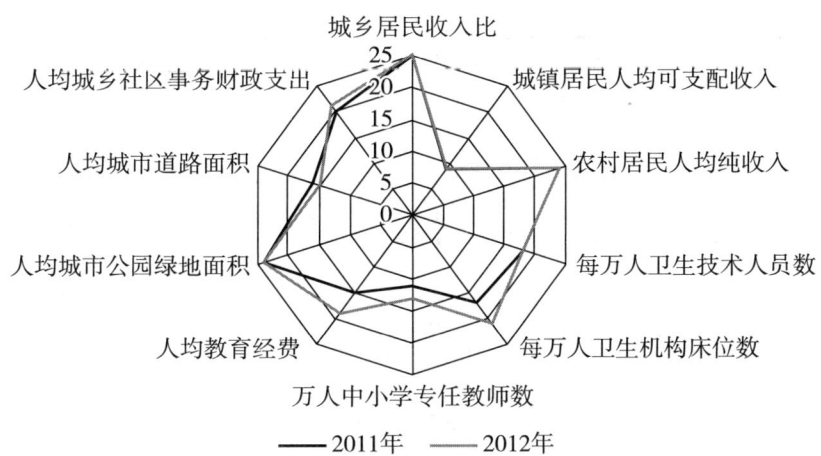

图 16-3　漯河市 2011~2012 年社会环境发展指数及下层指标排位比较雷达图

标是漯河市社会环境发展指数中的劣势指标。

（3）从雷达图图形变化看，2012 年与 2011 年相比，面积略有扩大，社会环境发展指数排位呈现上升趋势。

（4）从排位变化的动因看，在每万人卫生机构床位数、人均教育经费等指标排位上升和人均城市道路面积等指标排位下降的综合作用下，2012 年漯河市社会环境发展指数排位上升了 2 个位次，居中原经济区第 12 位。

16.4　漯河市发展评价分析

2011~2012 年，漯河市发展指数及其下层指标评价值和排位变化情况，如表 16-4 和图 16-4 所示。

表 16-4　漯河市 2011~2012 年发展评价值及排名

项　　目	经济发展指数	生态环境发展指数	社会环境发展指数	漯河市发展指数
2010 年	32.01	64.84	23.12	34.74
2011 年	33.76	69.29	26.28	37.36
2012 年	35.88	70.68	29.78	39.76
2011 年排名	14	7	14	12

续表

项　目	经济发展指数	生态环境发展指数	社会环境发展指数	漯河市发展指数
2012年排名	15	8	12	12
位次升降	-1	-1	2	0
优势度	中势	优势	中势	中势

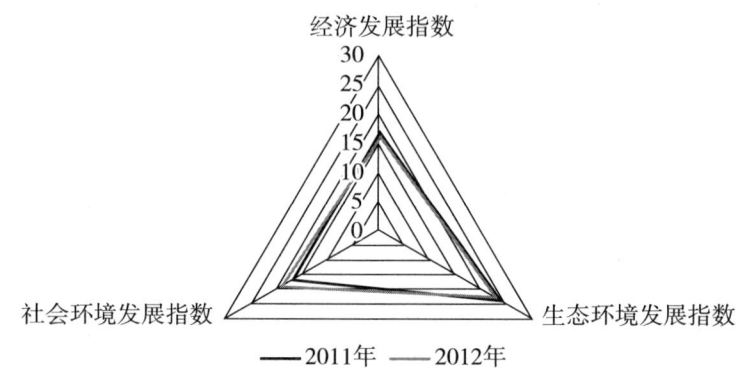

图16-4　漯河市2011~2012年发展指数及下层指标排位比较雷达图

（1）2012年漯河市发展指数排名第12位，在中原经济区处于中势地位，与2011年相比排位没有发生变化。

（2）从准则层指标的优势度看，经济发展指数、社会环境发展指数是漯河市发展指数中的中势指标，生态环境发展指数是漯河市发展指数中的优势指标。

（3）从雷达图图形变化看，2012年与2011年相比，面积基本不变，漯河市发展指数排位呈现平稳趋势。

（4）从排位变化的动因看，在社会环境发展指数排位上升和经济发展指数、生态环境发展指数排位下降的综合作用下，2012年漯河市发展指数排位没有发生变化，居中原经济区第12位。

第17章
三门峡市发展指数分析

17.1 三门峡市经济发展评价分析

2011~2012年,三门峡市经济发展指数及其下层指标评价值和排位变化情况,如表17-1和图17-1所示。

表17-1 三门峡市2011~2012年经济发展评价值及排名

项 目	人均GDP	三次产业结构	非国有工业增加值占比	工业化指数	城镇化率	第一产业就业人数比重	人均全社会消费品零售总额	城镇化指数	劳均种植业经营面积	按产量平均的农产品加工动力机械	按产量平均的农用大中型拖拉机动力	农业现代化指数	经济发展指数
2010年	57.16	77.74	22.06	54.25	27.48	25.12	31.08	27.25	4.63	16.05	10.70	6.73	34.04
2011年	61.22	78.20	22.06	56.78	30.59	26.31	35.02	29.95	4.25	16.99	11.79	6.72	36.54
2012年	64.64	77.67	23.53	59.02	33.44	28.88	40.22	32.97	6.12	15.83	11.03	7.86	39.22
2011年排名	3	6	26	6	10	26	6	11	28	4	16	29	11
2012年排名	3	7	28	7	9	24	6	12	28	4	20	29	10
位次升降	0	-1	-2	-1	1	2	0	-1	0	0	-4	0	1
优势度	优势	优势	劣势	优势	优势	劣势	优势	中势	劣势	优势	中势	劣势	优势

(1)2012年三门峡市经济发展指数排名第10位,在中原经济区处于优势地位,与2011年相比排位上升1个位次。其中,工业化指数排名第7位,与

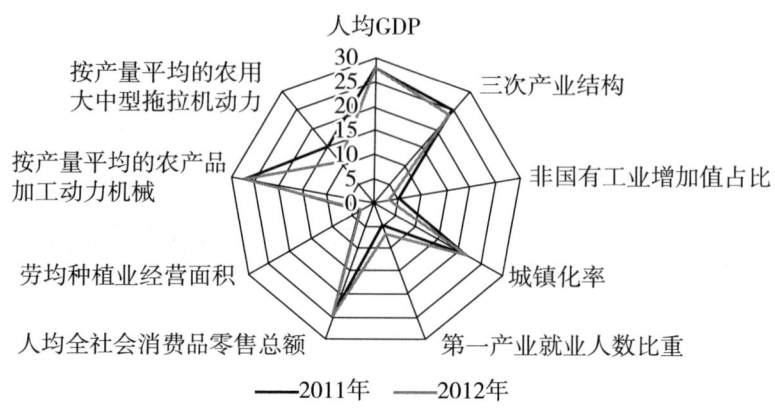

图 17-1 三门峡市 2011~2012 年经济发展指数及下层指标排位比较雷达图

2011 年相比排位下降 1 个位次；城镇化指数排名第 12 位，与 2011 年相比排位下降 1 个位次；农业现代化指数排名第 29 位，与 2011 年相比排位没有变化。

（2）从方案层指标的优势度看，人均 GDP、三次产业结构、城镇化率、人均全社会消费品零售总额、按产量平均的农产品加工动力机械等指标是三门峡市经济发展指数中的优势指标，非国有工业增加值占比、第一产业就业人数比重、劳均种植业经营面积等指标是三门峡市经济发展指数中的劣势指标。

（3）从雷达图图形变化看，2012 年与 2011 年相比，面积略微缩小，经济发展指数排位呈现上升态势。

（4）从排位变化的动因看，在城镇化率、第一产业就业人数比重等指标排位上升和三次产业结构、非国有工业增加值占比等指标排位下降的综合作用下，2012 年三门峡市经济发展指数排位上升 1 个位次，居中原经济区第 10 位。

17.2 三门峡市生态环境发展评价分析

2011~2012 年，三门峡市生态环境发展指数及其下层指标评价值和排位变化情况，如表 17-2 和图 17-2 所示。

表 17-2 三门峡市 2011~2012 年生态环境发展评价值及排名

项 目	万元 GDP 能耗	按辖区面积平均的工业烟尘排放量	人均公共预算节能环保支出	生态环境发展指数
2010 年	56.24	52.03	22.93	49.21
2011 年	71.50	57.17	28.13	60.68
2012 年	75.30	60.45	34.60	64.88
2011 年排名	20	23	4	18
2012 年排名	17	22	3	15
位次升降	3	1	1	3
优势度	中势	劣势	优势	中势

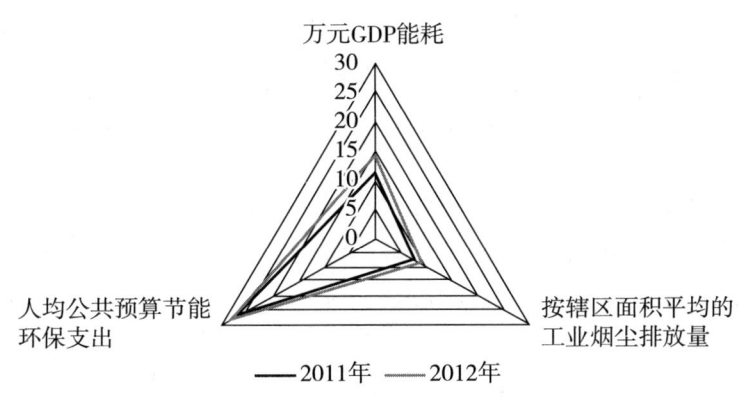

图 17-2 三门峡市 2011~2012 年生态环境发展指数及下层指标排位比较雷达图

（1）2012 年三门峡市生态环境发展指数排名第 15 位，在中原经济区处于中势地位，与 2011 年相比排位上升 3 个位次。

（2）从方案层指标的优势度看，人均公共预算节能环保支出指标是三门峡市生态环境发展指数中的优势指标，按辖区面积平均的工业烟尘排放量指标是三门峡市生态环境发展指数中的劣势指标。

（3）从雷达图图形变化看，2012 年与 2011 年相比，面积有所增大，生态环境发展指数排位呈上升态势。

（4）从排位变化的动因看，在万元 GDP 能耗、人均公共预算节能环保支出、按辖区面积平均的工业烟尘排放量指标排位上升的综合作用下，2012 年三门峡市生态环境发展指数排位上升 3 个位次，居中原经济区第 15 位。

17.3 三门峡市社会环境发展评价分析

2011~2012 年，三门峡市社会环境发展指数及其下层指标评价值和排位变化情况，如表 17-3 和图 17-3 所示。

表 17-3 三门峡市 2011~2012 年社会环境发展评价值及排名

项目	城乡居民收入比	城镇居民人均可支配收入	农村居民人均纯收入	收入指数	每万人卫生技术人员数	每万人卫生机构床位数	健康指数	万人中小学专任教师数	人均教育经费	教育指数	人均城市公园绿地面积	人均城市道路面积	人均城乡社区事务财政支出	城市生活环境指数	社会环境发展指数
2010 年	12.21	14.14	16.03	14.13	33.94	45.97	39.95	48.90	20.24	34.57	38.06	5.53	7.00	16.86	24.22
2011 年	14.47	19.29	20.93	18.23	37.59	51.84	44.72	48.38	26.18	37.28	39.00	24.23	9.35	24.19	28.35
2012 年	14.54	27.23	26.00	22.59	44.38	67.64	56.01	50.85	29.92	40.38	28.69	21.14	10.08	19.97	32.65
2011 年排名	10	21	14	15	8	8	9	11	4	8	5	25	8	18	9
2012 年排名	10	20	14	15	2	2	2	6	4	3	6	26	9	26	6
位次升降	0	1	0	0	6	6	7	5	0	5	-1	-1	-1	-8	3
优势度	优势	中势	中势	中势	优势	优势	优势	优势	优势	优势	优势	劣势	优势	劣势	优势

（1）2012 年三门峡市社会环境发展指数排名第 6 位，在中原经济区处于优势地位，与 2011 年相比排位上升 3 个位次。其中，教育指数排名第 3 位，与 2011 年相比排位上升 5 个位次；城市生活环境指数排名第 26 位，与 2011 年相比排位下降 8 个位次；健康指数排名第 2 位，与 2011 年相比排位上升 7 个位次；收入指数排名第 15 位，与 2011 年相比排位没有变化。

（2）从方案层指标的优势度看，城乡居民收入比、每万人卫生技术人员数、每万人卫生机构床位数、万人中小学专任教师数、人均教育经费、人均城市公园绿地面积、人均城乡社区事务财政支出等指标是三门峡市社会环境发展中的优

第17章 三门峡市发展指数分析

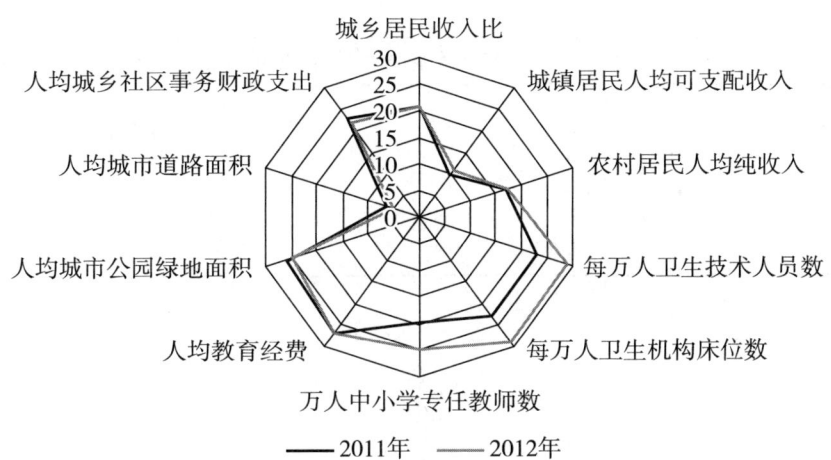

图 17-3 三门峡市 2011~2012 年社会环境发展指数及下层指标排位比较雷达图

势指标，人均城市道路面积等指标是三门峡市社会环境发展指数中的劣势指标。

（3）从雷达图图形变化看，2012 年与 2011 年相比，面积有所增大，社会环境发展指数排位呈现上升态势。

（4）从排位变化的动因看，在每万人卫生技术人员数、每万人卫生机构床位数等指标排位上升和人均城市公园绿地面积、人均城市道路面积等指标排位下降的综合作用下，2012 年三门峡市社会环境发展指数排位上升 3 个位次，居中原经济区第 6 位。

17.4 三门峡市发展评价分析

2011~2012 年，三门峡市发展指数及其下层指标评价值和排位变化情况，如表 17-4 和图 17-4 所示。

表 17-4 三门峡市 2011~2012 年发展评价值及排名

项 目	经济发展指数	生态环境发展指数	社会环境发展指数	三门峡市发展指数
2010 年	34.04	49.21	24.22	33.60
2011 年	36.54	60.68	28.35	38.06
2012 年	39.22	64.88	32.65	41.47

续表

项　目	经济发展指数	生态环境发展指数	社会环境发展指数	三门峡市发展指数
2011年排名	11	18	9	10
2012年排名	10	15	6	9
位次升降	1	3	3	1
优势度	优势	中势	优势	优势

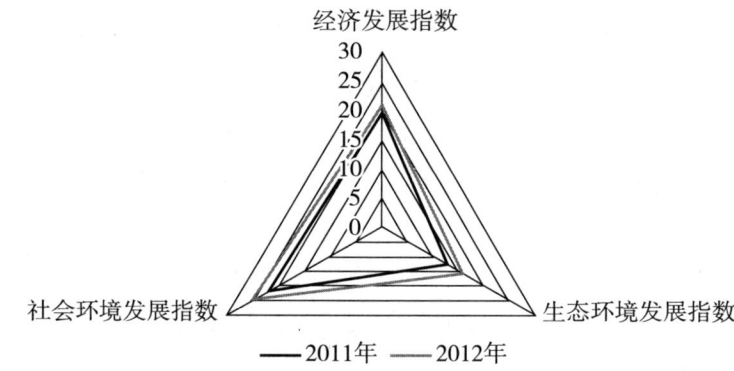

图17-4　三门峡市2011~2012年发展指数及下层指标排位比较雷达图

（1）2012年三门峡市发展指数排名第9位，在中原经济区处于优势地位，与2011年相比排位上升1个位次。

（2）从准则层指标的优势度看，经济发展指数、社会环境发展指数是三门峡市发展指数中的优势指标，生态环境发展指数是三门峡市发展指数中的中势指标。

（3）从雷达图图形变化看，2012年与2011年相比，面积略微增大，三门峡市发展指数排位呈现上升态势。

（4）从排位变化的动因看，在社会环境发展指数、生态环境发展指数和经济发展指数排位上升的综合作用下，2012年三门峡市发展指数排位上升1个位次，居中原经济区第9位。

第18章
南阳市发展指数分析

18.1 南阳市经济发展评价分析

2011~2012年，南阳市经济发展指数及其下层指标评价值和排位变化情况，如表18-1和图18-1所示。

表18-1 南阳市2011~2012年经济发展评价值及排名

项目	人均GDP	三次产业结构	非国有工业增加值占比	工业化指数	城镇化率	第一产业就业人数比重	人均全社会消费品零售总额	城镇化指数	劳均种植业经营面积	按产量平均的农产品加工动力机械	按产量平均的农用大中型拖拉机动力	农业现代化指数	经济发展指数
2010年	31.98	33.18	60.29	37.89	7.46	23.11	26.15	13.52	27.75	4.07	8.55	22.29	21.20
2011年	34.59	39.08	52.94	39.16	10.75	23.25	30.14	16.06	26.46	5.02	9.63	21.61	23.18
2012年	37.19	41.86	54.41	41.57	14.24	24.39	35.50	19.14	27.52	5.17	12.65	22.92	25.96
2011年排名	20	22	16	22	22	29	13	24	15	19	19	17	24
2012年排名	20	21	21	22	22	30	14	22	17	20	19	17	24
位次升降	0	1	-5	0	0	-1	-1	2	-2	-1	0	0	0
优势度	中势	劣势	劣势	劣势	劣势	劣势	中势	劣势	中势	中势	中势	中势	劣势

（1）2012年南阳市经济发展指数排名第24位，在中原经济区处于劣势地位，与2011年相比排位没有发生变化。其中，工业化指数排名第22位，与

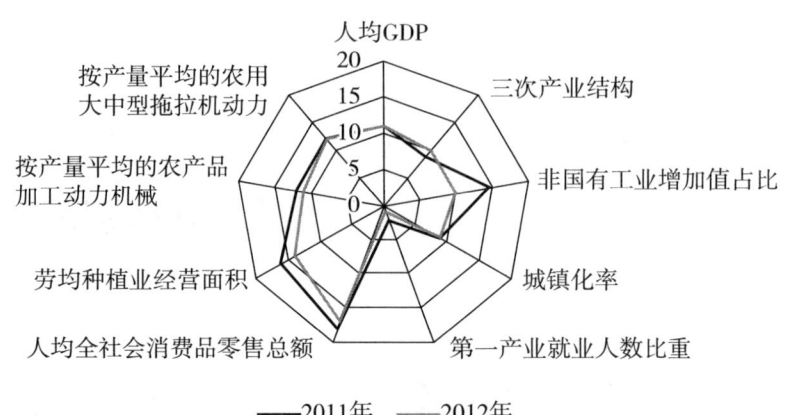

图18-1 南阳市2011~2012年经济发展指数及下层指标排位比较雷达图

2011年相比排位没有发生变化;城镇化指数排名第22位,与2011年相比排位上升2个位次;农业现代化指数排名第17位,与2011年相比排位没有发生变化。

(2)从方案层指标的优势度看,人均GDP、人均全社会消费品零售总额、劳均种植业经营面积、按产量平均的农产品加工动力机械、按产量平均的农用大中型拖拉机动力等指标是南阳市经济发展指数中的中势指标,其余指标均为南阳市经济发展指数中的劣势指标。

(3)从雷达图图形变化看,2012年与2011年相比,面积有所缩小,经济发展指数排位呈平稳态势。

(4)从排位变化的动因看,在三次产业结构指标排位上升和非国有工业增加值占比、第一产业就业人数比重等指标排位下降的综合作用下,2012年南阳市经济发展指数排位没有发生变化,居中原经济区第24位。

18.2 南阳市生态环境发展评价分析

2011~2012年,南阳市生态环境发展指数及其下层指标评价值和排位变化情况,如表18-2和图18-2所示。

第18章 南阳市发展指数分析

表18-2 南阳市2011～2012年生态环境发展评价值及排名

项　目	万元GDP能耗	按辖区面积平均的工业烟尘排放量	人均公共预算节能环保支出	生态环境发展指数
2010年	71.72	86.96	19.48	64.79
2011年	91.67	88.31	15.03	76.67
2012年	93.18	89.40	16.05	78.01
2011年排名	3	10	10	3
2012年排名	2	10	11	2
位次升降	1	0	-1	1
优势度	优势	优势	中势	优势

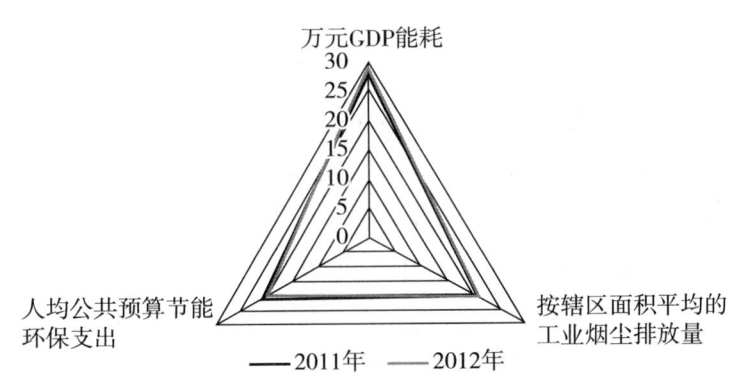

图18-2 南阳市2011～2012年生态环境发展指数及下层指标排位比较雷达图

（1）2012年南阳市生态环境发展指数排名第2位，在中原经济区处于优势地位，与2011年相比排位上升1个位次。

（2）从方案层指标的优势度看，万元GDP能耗、按辖区面积平均的工业烟尘排放量指标是南阳市生态环境发展指数中的优势指标，人均公共预算节能环保支出指标是南阳市生态环境发展指数中的中势指标。

（3）从雷达图图形变化看，2012年与2011年相比，面积略微增大，南阳市生态环境发展指数排位呈上升态势。

（4）从排位变化的动因看，在万元GDP能耗排位上升和人均公共预算节能环保支出指标排位下降的综合作用下，2012年南阳市生态环境发展指数排位上升1个位次，居中原经济区第2位。

18.3 南阳市社会环境发展评价分析

2011~2012年,南阳市社会环境发展指数及其下层指标评价值和排位变化情况,如表18-3和图18-3所示。

表18-3 南阳市2011~2012年社会环境发展评价值及排名

项目	城乡居民收入比	城镇居民人均可支配收入	农村居民人均纯收入	收入指数	每万人卫生技术人员数	每万人卫生机构床位数	健康指数	万人中小学专任教师数	人均教育经费	教育指数	人均城市公园绿地面积	人均城市道路面积	人均城乡社区事务财政支出	城市生活环境指数	社会环境发展指数
2010年	10.89	14.34	15.26	13.49	20.00	24.22	22.11	32.92	9.32	21.12	18.27	18.83	1.80	12.97	16.94
2011年	12.42	20.14	20.11	17.56	21.61	28.89	25.25	32.93	15.68	24.30	19.10	28.98	1.18	16.42	20.56
2012年	12.29	28.42	25.28	22.00	24.41	38.28	31.34	18.59	18.08	18.34	34.90	41.56	2.49	26.32	22.90
2011年排名	13	18	16	16	24	25	25	23	21	23	15	24	26	27	26
2012年排名	13	17	16	16	24	22	24	21	21	22	4	21	27	17	27
位次升降	0	1	0	0	0	3	1	2	0	1	11	3	-1	10	-1
优势度	中势	中势	中势	中势	劣势	劣势	劣势	劣势	劣势	劣势	优势	劣势	劣势	中势	劣势

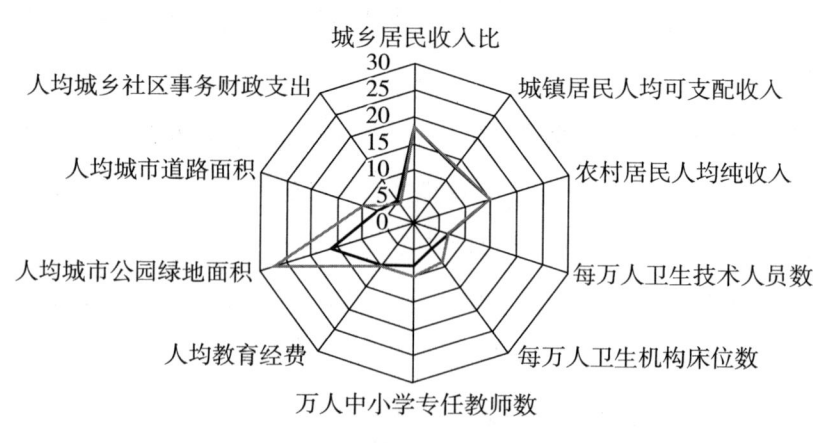

图18-3 南阳市2011~2012年社会环境发展指数及下层指标排位比较雷达图

(1) 2012 年南阳市社会环境发展指数排名第 27 位,在中原经济区处于劣势地位,与 2011 年相比排位下降 1 个位次。其中,教育指数排名第 22 位,与 2011 年相比排位上升 1 个位次;城市生活环境指数排名第 17 位,与 2011 年相比排位上升了 10 个位次;健康指数排名第 24 位,与 2011 年相比排位上升 1 个位次;收入指数排名第 16 位,与 2011 年相比排位没有变化。

(2) 从方案层指标的优势度看,人均城市公园绿地面积指标是南阳市社会环境发展指数中的优势指标,每万人卫生技术人员数、每万人卫生机构床位数、万人中小学专任教师数、人均教育经费、人均城市道路面积、人均城乡社区事务财政支出等指标是南阳市社会环境发展指数中的劣势指标。

(3) 从雷达图图形变化看,2012 年与 2011 年相比,面积略微变大,社会环境发展指数排位呈下降趋势。

(4) 从排位变化的动因看,在人均城市公园绿地面积、人均城市道路面积等指标排位上升和人均城乡社区事务财政支出等指标排位下降的综合作用下,2012 年南阳市社会环境发展指数排位下降 1 个位次,居中原经济区第 27 位。

18.4 南阳市发展评价分析

2011~2012 年,南阳市发展指数及其下层指标评价值和排位变化情况,如表 18-4 和图 18-4 所示。

表 18-4 南阳市 2011~2012 年发展评价值及排名

项 目	经济发展指数	生态环境发展指数	社会环境发展指数	南阳市发展指数
2010 年	21.20	64.79	16.94	27.07
2011 年	23.18	76.67	20.56	31.16
2012 年	25.96	78.01	22.90	33.58
2011 年排名	24	3	26	21
2012 年排名	24	2	27	22
位次升降	0	1	-1	-1
优势度	劣势	优势	劣势	劣势

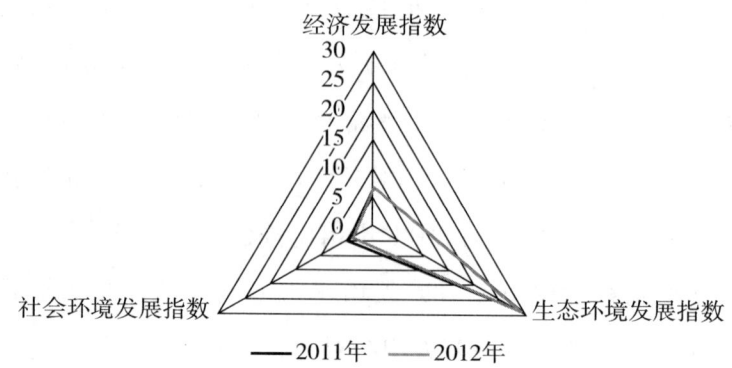

图18-4 南阳市2011~2012年发展指数及下层指标排位比较雷达图

(1) 2012年南阳市发展指数排名第22位,在中原经济区处于劣势地位,与2011年相比排位下降1个位次。

(2) 从准则层指标的优势度看,生态环境发展指数是南阳市发展指数中的优势指标,经济发展指数、社会环境发展指数是南阳市发展指数中的劣势指标。

(3) 从雷达图图形变化看,2012年与2011年相比,面积略有缩小,南阳市发展指数排位呈下降趋势。

(4) 从排位变化的动因看,在生态环境发展指数排位上升和社会环境发展指数排位下降的综合作用下,2012年南阳市发展指数排位下降1个位次,居中原经济区第22位。

第 19 章
商丘市发展指数分析

19.1 商丘市经济发展评价分析

2011~2012 年,商丘市经济发展指数及其下层指标评价值和排位变化情况,如表 19-1 和图 19-1 所示。

表 19-1 商丘市 2011~2012 年经济发展评价值及排名

项目	人均GDP	三次产业结构	非国有工业增加值占比	工业化指数	城镇化率	第一产业就业人数比重	人均全社会消费品零售总额	城镇化指数	劳均种植业经营面积	按产量平均的农产品加工动力机械	按产量平均的农用大中型拖拉机动力	农业现代化指数	经济发展指数
2010 年	23.61	13.09	32.35	23.25	1.67	27.05	13.26	9.51	30.65	6.93	8.27	24.66	14.42
2011 年	27.76	20.06	32.35	27.14	4.86	29.61	18.25	12.73	33.65	7.87	9.35	27.14	17.79
2012 年	30.39	23.97	38.24	30.68	8.33	32.17	23.52	16.15	35.60	7.37	10.96	28.81	21.15
2011 年排名	25	24	21	28	27	23	25	28	10	12	20	11	28
2012 年排名	26	24	24	28	26	19	26	26	8	15	23	11	28
位次升降	-1	0	-3	0	1	4	-1	2	2	-3	-3	0	0
优势度	劣势	劣势	劣势	劣势	劣势	中势	劣势	劣势	优势	中势	中势	中势	劣势

(1) 2012 年商丘市经济发展指数排名第 28 位,在中原经济区处于劣势地位,与 2011 年相比排位没有变化。其中,工业化指数排名第 28 位,与

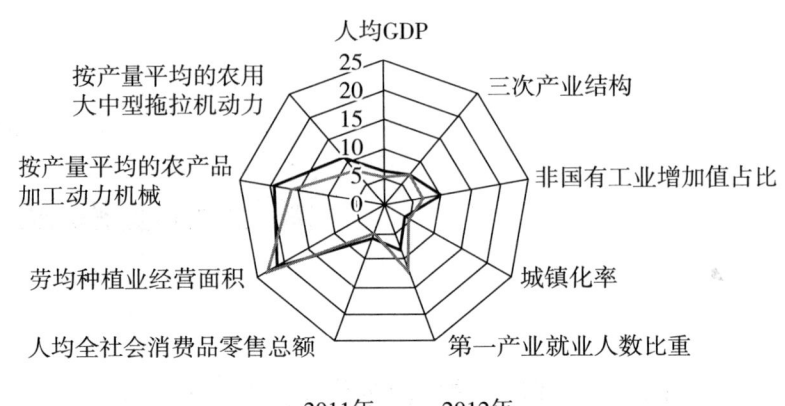

图 19-1 商丘市 2011~2012 年经济发展指数及下层指标排位比较雷达图

2011 年相比排位没有变化；城镇化指数排名第 26 位，与 2011 年相比排位上升 2 个位次；农业现代化指数排名第 11 位，与 2011 年相比排位没有发生变化。

（2）从方案层指标的优势度看，劳均种植业经营面积指标是商丘市经济发展指数中的优势指标，第一产业就业人数比重、按产量平均的农产品加工动力机械指标是商丘市经济发展指数中的中势指标。

（3）从雷达图图形变化看，2012 年与 2011 年相比，面积基本保持不变，经济发展指数排位呈现平稳态势。

（4）从排位变化的动因看，在城镇化率、第一产业就业人数比重等指标排位上升和按产量平均的农产品加工动力机械、按产量平均的农用大中型拖拉机动力等指标排位下降的综合作用下，2012 年商丘市经济发展指数排位没有变化，居中原经济区第 28 位。

19.2 商丘市生态环境发展评价分析

2011~2012 年，商丘市生态环境发展指数及其下层指标评价值和排位变化情况，如表 19-2 和图 19-2 所示。

表 19-2 商丘市 2011~2012 年生态环境发展评价值及排名

项　目	万元 GDP 能耗	按辖区面积平均的工业烟尘排放量	人均公共预算节能环保支出	生态环境发展指数
2010 年	69.10	86.25	2.60	59.84
2011 年	79.02	87.97	5.00	66.82
2012 年	80.79	89.06	5.58	68.24
2011 年排名	13	11	23	12
2012 年排名	13	11	24	12
位次升降	0	0	-1	0
优势度	中势	中势	劣势	中势

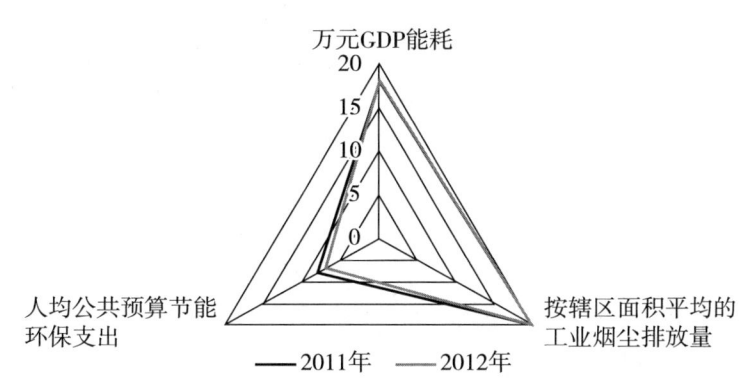

图 19-2 商丘市 2011~2012 年生态环境发展指数及下层指标排位比较雷达图

（1）2012 年商丘市生态环境发展指数排名第 12 位，在中原经济区处于中势地位，与 2011 年相比排位没有发生变化。

（2）从方案层指标的优势度看，万元 GDP 能耗、按辖区面积平均的工业烟尘排放量指标是商丘市生态环境发展指数中的中势指标，人均公共预算节能环保支出指标是商丘市生态环境发展指数中的劣势指标。

（3）从雷达图图形变化看，2012 年与 2011 年相比，面积基本不变，生态环境发展指数排位呈平稳态势。

（4）从排位变化的动因看，在人均公共预算节能环保支出指标排位下降和万元 GDP 能耗、按辖区面积平均的工业烟尘排放量指标排位不变的综合作用下，2012 年商丘市生态环境发展指数排位没有发生变化，居中原经济区第

12 位。

19.3 商丘市社会环境发展评价分析

2011~2012 年,商丘市社会环境发展指数及其下层指标评价值和排位变化情况,如表 19-3 和图 19-3 所示。

表 19-3 商丘市 2011~2012 年生态环境发展评价值及排名

项 目	城乡居民收入比	城镇居民人均可支配收入	农村居民人均纯收入	收入指数	每万人卫生技术人员数	每万人卫生机构床位数	健康指数	万人中小学专任教师数	人均教育经费	教育指数	人均城市公园绿地面积	人均城市道路面积	人均城乡社区事务财政支出	城市生活环境指数	社会环境发展指数
2010 年	4.31	10.40	8.22	7.65	22.34	25.79	24.07	77.58	14.58	46.08	0.73	9.19	1.03	3.65	20.56
2011 年	6.24	15.78	13.38	11.80	24.96	30.39	27.68	82.93	22.29	52.61	1.11	8.68	0.85	3.55	24.88
2012 年	5.64	24.26	18.43	16.11	28.48	36.39	32.44	56.01	22.25	39.13	2.06	20.10	2.29	8.15	24.36
2011 年排名	25	26	27	28	19	24	23	2	7	2	30	28	28	30	18
2012 年排名	25	25	27	28	20	25	23	4	14	5	30	27	28	30	23
位次升降	0	1	0	0	-1	-1	0	-2	-7	-3	0	1	0	0	-5
优势度	劣势	劣势	劣势	劣势	中势	劣势	劣势	优势	中势	优势	劣势	劣势	劣势	劣势	劣势

(1) 2012 年商丘市社会环境发展指数排名第 23 位,在中原经济区处于劣势地位,与 2011 年相比排位下降 5 个位次。其中,教育指数排名第 5 位,与 2011 年相比排位下降 3 个位次;城市生活环境指数排名第 30 位,与 2011 年相比排位没有发生变化;健康指数排名第 23 位,与 2011 年相比排位没有变化;收入指数排名第 28 位,与 2011 年相比排位没有变化。

(2) 从方案层指标的优势度看,万人中小学专任教师数指标是商丘市社会环境发展指数中的优势指标,每万人卫生技术人员数、人均教育经费指标是商丘市社会环境发展指数中的中势指标,其余指标均为商丘市社会环境发展指数

第 19 章 商丘市发展指数分析

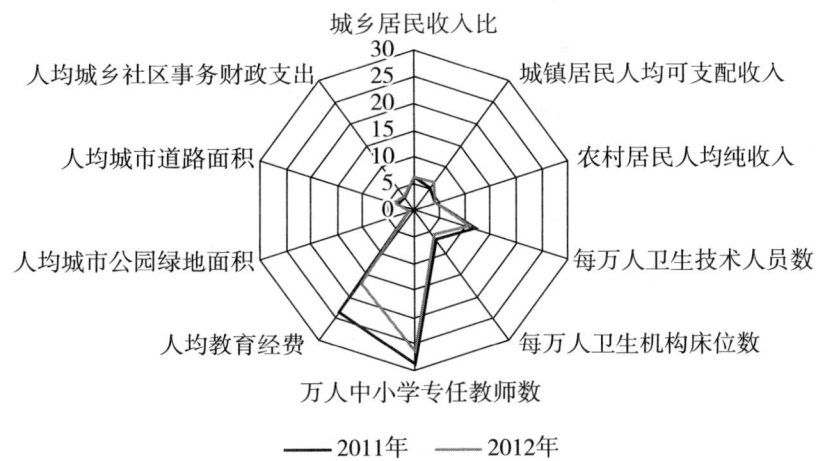

图 19-3 商丘市 2011~2012 年社会环境发展指数及下层指标排位比较雷达图

中的劣势指标。

（3）从雷达图图形变化看，2012 年与 2011 年相比，面积有所缩小，社会环境发展指数排位呈现下降态势。

（4）从排位变化的动因看，在城镇居民人均可支配收入、人均城市道路面积指标排位上升和万人中小学专任教师数、人均教育经费等指标排位下降的综合作用下，2012 年商丘市生态环境发展指数排位下降 5 个位次，居中原经济区第 23 位。

19.4 商丘市发展评价分析

2011~2012 年，商丘市发展指数及其下层指标评价值和排位变化情况，如表 19-4 和图 19-4 所示。

表 19-4 商丘市 2011~2012 年发展评价值及排名

项 目	经济发展指数	生态环境发展指数	社会环境发展指数	商丘市发展指数
2010 年	14.42	59.84	20.56	23.69
2011 年	17.79	66.82	24.88	27.93
2012 年	21.15	68.24	24.36	29.81

续表

项　目	经济发展指数	生态环境发展指数	社会环境发展指数	商丘市发展指数
2011 年排名	28	12	18	27
2012 年排名	28	12	23	27
位次升降	0	0	-5	0
优势度	劣势	中势	劣势	劣势

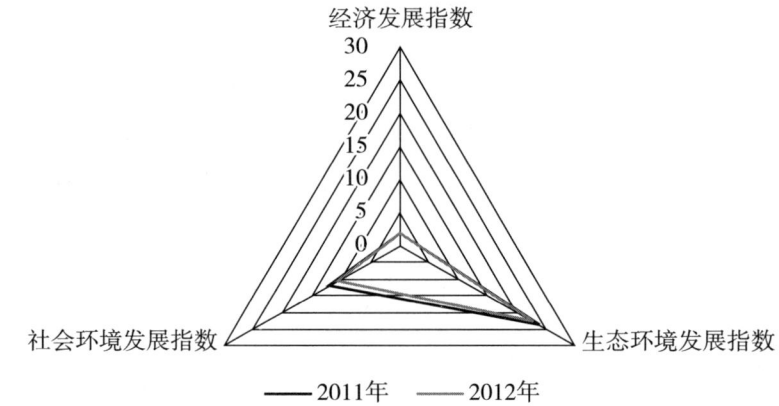

图 19 - 4　商丘市 2011 ~ 2012 年发展指数及下层指标排位比较雷达图

（1）2012 年商丘市发展指数排名第 27 位，在中原经济区处于劣势地位，与 2011 年相比排位没有发生变化。

（2）从准则层指标的优势度看，生态环境发展指数是商丘市发展指数中的中势指标，经济发展指数、社会环境发展指数是商丘市发展指数中的劣势指标。

（3）从雷达图图形变化看，2012 年与 2011 年相比，面积基本不变，商丘市发展指数排位呈现平稳态势。

（4）从排位变化的动因看，在社会环境发展指数指标排位下降和经济发展指数、生态环境发展指数排位不变的综合作用下，2012 年商丘市发展指数排位没有发生变化，居中原经济区第 27 位。

第 20 章 信阳市发展指数分析

20.1 信阳市经济发展评价分析

2011~2012 年,信阳市经济发展指数及其下层指标评价值和排位变化情况,如表 20-1 和图 20-1 所示。

表 20-1 信阳市 2011~2012 年经济发展评价值及排名

项 目	人均GDP	三次产业结构	非国有工业增加值占比	工业化指数	城镇化率	第一产业就业人数比重	人均全社会消费品零售总额	城镇化指数	劳均种植业经营面积	按产量平均的农产品加工动力机械	按产量平均的农用大中型拖拉机动力	农业现代化指数	经济发展指数
2010 年	27.67	12.41	79.41	34.97	9.88	26.37	21.63	15.42	28.48	2.89	1.08	21.47	21.52
2011 年	32.94	12.91	77.94	37.94	13.24	31.97	27.56	19.64	29.36	3.83	2.17	22.39	25.19
2012 年	36.04	10.10	79.41	39.53	16.69	32.64	31.92	22.46	29.51	4.02	3.56	22.75	27.51
2011 年排名	21	26	4	24	21	21	16	20	13	22	30	16	23
2012 年排名	21	30	5	24	21	18	17	21	14	21	30	18	22
位次升降	0	-4	-1	0	0	3	-1	-1	-1	1	0	-2	1
优势度	劣势	劣势	优势	劣势	劣势	中势	中势	劣势	中势	劣势	劣势	中势	劣势

(1) 2012 年信阳市经济发展指数排名第 22 位,在中原经济区处于劣势地位,与 2011 年相比排位上升 1 个位次。其中,工业化指数排名第 24 位,与

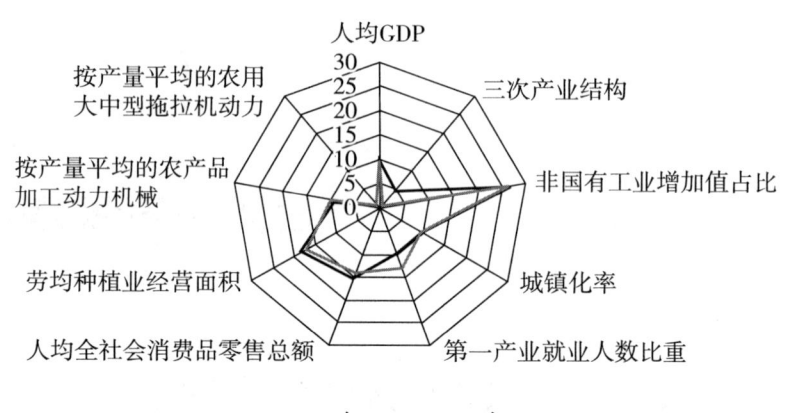

图 20-1 信阳市 2011~2012 年经济发展指数及下层指标排位比较雷达图

2011 年相比排位没有发生变化；城镇化指数排名第 21 位，与 2011 年相比排位下降 1 个位次；农业现代化指数排名第 18 位，与 2011 年相比排位下降 2 个位次。

（2）从方案层指标的优势度看，非国有工业增加值占比指标是信阳市经济发展指数中的优势指标，人均 GDP、三次产业结构、城镇化率、按产量平均的农产品加工动力机械、按产量平均的农用大中型拖拉机动力等指标是信阳市经济发展指数中的劣势指标。

（3）从雷达图图形变化看，2012 年与 2011 年相比，面积基本不变，经济发展指数排位呈上升趋势。

（4）从排位变化的动因看，在第一产业就业人数比重、按产量平均的农产品加工动力机械等指标排位上升和人均全社会消费品零售总额、劳均种植业经营面积等指标排位下降的综合作用下，2012 年信阳市经济发展指数排位上升 1 个位次，居中原经济区第 22 位。

20.2 信阳市生态环境发展评价分析

2011~2012 年，信阳市生态环境发展指数及其下层指标评价值和排位变化情况，如表 20-2 和图 20-2 所示。

表 20-2 信阳市 2011~2012 年生态环境发展评价值及排名

项 目	万元 GDP 能耗	按辖区面积平均的工业烟尘排放量	人均公共预算节能环保支出	生态环境发展指数
2010 年	71.45	83.78	4.88	61.28
2011 年	85.03	85.91	8.94	70.93
2012 年	86.37	87.01	11.67	72.48
2011 年排名	8	14	18	5
2012 年排名	7	14	18	5
位次升降	1	0	0	0
优势度	优势	中势	中势	优势

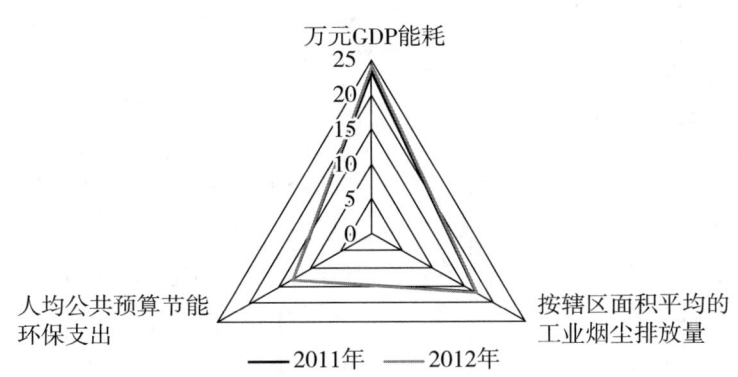

图 20-2 信阳市 2011~2012 年生态环境发展指数及下层指标排位比较雷达图

（1）2012 年信阳市生态环境发展指数排名第 5 位，在中原经济区处于优势地位，与 2011 年相比排位没有发生变化。

（2）从方案层指标的优势度看，万元 GDP 能耗指标是信阳市生态环境发展指数中的优势指标，按辖区面积平均的工业烟尘排放量、人均公共预算节能环保支出指标是信阳市生态环境发展指数中的中势指标。

（3）从雷达图图形变化看，2012 年与 2011 年相比，面积基本不变，生态环境发展指数排位呈平稳态势。

（4）从排位变化的动因看，在万元 GDP 能耗指标排位上升和按辖区面积平均的工业烟尘排放量、人均公共预算节能环保支出指标排位保持不变的综合作用下，2012年信阳市生态环境发展指数排位没有发生变化，居中原经济区第5位。

20.3 信阳市社会环境发展评价分析

2011~2012年，信阳市社会环境发展指数及其下层指标评价值和排位变化情况，如表20-3和图20-3所示。

表20-3 信阳市2011~2012年社会环境发展评价值及排名

项目	城乡居民收入比	城镇居民人均可支配收入	农村居民人均纯收入	收入指数	每万人卫生技术人员数	每万人卫生机构床位数	健康指数	万人中小学专任教师数	人均教育经费	教育指数	人均城市公园绿地面积	人均城市道路面积	人均城乡社区事务财政支出	城市生活环境指数	社会环境发展指数
2010年	14.05	6.55	12.89	11.16	12.96	16.48	14.72	89.37	13.43	51.40	30.62	68.44	3.87	34.31	25.11
2011年	14.01	12.20	16.58	14.26	16.47	22.12	19.29	100.00	22.36	61.18	31.42	72.94	2.20	35.52	30.12
2012年	13.67	20.46	21.59	18.57	17.11	25.29	21.20	65.18	23.27	44.23	24.95	73.04	2.88	33.63	27.55
2011年排名	12	29	21	22	27	27	27	1	6	1	9	8	24	9	3
2012年排名	12	29	21	22	29	29	29	2	11	2	10	11	25	12	17
位次升降	0	0	0	0	-2	-2	-2	-1	-5	-1	-1	-3	-1	-3	-14
优势度	中势	劣势	劣势	劣势	劣势	劣势	劣势	优势	中势	优势	优势	中势	劣势	中势	中势

（1）2012年信阳市社会环境发展指数排名第17位，在中原经济区处于中势地位，与2011年相比排位下降14个位次。其中，教育指数排名第2位，与2011年相比排位下降1个位次；城市生活环境指数排名第12位，与2011年相比排位下降了3个位次；健康指数排名第29位，与2011年相比排位下降2个位次；收入指数排名第22位，与2011年相比排位没有发生变化。

（2）从方案层指标的优势度看，万人中小学专任教师数、人均城市公园绿地面积等指标是信阳市社会环境发展指数中的优势指标，城镇居民人均可支配

第20章 信阳市发展指数分析

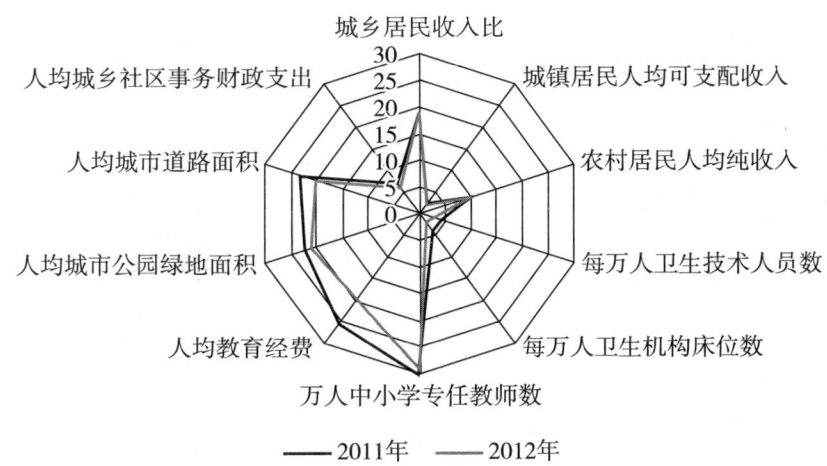

图20-3 信阳市2011～2012年社会环境发展指数及下层指标排位比较雷达图

收入、农村居民人均纯收入、每万人卫生技术人员数、每万人卫生机构床位数、人均城乡社区事务财政支出等指标是信阳市社会环境发展指数中的劣势指标。

(3) 从雷达图图形变化看,2012年与2011年相比,面积有所缩小,社会环境发展指数排位呈下降趋势。

(4) 从排位变化的动因看,在每万人卫生技术人员数、每万人卫生机构床位数、人均教育经费等指标排位下降的作用下,2012年信阳市社会环境发展指数排位下降14个位次,居中原经济区第17位。

20.4 信阳市发展评价分析

2011～2012年,信阳市发展指数及其下层指标评价值和排位变化情况,如表20-4和图20-4所示。

表20-4 信阳市2011～2012年发展评价值及排名

项 目	经济发展指数	生态环境发展指数	社会环境发展指数	信阳市发展指数
2010年	21.52	61.28	25.11	29.10
2011年	25.19	70.93	30.12	34.14
2012年	27.51	72.48	27.55	34.89

165

续表

项　目	经济发展指数	生态环境发展指数	社会环境发展指数	信阳市发展指数
2011 年排名	23	5	3	17
2012 年排名	22	5	17	18
位次升降	1	0	-14	-1
优势度	劣势	优势	中势	中势

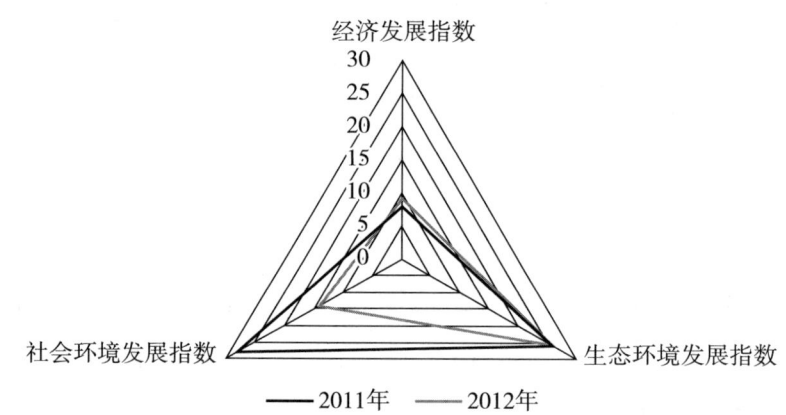

图 20 -4　信阳市 2011~2012 年发展指数及下层指标排位比较雷达图

（1）2012 年信阳市发展指数排名第 18 位，在中原经济区处于中势地位，与 2011 年相比排位下降 1 个位次。

（2）从准则层指标的优势度看，生态环境发展指数是信阳市发展指数中的优势指标，经济发展指数是信阳市发展指数中的劣势指标。

（3）从雷达图图形变化看，2012 年与 2011 年相比，面积有所缩小，信阳发展指数排位呈下降趋势。

（4）从排位变化的动因看，在经济发展指数上升 1 个位次和社会环境发展指数下降 14 个位次的综合作用下，2012 年信阳市发展指数排位下降 1 个位次，居中原经济区第 18 位。

第 21 章
周口市发展指数分析

21.1 周口市经济发展评价分析

2011~2012 年，周口市经济发展指数及其下层指标评价值和排位变化情况，如表 21-1 和图 21-1 所示。

表 21-1 周口市 2011~2012 年经济发展评价值及排名

项目	人均GDP	三次产业结构	非国有工业增加值占比	工业化指数	城镇化率	第一产业就业人数比重	人均全社会消费品零售总额	城镇化指数	劳均种植业经营面积	按产量平均的农产品加工动力机械	按产量平均的农用大中型拖拉机动力	农业现代化指数	经济发展指数
2010 年	18.22	0.36	85.29	28.06	1.64	23.43	12.03	8.42	21.02	1.82	5.62	16.62	14.67
2011 年	23.46	7.72	94.12	34.45	4.79	24.18	18.12	11.26	21.86	2.76	6.70	17.52	18.44
2012 年	27.91	11.91	94.12	37.96	8.24	27.24	23.65	14.83	24.09	2.49	8.50	19.44	21.90
2011 年排名	27	30	1	25	29	27	26	29	19	27	26	22	26
2012 年排名	27	28	3	25	27	28	25	28	19	28	27	22	26
位次升降	0	2	-2	0	2	-1	1	1	0	-1	-1	0	0
优势度	劣势	劣势	优势	劣势	劣势	劣势	劣势	劣势	中势	劣势	劣势	劣势	劣势

（1）2012 年周口市经济发展指数排名第 26 位，在中原经济区处于劣势地位，与 2011 年相比排位没有发生变化。其中，工业化指数排名第 25 位，与

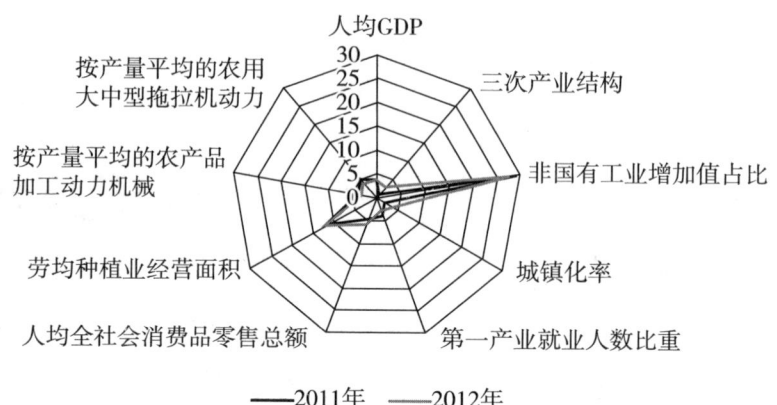

图 21-1 周口市 2011～2012 年经济发展指数及下层指标排位比较雷达图

2011 年相比排位没有发生变化；城镇化指数排名第 28 位，与 2011 年相比排位上升 1 个位次；农业现代化指数排名第 22 位，与 2011 年相比排位没有发生变化。

（2）从方案层指标的优势度看，非国有工业增加值占比指标是周口市经济发展指数中的优势指标，劳均种植业经营面积指标是周口市经济发展指数中的中势指标，其余指标均为劣势指标。

（3）从雷达图图形变化看，2012 年与 2011 年相比，面积变化不明显，经济发展指数呈平稳态势。

（4）从排位变化的动因看，在三次产业结构、城镇化率等指标排位上升和非国有工业增加值占比、第一产业就业人数比重等指标排位下降的综合作用下，2012 年周口市经济发展指数排位没有发生变化，居中原经济区第 26 位。

21.2 周口市生态环境发展评价分析

2011～2012 年，周口市生态环境发展指数及其下层指标评价值和排位变化情况，如表 21-2 和图 21-2 所示。

表21-2 周口市2011~2012年生态环境发展评价值及排名

项　目	万元GDP能耗	按辖区面积平均的工业烟尘排放量	人均公共预算节能环保支出	生态环境发展指数
2010年	74.48	95.78	3.71	65.20
2011年	94.05	96.19	5.22	77.80
2012年	94.67	96.71	5.12	78.26
2011年排名	2	3	21	2
2012年排名	1	3	25	1
位次升降	1	0	-4	1
优势度	优势	优势	劣势	优势

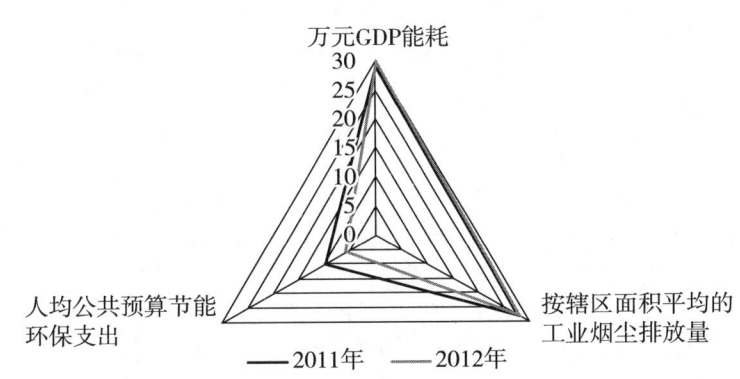

图21-2 周口市2011~2012年生态环境发展指数及下层指标排位比较雷达图

（1）2012年周口市生态环境发展指数排名第1位，在中原经济区处于优势地位，与2011年相比排位上升1个位次。

（2）从方案层指标的优势度看，万元GDP能耗、按辖区面积平均的工业烟尘排放量指标是周口市生态环境发展指数的优势指标，人均公共预算节能环保支出指标是周口市生态环境发展指数中的劣势指标。

（3）从雷达图图形变化看，2012年与2011年相比，面积有所缩小，生态环境发展指数排位呈上升态势。

（4）从排位变化的动因看，在万元GDP能耗指标排位上升和人均公共预算节能环保支出指标排位下降的综合作用下，2012年周口市生态环境发展指数排位上升1个位次，居中原经济区第1位。

21.3 周口市社会环境发展评价分析

2011~2012年,周口市社会环境发展指数及其下层指标评价值和排位变化情况,如表21-3和图21-3所示。

表21-3 周口市2011~2012年生态环境发展评价值及排名

项目	城乡居民收入比	城镇居民人均可支配收入	农村居民人均纯收入	收入指数	每万人卫生技术人员数	每万人卫生机构床位数	健康指数	万人中小学专任教师数	人均教育经费	教育指数	人均城市公园绿地面积	人均城市道路面积	人均城乡社区事务财政支出	城市生活环境指数	社会环境发展指数
2010年	8.03	3.25	6.91	6.06	17.66	18.76	18.21	55.68	10.32	33.00	17.20	96.14	2.63	38.66	18.61
2011年	9.78	9.25	12.13	10.39	20.22	24.96	22.59	65.17	18.63	41.90	17.79	100.00	3.28	40.36	23.96
2012年	9.24	17.61	17.11	14.65	24.20	32.66	28.43	48.50	22.46	35.48	14.21	100.00	2.99	39.07	24.99
2011年排名	16	30	29	29	26	26	26	4	15	3	16	2	19	5	22
2012年排名	15	30	29	29	25	27	26	9	13	10	20	3	24	7	21
位次升降	1	0	0	0	1	-1	0	-5	2	-7	-4	-1	-5	-2	1
优势度	中势	劣势	劣势	劣势	劣势	劣势	劣势	优势	中势	优势	中势	优势	劣势	优势	劣势

(1) 2012年周口市社会环境发展指数排名第21位,在中原经济区处于劣势地位,与2011年相比排位上升1个位次。其中,教育指数排名第10位,与2011年相比排位下降7个位次;城市生活环境指数排名第7位,与2011年相比排位下降2个位次;健康指数排名第26位,与2011年相比排位没有变化;收入指数排名第29位,与2011年相比排位没有变化。

(2) 从方案层指标的优势度看,万人中小学专任教师数、人均城市道路面积等指标是周口市社会环境发展指数中的优势指标,城乡居民收入比、人均教育经费、人均城市公园绿地面积等指标是周口市社会环境发展指数中的中势指标,城镇居民人均可支配收入、农村居民人均纯收入、每万人卫生技术人员数、

第21章 周口市发展指数分析

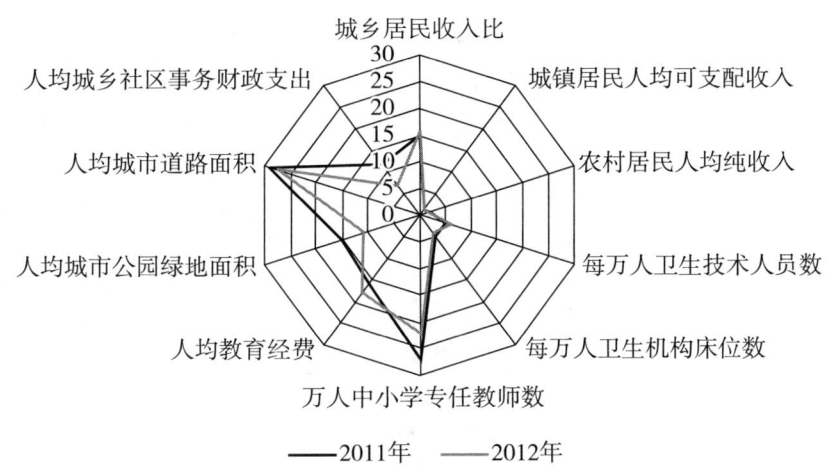

图21-3 周口市2011~2012年社会环境发展指数及下层指标排位比较雷达图

每万人卫生机构床位数、人均城乡社区事务财政支出等指标是周口市社会环境发展指数中的劣势指标。

（3）从雷达图图形变化看，2012年与2011年相比，面积有所缩小，社会环境发展指数排位呈上升趋势。

（4）从排位变化的动因看，在城乡居民收入比、每万人卫生技术人员数等指标排位上升和万人中小学专任教师数、人均城市公园绿地面积等指标排位下降的综合作用下，2012年周口市社会环境发展指数上升1个位次，居中原经济区第21位。

21.4 周口市发展评价分析

2011~2012年，周口市发展指数及其下层指标评价值和排位变化情况，如表21-4和图21-4所示。

表21-4 周口市2011~2012年发展评价值及排名

项　　目	经济发展指数	生态环境发展指数	社会环境发展指数	周口市发展指数
2010年	14.67	65.20	18.61	24.12

续表

项　目	经济发展指数	生态环境发展指数	社会环境发展指数	周口市发展指数
2011 年	18.44	77.80	23.96	29.80
2012 年	21.90	78.26	24.99	32.05
2011 年排名	26	2	22	24
2012 年排名	26	1	21	24
位次升降	0	1	1	0
优势度	劣势	优势	劣势	劣势

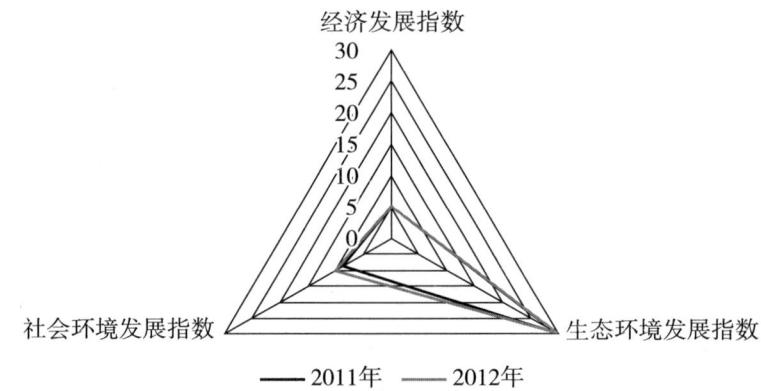

图 21-4　周口市 2011~2012 年发展指数及下层指标排位比较雷达图

（1）2012 年周口市发展指数排名第 24 位，在中原经济区处于劣势地位，与 2011 年相比排位没有发生变化。

（2）从准则层指标的优势度看，生态环境发展指数是周口市发展指数中的优势指标，经济发展指数和社会环境发展指数是周口市发展指数中的劣势指标。

（3）从雷达图图形变化看，2012 年与 2011 年相比，面积变化不大，周口市发展指数排位没有发生变化。

（4）从排位变化的动因看，在生态环境发展指数、社会环境发展指数排位上升和经济发展指数排位不变的综合作用下，2012 年周口市发展指数排位没有发生变化，居中原经济区第 24 位。

第 22 章 驻马店市发展指数分析

22.1 驻马店市经济发展评价分析

2011~2012 年，驻马店市经济发展指数及其下层指标评价值和排位变化情况，如表 22-1 和图 22-1 所示。

表 22-1 驻马店市 2011~2012 年经济发展评价值及排名

项目	人均GDP	三次产业结构	非国有工业增加值占比	工业化指数	城镇化率	第一产业就业人数比重	人均全社会消费品零售总额	城镇化指数	劳均种植业经营面积	按产量平均的农产品加工动力机械	按产量平均的农用大中型拖拉机动力	农业现代化指数	经济发展指数
2010 年	21.27	8.14	75.00	29.39	1.67	19.44	11.48	7.34	28.68	2.06	20.88	24.86	14.83
2011 年	26.99	9.10	75.00	33.02	4.86	22.85	16.90	10.82	32.56	3.01	21.96	27.99	18.34
2012 年	31.42	11.49	76.47	36.44	8.24	25.71	22.79	14.34	33.66	3.09	23.56	29.08	21.69
2011 年排名	26	29	5	26	27	30	27	30	11	26	8	9	27
2012 年排名	25	29	6	26	27	29	27	30	10	26	11	10	27
位次升降	1	0	-1	0	0	1	0	0	1	0	-3	-1	0
优势度	劣势	劣势	优势	劣势	劣势	劣势	劣势	劣势	优势	劣势	中势	优势	劣势

（1）2012 年驻马店市经济发展指数排名第 27 位，在中原经济区处于劣势地位，与 2011 年相比排位没有变化。其中，工业化指数排名第 26 位，与

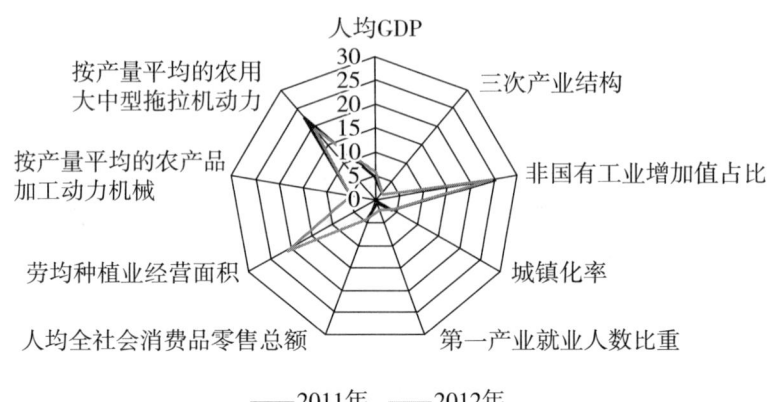

图 22-1 商丘市 2011~2012 年经济发展指数及下层指标排位比较雷达图

2011 年相比排位没有发生变化；城镇化指数排名第 30 位，与 2011 年相比排位没有发生变化；农业现代化指数排名第 10 位，与 2011 年相比排位下降 1 个位次。

（2）从方案层指标的优势度看，非国有工业增加值占比、劳均种植业经营面积指标是驻马店市经济发展指数中的优势指标，按产量平均的农用大中型拖拉机动力指标是驻马店市经济发展指数中的中势指标。

（3）从雷达图图形变化看，2012 年与 2011 年相比，面积基本保持不变，经济发展指数排位呈平稳态势。

（4）从排位变化的动因看，在人均 GDP、劳均种植业经营面积、第一产业就业人数比重等指标排位上升和非国有工业增加值占比、按产量平均的农用大中型拖拉机动力等指标排位下降的综合作用下，2012 年驻马店市经济发展指数排位没有变化，居中原经济区第 27 位。

22.2 驻马店市生态环境发展评价分析

2011~2012 年，驻马店市生态环境发展指数及其下层指标评价值和排位变化情况，如表 22-2 和图 22-2 所示。

表22-2 驻马店市2011~2012年生态环境发展评价值及排名

项　目	万元GDP能耗	按辖区面积平均的工业烟尘排放量	人均公共预算节能环保支出	生态环境发展指数
2010年	74.15	84.23	4.79	63.04
2011年	83.03	85.96	5.20	68.99
2012年	85.76	87.06	4.91	70.84
2011年排名	9	13	22	8
2012年排名	9	13	26	6
位次升降	0	0	-4	2
优势度	优势	中势	劣势	优势

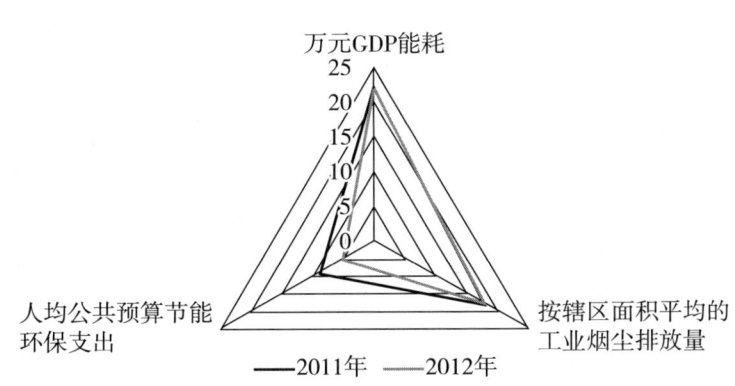

图22-2 驻马店市2011~2012年生态环境发展指数及下层指标排位比较雷达图

（1）2012年驻马店市生态环境发展指数排名第6位，在中原经济区处于优势地位，与2011年相比排位上升2个位次。

（2）从方案层指标的优势度看，万元GDP能耗指标是驻马店市生态环境发展指数的优势指标，按辖区面积平均的工业烟尘排放量指标是驻马店市生态环境发展指数的中势指标，人均公共预算节能环保支出指标是驻马店市生态环境发展指数的劣势指标。

（3）从雷达图图形变化看，2012年与2011年相比，面积有所减小，生态环境发展指数排位呈下降态势。

（4）从排位变化的动因看，在人均公共预算节能环保支出指标排位下降和其他指标保持不变的综合作用下，2012年驻马店市生态环境发展指数排位上升

2个位次，居中原经济区第 6 位。

22.3　驻马店市社会环境发展评价分析

2011～2012 年，驻马店市社会环境发展指数及其下层指标评价值和排位变化情况，如表 22-3 和图 22-3 所示。

表 22-3　驻马店市 2011～2012 年社会环境发展评价值及排名

项目	城乡居民收入比	城镇居民人均可支配收入	农村居民人均纯收入	收入指数	每万人卫生技术人员数	每万人卫生机构床位数	健康指数	万人中小学专任教师数	人均教育经费	教育指数	人均城市公园绿地面积	人均城市道路面积	人均城乡社区事务财政支出	城市生活环境指数	社会环境发展指数
2010 年	7.89	8.22	9.65	8.59	19.64	28.05	23.84	48.54	10.25	29.39	14.91	92.22	0.81	35.98	19.44
2011 年	8.90	14.36	14.45	12.57	22.52	32.12	27.32	55.01	17.70	36.35	15.02	99.42	1.33	38.59	24.03
2012 年	8.92	21.98	19.40	16.76	25.74	39.91	32.82	44.15	20.50	32.33	13.05	104.33	2.53	39.97	25.89
2011 年排名	17	27	24	25	23	23	24	8	18	10	21	3	25	6	21
2012 年排名	18	27	25	26	22	21	22	11	17	13	23	2	26	6	20
位次升降	-1	0	-1	-1	1	2	2	-3	1	-3	-2	1	-1	0	1
优势度	中势	劣势	劣势	劣势	劣势	劣势	劣势	中势	中势	中势	劣势	优势	劣势	优势	中势

（1）2012 年驻马店市社会环境发展指数排名第 20 位，在中原经济区处于中势地位，与 2011 年相比排位上升 1 个位次。其中，教育指数排名第 13 位，与 2011 年相比排位下降 3 个位次；收入指数排名第 26 位，与 2011 年相比排位下降 1 个位次；城市生活环境指数排名第 6 位，与 2011 年相比排位没有变化；健康指数排名第 22 位，与 2011 年相比排位上升 2 个位次。

（2）从方案层指标的优势度看，人均城市道路面积指标是驻马店市社会环境发展指数中的优势指标，城乡居民收入比、万人中小学专任教师数、人均教育经费等指标是驻马店市社会环境发展指数中的中势指标，农村居民人均纯收

第 22 章 驻马店市发展指数分析

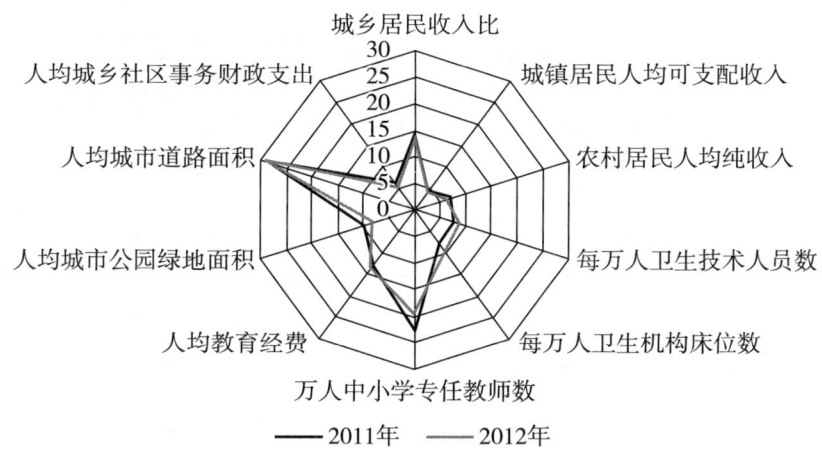

图 22-3 驻马店市 2011~2012 年社会环境发展指数及下层指标排位比较雷达图

入、每万人卫生技术人员数等指标是驻马店市社会环境发展指数中的劣势指标。

（3）从雷达图图形变化看，2012 年与 2011 年相比，面积基本不变，社会环境发展指数排位呈上升趋势。

（4）从排位变化的动因看，在每万人卫生技术人员数、每万人卫生机构床位数、人均教育经费、人均城市道路面积等指标排位上升和城乡居民收入比、万人中小学专任教师数、人均城市公园绿地面积等指标排位下降的综合作用下，2012 年驻马店市社会环境发展指数上升 1 个位次，居中原经济区第 20 位。

22.4 驻马店市发展评价分析

2011~2012 年，驻马店市发展指数及其下层指标评价值和排位变化情况，如表 22-4 和图 22-4 所示。

表 22-4 驻马店市 2011~2012 年发展评价值及排名

项　目	经济发展指数	生态环境发展指数	社会环境发展指数	驻马店市发展指数
2010 年	14.83	63.04	19.44	24.10
2011 年	18.34	68.99	24.03	28.33
2012 年	21.69	70.84	25.89	30.99

续表

项目	经济发展指数	生态环境发展指数	社会环境发展指数	驻马店市发展指数
2011 年排名	27	8	21	26
2012 年排名	27	6	20	25
位次升降	0	2	1	1
优势度	劣势	优势	中势	劣势

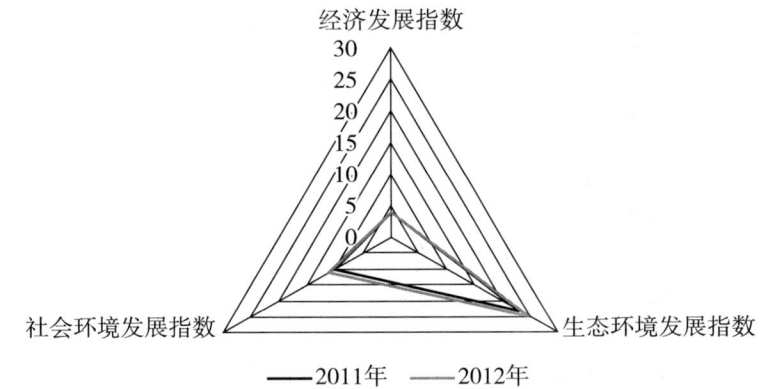

图 22-4 驻马店市 2011~2012 年发展指数及下层指标排位比较雷达图

（1）2012 年驻马店市发展指数排名第 25 位，在中原经济区处于劣势地位，与 2011 年相比排位上升 1 个位次。

（2）从准则层指标的优势度看，生态环境发展指数是驻马店市发展指数中的优势指标，经济发展指数是驻马店市发展指数中的劣势指标。

（3）从雷达图图形变化看，2012 年与 2011 年相比，面积变化不明显，驻马店发展指数排位上升 1 个位次。

（4）从排位变化的动因看，在生态环境发展指数、社会环境发展指数排位上升和经济发展指数排位不变的综合作用下，2012 年驻马店市发展指数排位上升 1 个位次，居中原经济区第 25 位。

第23章

济源市发展指数分析

23.1 济源市经济发展评价分析

2011~2012年,济源市经济发展指数及其下层指标评价值和排位变化情况,如表23-1和图23-1所示。

表23-1 济源市2011~2012年经济发展评价值及排名

项目	人均GDP	三次产业结构	非国有工业增加值占比	工业化指数	城镇化率	第一产业就业人数比重	人均全社会消费品零售总额	城镇化指数	劳均种植业经营面积	按产量平均的农产品加工动力机械	按产量平均的农用大中型拖拉机动力	农业现代化指数	经济发展指数
2010年	66.08	89.69	67.65	71.11	36.71	53.33	35.46	40.91	11.12	12.14	48.42	17.47	48.48
2011年	67.52	88.73	64.71	71.20	40.27	47.79	39.51	42.15	1.22	13.08	49.50	10.43	48.91
2012年	72.12	90.08	64.71	74.23	43.83	54.86	43.88	46.71	6.75	14.50	52.10	15.08	53.02
2011年排名	2	4	13	2	4	6	3	4	30	7	3	27	2
2012年排名	1	4	14	2	4	2	3	3	27	7	3	25	2
位次升降	1	0	-1	0	0	4	0	1	3	0	0	2	0
优势度	优势	优势	中势	优势	优势	优势	优势	优势	劣势	优势	优势	劣势	优势

(1) 2012年济源市经济发展指数排名第2位,在中原经济区处于优势地位,与2011年相比排位保持不变。其中,工业化指数排名第2位,与2011年

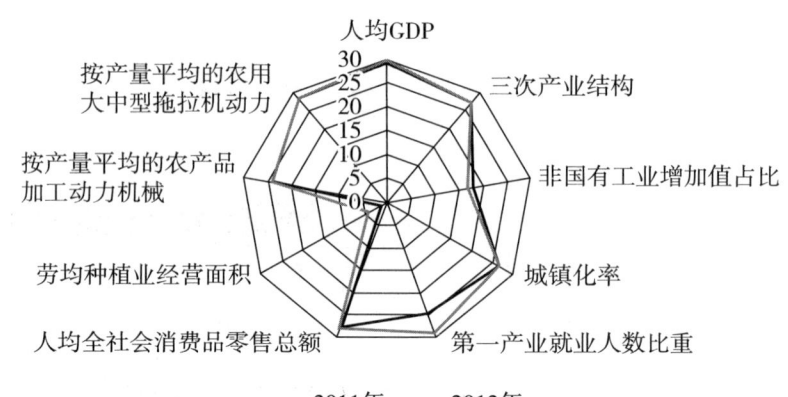

图 23-1　济源市 2011~2012 年经济发展指数及下层指标排位比较雷达图

相比排位保持不变;城镇化指数排名第3位,与2011年相比排位上升1个位次;农业现代化指数排名第25位,与2011年相比排位上升2个位次。

(2)从方案层指标的优势度看,人均GDP、三次产业结构、城镇化率、第一产业就业人数比重、人均全社会消费品零售总额、按产量平均的农产品加工动力机械和按产量平均的农用大中型拖拉机动力等指标是济源市经济发展指数中的优势指标,劳均种植业经营面积指标是济源市经济发展指数中的劣势指标。

(3)从雷达图图形变化看,2012年与2011年相比,面积有所扩大,经济发展指数排位呈平稳态势。

(4)从排位变化的动因看,在人均GDP、第一产业就业人数比重、劳均种植业经营面积等指标排位上升和非国有工业增加值占比指标排位下降的综合作用下,2012年济源市经济发展指数排位保持不变,居中原经济区第2位。

23.2　济源市生态环境发展评价分析

2011~2012年,济源市生态环境发展指数及其下层指标评价值和排位变化情况，如表 23-2 和图 23-2 所示。

表 23-2　济源市 2011~2012 年生态环境发展评价值及排名

项　目	万元 GDP 能耗	按辖区面积平均的工业烟尘排放量	人均公共预算节能环保支出	生态环境发展指数
2010 年	35.55	99.87	46.91	49.74
2011 年	43.31	100.00	35.64	52.50
2012 年	45.89	100.04	47.26	56.30
2011 年排名	28	1	2	24
2012 年排名	28	1	1	24
位次升降	0	0	1	0
优势度	劣势	优势	优势	劣势

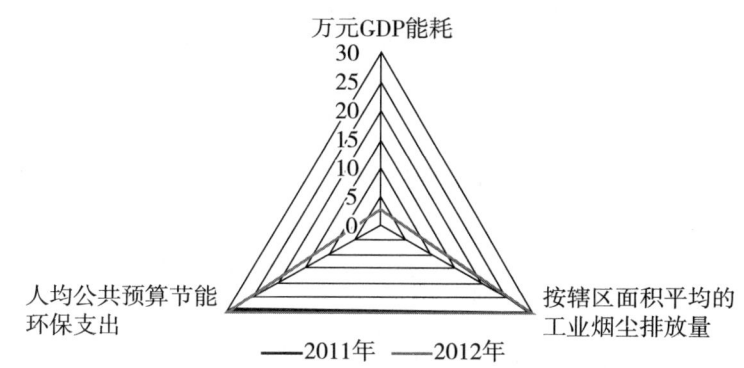

图 23-2　济源市 2011~2012 年生态环境发展指数及下层指标排位比较雷达图

（1）2012 年济源市生态环境发展指数排名第 24 位，在中原经济区处于劣势地位，与 2011 年相比排位呈平稳趋势。

（2）从方案层指标的优势度看，按辖区面积平均的工业烟尘排放量和人均公共预算节能环保支出指标是济源市生态环境发展指数中的优势指标，万元 GDP 能耗指标是济源市生态环境发展指数中的劣势指标。

（3）从雷达图图形变化看，2012 年与 2011 年相比，面积基本不变，生态环境发展指数排位呈平稳态势。

（4）从排位变化的动因看，人均公共预算节能环保支出指标排位上升 1 个位次和其他指数排位保持不变的综合作用下，2012 年济源市生态环境发展指数排位呈平稳态势。

23.3 济源市社会环境发展评价分析

2011～2012 年，济源市社会环境发展指数及其下层指标评价值和排位变化情况，如表 23-3 和图 23-3 所示。

表 23-3 济源市 2011～2012 年社会环境发展评价值及排名

项目	城乡居民收入比	城镇居民人均可支配收入	农村居民人均纯收入	收入指数	每万人卫生技术人员数	每万人卫生机构床位数	健康指数	万人中小学专任教师数	人均教育经费	教育指数	人均城市公园绿地面积	人均城市道路面积	人均城乡社区事务财政支出	城市生活环境指数	社会环境发展指数
2010 年	24.67	20.03	26.87	23.86	25.09	37.68	31.39	32.33	22.72	27.52	16.37	88.30	18.97	41.21	27.75
2011 年	27.45	25.57	31.84	28.29	30.16	47.24	38.70	33.15	27.08	30.11	17.27	89.46	18.35	41.69	31.76
2012 年	27.51	33.74	36.89	32.71	31.48	46.16	38.82	29.98	33.20	31.59	15.94	88.17	21.73	41.95	34.27
2011 年排名	2	7	2	2	16	10	12	22	2	13	17	5	4	3	2
2012 年排名	3	8	2	2	18	17	18	19	1	14	15	7	4	4	2
位次升降	-1	-1	0	0	-2	-7	-6	3	1	-1	2	-2	0	-1	0
优势度	优势	优势	优势	优势	中势	中势	中势	中势	优势	中势	中势	优势	优势	优势	优势

（1）2012 年济源市社会环境发展指数排名第 2 位，在中原经济区处于优势地位，与 2011 年相比排位没有发生变化。其中，教育指数排名第 14 位，与 2011 年相比排位下降 1 个位次；城市生活环境指数排名第 4 位，与 2011 年相比排位下降 1 个位次；健康指数排名第 18 位，与 2011 年相比排位下降 6 个位次；收入指数排名第 2 位，与 2011 年相比排位没有变化。

（2）从方案层指标的优势度看，城乡居民收入比、城镇居民人均可支配收入、农村居民人均纯收入、人均教育经费、人均城市道路面积、人均城乡社区

第23章 济源市发展指数分析

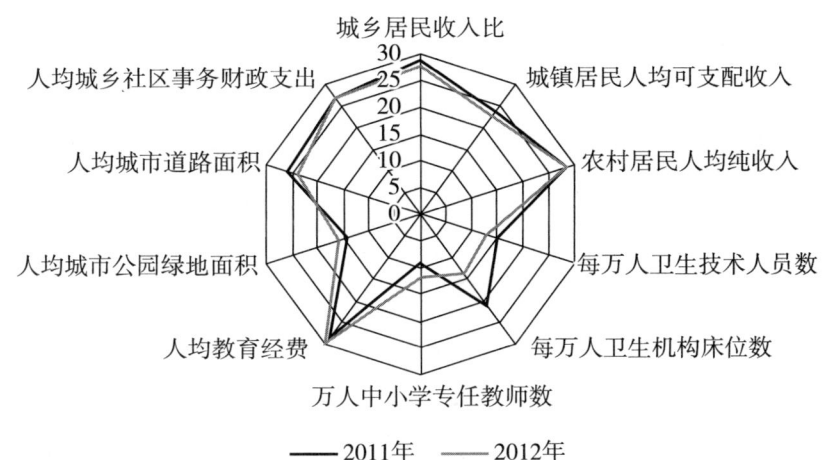

图 23-3　济源市 2011～2012 年社会环境发展指数及下层指标排位比较雷达图

事务财政支出等指标是济源市社会环境发展指数中的优势指标。

（3）从雷达图图形变化看，2012 年与 2011 年相比，面积基本保持不变，社会环境发展指数排位呈平稳态势。

（4）从排位变化的动因看，在万人中小学专任教师数等指标排位上升和每万人卫生机构床位数等指标排位下降的综合作用下，2012 年济源市社会环境发展指数排位呈平稳态势，居中原经济区第 2 位。

23.4　济源市发展评价分析

2011～2012 年，济源市发展指数及其下层指标评价值和排位变化情况，如表 23-4 和图 23-4 所示。

表 23-4　济源市 2011～2012 年发展评价值及排名

项　　目	经济发展指数	生态环境发展指数	社会环境发展指数	济源市发展指数
2010 年	48.48	49.74	27.75	42.52
2011 年	48.91	52.50	31.76	44.40
2012 年	53.02	56.30	34.27	47.99
2011 年排名	2	24	2	2

续表

项　目	经济发展指数	生态环境发展指数	社会环境发展指数	济源市发展指数
2012年排名	2	24	2	2
位次升降	0	0	0	0
优势度	优势	劣势	优势	优势

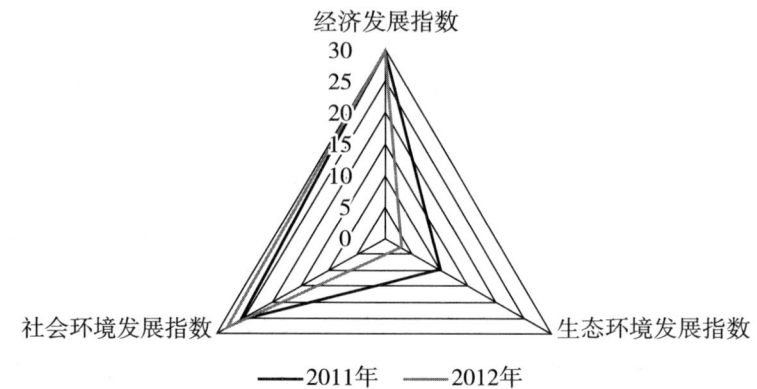

图 23-4　济源市 2011~2012 年发展指数及下层指标排位比较雷达图

（1）2012年济源市发展指数排名第2位，在中原经济区处于优势地位，与2011年相比排位没有变化。

（2）从准则层指标的优势度看，经济发展指数、社会环境发展指数是济源市发展指数中的优势指标，生态环境发展指数是济源市发展指数中的劣势指标。

（3）从雷达图图形变化看，2012年与2011年相比，面积有所减小，济源发展指数排位没有变化。

（4）从排位变化的动因看，经济发展指数、生态环境发展指数、社会环境发展指数的排位都没有发生变化，2012年济源市发展指数排位也没有发生变化，居中原经济区第2位。

第 24 章 运城市发展指数分析

24.1 运城市经济发展评价分析

2011~2012 年,运城市经济发展指数及其下层指标评价值和排位变化情况,如表 24-1 和图 24-1 所示。

表 24-1 运城市 2011~2012 年经济发展评价值及排名

项目	人均GDP	三次产业结构	非国有工业增加值占比	工业化指数	城镇化率	第一产业就业人数比重	人均全社会消费品零售总额	城镇化指数	劳均种植业经营面积	按产量平均的农产品加工动力机械	按产量平均的农用大中型拖拉机动力	农业现代化指数	经济发展指数
2010 年	26.05	47.90	58.82	36.97	15.57	35.97	22.79	21.65	22.61	3.48	43.95	24.38	26.32
2011 年	31.43	48.61	66.18	41.81	19.04	35.07	26.47	24.01	20.83	4.43	45.03	23.33	29.21
2012 年	33.23	47.33	57.35	40.87	22.42	35.17	31.29	26.68	21.35	3.61	40.87	22.95	30.65
2011 年排名	23	20	12	19	18	19	18	18	21	21	4	14	19
2012 年排名	24	20	19	23	18	14	19	19	21	23	4	16	20
位次升降	-1	0	-7	-4	0	5	-1	-1	0	-2	0	-2	-1
优势度	劣势	中势	中势	劣势	中势	中势	中势	中势	劣势	劣势	优势	中势	中势

(1) 2012 年运城市经济发展指数排名第 20 位,在中原经济区处于中势地位,与 2011 年相比排位下降 1 个位次。其中,工业化指数排名第 23 位,与

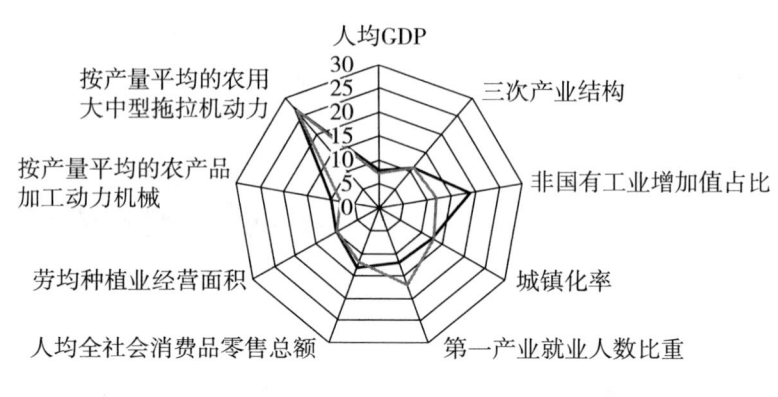

图 24-1 运城市 2011~2012 年经济发展指数及下层指标排位比较雷达图

2011 年相比排位下降 4 个位次;城镇化指数排名第 19 位,与 2011 年相比排位下降 1 个位次;农业现代化指数排名第 16 位,与 2011 年相比排位下降 2 个位次。

(2)从方案层指标的优势度看,按产量平均的农用大中型拖拉机动力指标是运城市经济发展指数中的优势指标,人均 GDP、劳均种植业经营面积、按产量平均的农产品加工动力机械等指标是运城市经济发展指数中的劣势指标。

(3)从雷达图图形变化看,2012 年与 2011 年相比,面积略微变小,经济发展指数排位呈下降态势。

(4)从排位变化的动因看,在第一产业就业人数比重排位上升和非国有工业增加值占比、人均全社会消费品零售总额、按产量平均的农产品加工动力机械等指标排位下降的综合作用下,2012 年运城市经济发展指数排位下降 1 个位次,居中原经济区第 20 位。

24.2 运城市生态环境发展评价分析

2011~2012 年,运城市生态环境发展指数及其下层指标评价值和排位变化情况，如表24-2和图24-2所示。

表24-2 运城市2011~2012年生态环境发展评价值及排名

项 目	万元 GDP 能耗	按辖区面积平均的工业烟尘排放量	人均公共预算节能环保支出	生态环境发展指数
2010年	9.20	47.46	20.66	18.52
2011年	18.39	54.90	21.99	25.91
2012年	22.99	59.00	23.76	29.88
2011年排名	30	24	5	30
2012年排名	30	24	6	30
位次升降	0	0	-1	0
优势度	劣势	劣势	优势	劣势

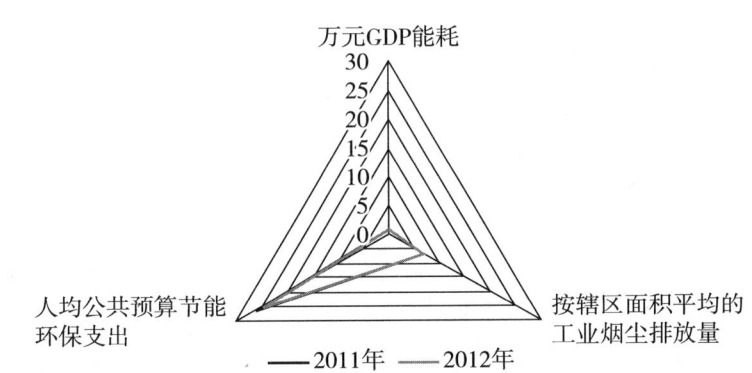

图24-2 运城市2011~2012年生态环境发展指数及下层指标排位比较雷达图

（1）2012年运城市生态环境发展指数排名第30位，在中原经济区处于劣势地位，与2011年相比排位保持不变。

（2）从方案层指标的优势度看，人均公共预算节能环保支出指标是运城市生态环境发展指数中的优势指标，万元GDP能耗、按辖区面积平均的工业烟尘排放量指标是运城市生态环境发展指数中的劣势指标。

（3）从雷达图图形变化看，2012年与2011年相比，面积基本保持不变，生态环境发展指数排位呈平稳态势。

（4）从排位变化的动因看，在人均公共预算节能环保支出指标排位下降1

个位次和其他指标排位不变的综合作用下,2012 年运城市生态环境发展指数排位保持不变,居中原经济区第 30 位。

24.3 运城市社会环境发展评价分析

2011~2012 年,运城市社会环境发展指数及其下层指标评价值和排位变化情况,如表 24-3 和图 24-3 所示。

表 24-3 运城市 2011~2012 年社会环境发展评价值及排名

项目	城乡居民收入比	城镇居民人均可支配收入	农村居民人均纯收入	收入指数	每万人卫生技术人员数	每万人卫生机构床位数	健康指数	万人中小学专任教师数	人均教育经费	教育指数	人均城市公园绿地面积	人均城市道路面积	人均城乡社区事务财政支出	城市生活环境指数	社会环境发展指数
2010 年	1.98	13.80	8.30	8.03	39.34	65.80	52.57	72.78	7.07	39.93	31.14	51.67	2.68	28.50	26.01
2011 年	2.66	20.35	13.29	12.10	38.91	62.74	50.83	69.65	13.14	41.40	33.11	55.33	3.40	30.61	28.23
2012 年	1.82	28.80	18.17	16.26	37.96	64.85	51.40	62.70	17.31	40.00	26.33	77.05	4.52	35.97	30.39
2011 年排名	28	17	28	27	5	3	3	3	26	5	8	14	17	14	10
2012 年排名	28	16	28	27	9	3	5	3	23	4	8	9	20	9	10
位次升降	0	1	0	0	-4	0	-2	0	3	1	0	5	-3	5	0
优势度	劣势	中势	劣势	劣势	优势	优势	优势	优势	劣势	优势	优势	优势	中势	优势	优势

(1) 2012 年运城市社会环境发展指数排名第 10 位,在中原经济区处于优势地位,与 2011 年相比排位没有变化。其中,教育指数排名第 4 位,与 2011 年相比排位上升 1 个位次;城市生活环境指数排名第 9 位,与 2011 年相比排位上升 5 个位次;健康指数排名第 5 位,与 2011 年相比排位下降 2 个位次;收入指数排名第 27 位,与 2011 年相比排位没有变化。

(2) 从方案层指标的优势度看,每万人卫生技术人员数、每万人卫生机构床位数、万人中小学专任教师数、人均城市公园绿地面积、人均城市道路面积

第 24 章 运城市发展指数分析

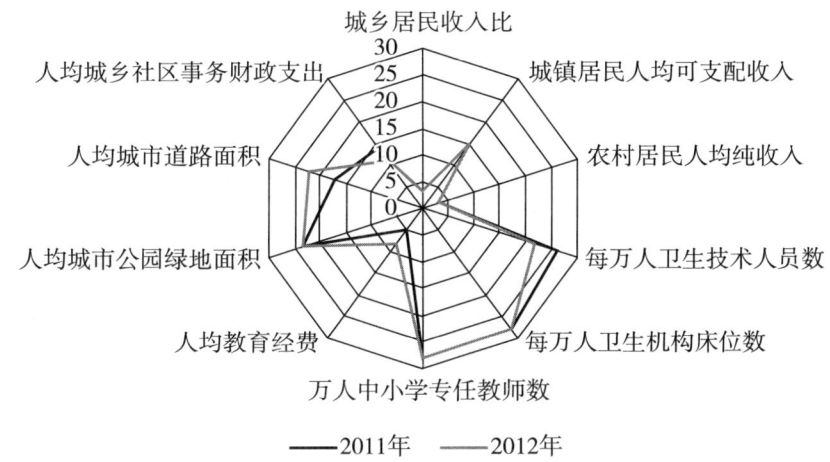

图 24-3 运城市 2011~2012 年社会环境发展指数及下层指标排位比较雷达图

等指标是运城市社会环境发展指数中的优势指标，城乡居民收入比、农村居民人均纯收入和人均教育经费等指标是运城市社会环境发展指数中的劣势指标。

（3）从雷达图图形变化看，2012 年与 2011 年相比，面积基本没有变化，社会环境发展指数排位保持平稳态势。

（4）从排位变化的动因看，在人均城市道路面积、人均教育经费等指标排位上升和每万人卫生技术人员数、人均城乡社区事务财政支出等指标排位下降的综合作用下，2012 年运城市社会环境发展指数排位没有变化，居中原经济区第 10 位。

24.4 运城市发展评价分析

2011~2012 年，运城市发展指数及其下层指标评价值和排位变化情况，如表 24-4 和图 24-4 所示。

表 24-4 运城市 2011~2012 年发展评价值及排名

项 目	经济发展指数	生态环境发展指数	社会环境发展指数	运城市发展指数
2010 年	26.32	18.52	26.01	24.95
2011 年	29.21	25.91	28.23	28.38

续表

项　目	经济发展指数	生态环境发展指数	社会环境发展指数	运城市发展指数
2012 年	30.65	29.88	30.39	30.45
2011 年排名	19	30	10	25
2012 年排名	20	30	10	26
位次升降	-1	0	0	-1
优势度	中势	劣势	优势	劣势

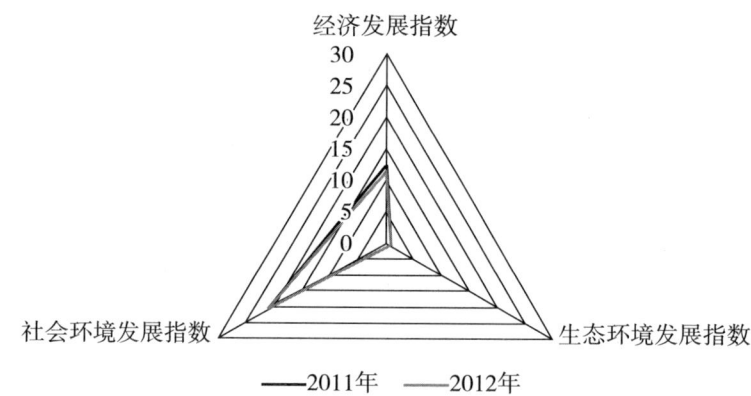

图 24-4　运城市 2011~2012 年发展指数及下层指标排位比较雷达图

（1）2012 年运城市发展指数排名第 26 位，在中原经济区处于劣势地位，与 2011 年相比排位下降 1 个位次。

（2）从准则层指标的优势度看，社会环境发展指数是运城市发展指数中的优势指标，生态环境发展指数是运城市发展指数中的劣势指标。

（3）从雷达图图形变化看，2012 年与 2011 年相比，面积基本不变，运城发展指数排位呈平稳态势。

（4）从排位变化的动因看，在经济发展指数下降 1 个位次和其他指数排位保持不变的综合作用下，2012 年运城市发展指数排位下降 1 个位次，居中原经济区第 26 位。

第 25 章
晋城市发展指数分析

25.1 晋城市经济发展评价分析

2011~2012年,晋城市经济发展指数及其下层指标评价值和排位变化情况,如表25-1和图25-1所示。

表25-1 晋城市2011~2012年经济发展评价值及排名

项目	人均GDP	三次产业结构	非国有工业增加值占比	工业化指数	城镇化率	第一产业就业人数比重	人均全社会消费品零售总额	城镇化指数	劳均种植业经营面积	按产量平均的农产品加工动力机械	按产量平均的农用大中型拖拉机动力	农业现代化指数	经济发展指数
2010年	50.40	91.29	8.82	50.26	39.56	48.25	29.50	40.76	15.06	14.87	58.40	22.31	42.51
2011年	55.56	90.93	4.41	52.40	42.61	48.61	33.31	43.18	14.96	15.81	59.48	22.50	44.73
2012年	60.02	91.22	1.47	54.55	45.68	50.47	38.36	46.15	13.30	15.56	61.28	21.56	47.23
2011年排名	6	3	29	12	3	5	7	3	23	5	2	15	4
2012年排名	5	3	30	12	3	7	7	4	25	6	2	19	5
位次升降	1	0	-1	0	0	-2	0	-1	-2	-1	0	-4	-1
优势度	优势	优势	劣势	中势	优势	优势	优势	优势	劣势	优势	优势	中势	优势

(1) 2012年晋城市经济发展指数排名第5位,在中原经济区处于优势地位,与2011年相比排位下降1个位次。其中,工业化指数排名第12位,

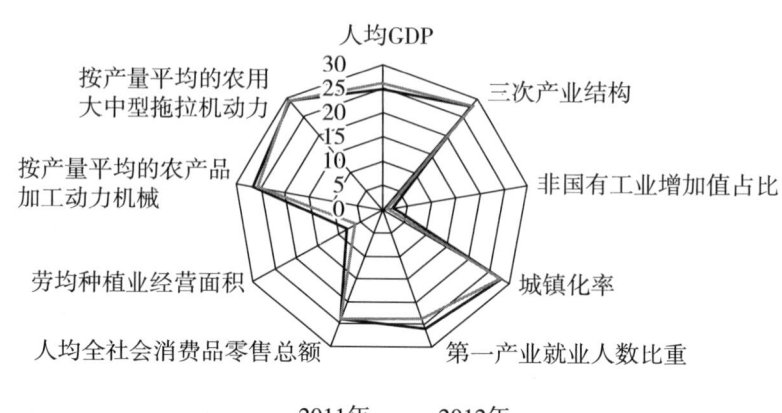

图 25-1 晋城市 2011~2012 年经济发展指数及下层指标排位比较雷达图

与 2011 年相比排位保持不变；城镇化指数排名第 4 位，与 2011 年相比排位下降 1 个位次；农业现代化指数排名第 19 位，与 2011 年相比排位下降 4 个位次。

（2）从方案层指标的优势度看，人均 GDP、三次产业结构、城镇化率、第一产业就业人数比重、人均全社会消费品零售总额等指标是晋城市经济发展指数中的优势指标，非国有工业增加值占比、劳均种植业经营面积等指标是晋城市经济发展指数中的劣势指标。

（3）从雷达图图形变化看，2012 年与 2011 年相比，面积没有变化，经济发展指数排位下降 1 个位次。

（4）从排位变化的动因看，在人均 GDP 指标排位上升和第一产业就业人数比重、劳均种植业经营面积等指标排位下降的综合作用下，2012 年晋城市经济发展指数排位下降 1 个位次，居中原经济区第 5 位。

25.2 晋城市生态环境发展评价分析

2011~2012 年，晋城市生态环境发展指数及其下层指标评价值和排位变化情况，如表 25-2 和图 25-2 所示。

表 25 – 2　晋城市 2011～2012 年生态环境发展评价值及排名

项　目	万元 GDP 能耗	按辖区面积平均的工业烟尘排放量	人均公共预算节能环保支出	生态环境发展指数
2010 年	40.61	48.33	12.82	36.85
2011 年	57.85	51.96	14.74	48.67
2012 年	59.77	55.24	15.20	50.56
2011 年排名	25	25	11	27
2012 年排名	25	25	12	27
位次升降	0	0	-1	0
优势度	劣势	劣势	中势	劣势

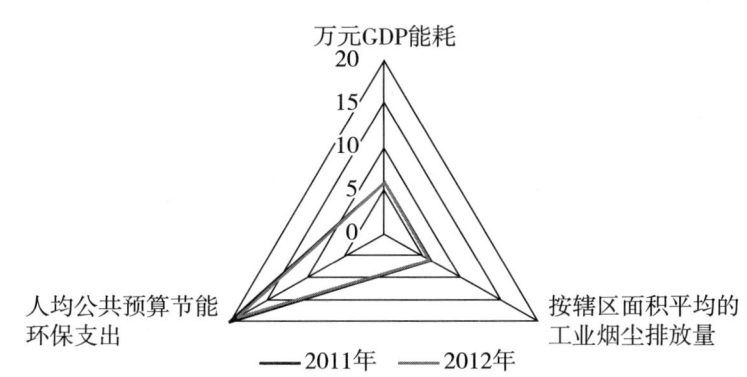

图 25 – 2　晋城市 2011～2012 年生态环境发展指数及下层指标排位比较雷达图

（1）2012 年晋城市生态环境发展指数排名第 27 位，在中原经济区处于劣势地位，与 2011 年相比排位保持不变。

（2）从方案层指标的优势度看，万元 GDP 能耗、按辖区面积平均的工业烟尘排放量指标是晋城市生态环境发展指数中的劣势指标，人均公共预算节能环保支出指标是晋城市生态环境发展指数中的中势指标。

（3）从雷达图图形变化看，2012 年与 2011 年相比，面积基本没变，生态环境发展指数排位呈平稳态势。

（4）从排位变化的动因看，在人均公共预算节能环保支出指标排位下降 1 个位次和其他指标排位保持不变的综合作用下，2012 年晋城市生态环境发展指数排位保持不变，居中原经济区第 27 位。

25.3 晋城市社会环境发展评价分析

2011~2012年,晋城市社会环境发展指数及其下层指标评价值和排位变化情况,如表25-3和图25-3所示。

表25-3 晋城市2011~2012年社会环境发展评价值及排名

项 目	城乡居民收入比	城镇居民人均可支配收入	农村居民人均纯收入	收入指数	每万人卫生技术人员数	每万人卫生机构床位数	健康指数	万人中小学专任教师数	人均教育经费	教育指数	人均城市公园绿地面积	人均城市道路面积	人均城乡社区事务财政支出	城市生活环境指数	社会环境发展指数
2010年	5.78	23.33	16.73	15.28	42.05	41.20	41.62	52.20	16.08	34.14	29.62	46.59	2.72	26.31	25.81
2011年	6.38	29.86	21.53	19.25	42.50	43.15	42.82	51.92	21.26	36.59	27.99	71.85	3.34	34.40	29.31
2012年	6.41	37.61	26.60	23.54	44.19	45.42	44.81	49.26	26.50	37.88	24.92	75.82	4.75	35.16	32.06
2011年排名	24	5	13	12	2	13	10	9	8	9	11	9	18	11	7
2012年排名	22	4	13	13	3	18	13	8	7	7	11	10	19	11	7
位次升降	2	1	0	-1	-1	-5	-3	1	1	2	0	-1	-1	0	0
优势度	劣势	优势	中势	中势	优势	中势	中势	优势	优势	优势	中势	优势	中势	中势	优势

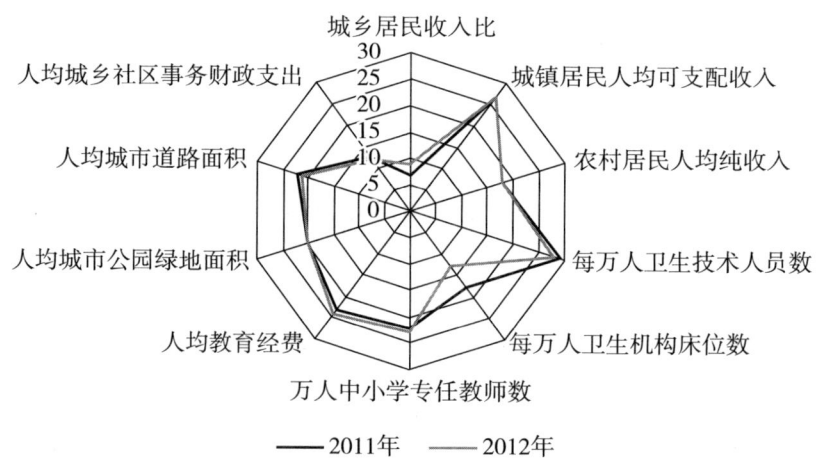

图25-3 晋城市2011~2012年社会环境发展指数及下层指标排位比较雷达图

（1）2012年晋城市社会环境发展指数排名第7位，在中原经济区处于优势地位，与2011年相比排位保持不变。其中，教育指数排名第7位，与2011年相比排位上升2个位次；城市生活环境指数排名第11位，与2011年相比排位没有变化；健康指数排名第13位，与2011年相比排位下降3个位次；收入指数排名第13位，与2011年相比排位下降1个位次。

（2）从方案层指标的优势度看，城镇居民人均可支配收入、每万人卫生技术人员数、万人中小学专任教师数、人均教育经费和人均城市道路面积等指标是晋城市社会环境发展指数中的优势指标，城乡居民收入比指标是晋城市社会环境发展指数中的劣势指标。

（3）从雷达图图形变化看，2012年与2011年相比，面积有所减小，社会环境发展指数排位保持不变。

（4）从排位变化的动因看，在城乡居民收入比和教育指数等指标排位上升和每万人卫生技术人员数等指标排位下降的综合作用下，2012年晋城市社会环境发展指数排位保持不变，居中原经济区第7位。

25.4 晋城市发展评价分析

2011~2012年，晋城市发展指数及其下层指标评价值和排位变化情况，如表25-4和图25-4所示。

表25-4 晋城市2011~2012年发展评价值及排名

项 目	经济发展指数	生态环境发展指数	社会环境发展指数	晋城市发展指数
2010年	42.51	36.85	25.81	36.62
2011年	44.73	48.67	29.31	40.79
2012年	47.23	50.56	32.06	43.27
2011年排名	4	27	7	6
2012年排名	5	27	7	6
位次升降	-1	0	0	0
优势度	优势	劣势	优势	优势

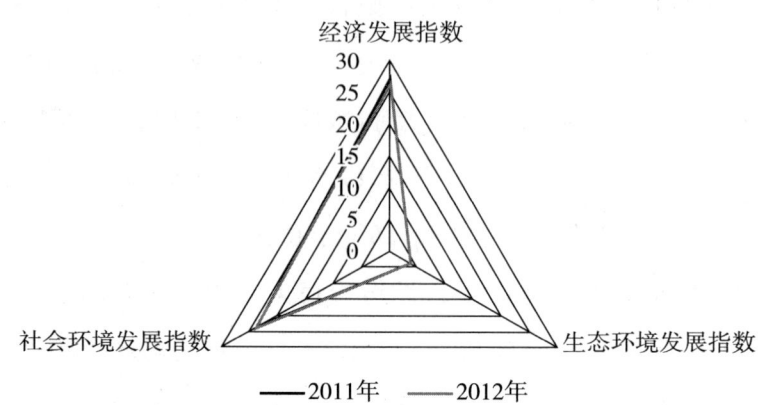

图 25-4 晋城市 2011~2012 年发展指数及下层指标排位比较雷达图

（1）2012 年晋城市发展指数排名第 6 位，在中原经济区处于优势地位，与 2011 年相比排位保持不变。

（2）从准则层指标的优势度看，经济发展指数、社会环境发展指数是晋城市发展指数中的优势指标，生态环境发展指数是晋城市发展指数中的劣势指标。

（3）从雷达图图形变化看，2012 年与 2011 年相比，面积基本不变，晋城市发展指数排位保持平稳态势。

（4）从排位变化的动因看，在经济发展指数排位下降 1 个位次和其他指数排位保持不变的综合作用下，2012 年晋城市发展指数排位保持不变，居中原经济区第 6 位。

第 26 章 长治市发展指数分析

26.1 长治市经济发展评价分析

2011~2012 年,长治市经济发展指数及其下层指标评价值和排位变化情况,如表 26-1 和图 26-1 所示。

表 26-1 长治市 2011~2012 年经济发展评价值及排名

项 目	人均GDP	三次产业结构	非国有工业增加值占比	工业化指数	城镇化率	第一产业就业人数比重	人均全社会消费品零售总额	城镇化指数	劳均种植业经营面积	按产量平均的农产品加工动力机械	按产量平均的农用大中型拖拉机动力	农业现代化指数	经济发展指数
2010 年	44.90	90.58	22.06	49.47	23.19	49.11	28.93	30.55	5.52	18.78	64.84	16.71	35.34
2011 年	51.19	92.00	27.94	54.70	26.02	49.06	32.64	32.72	5.45	19.73	65.92	16.93	38.30
2012 年	56.09	91.93	26.47	57.33	29.36	49.40	37.60	35.46	5.44	18.25	65.92	16.79	40.84
2011 年排名	8	2	24	8	11	4	9	10	27	2	1	23	9
2012 年排名	8	2	27	8	11	8	10	9	29	2	1	24	8
位次升降	0	0	-3	0	0	-4	-1	1	-2	0	0	-1	1
优势度	优势	优势	劣势	优势	中势	优势	优势	优势	劣势	优势	优势	劣势	优势

(1) 2012 年长治市经济发展指数排名第 8 位,在中原经济区处于优势地位,与 2011 年相比排位上升 1 个位次。其中,工业化指数排名第 8 位,与 2011

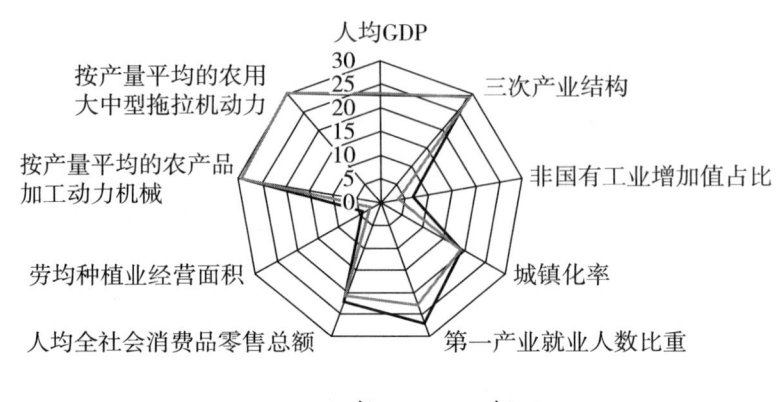

图 26-1　长治市 2011~2012 年经济发展指数及下层指标排位比较雷达图

年相比排位没有变化；城镇化指数排名第 9 位，与 2011 年相比排位上升 1 个位次；农业现代化指数排名第 24 位，与 2011 年相比排位下降 1 个位次。

（2）从方案层指标的优势度看，人均 GDP、三次产业结构、第一产业就业人数比重、人均全社会消费品零售总额、按产量平均的农产品加工动力机械和按产量平均的农用大中型拖拉机动力等指标是长治市经济发展指数中的优势指标，非国有工业增加值占比、劳均种植业经营面积等指标是长治市经济发展指数中的劣势指标。

（3）从雷达图图形变化看，2012 年与 2011 年相比，面积略微缩小，经济发展指数排位上升 1 个位次。

（4）从排位变化的动因看，在非国有工业增加值占比、第一产业就业人数比重、人均全社会消费品零售总额、劳均种植业经营面积等指标排位下降和其他指标排位保持不变的综合作用下，2012 年长治市经济发展指数排位上升 1 个位次，居中原经济区第 8 位。

26.2　长治市生态环境发展评价分析

2011~2012 年，长治市生态环境发展指数及其下层指标评价值和排位变化情况，如表 26-2 和图 26-2 所示。

表 26-2　长治市 2011~2012 年生态环境发展评价值及排名

项　目	万元 GDP 能耗	按辖区面积平均的工业烟尘排放量	人均公共预算节能环保支出	生态环境发展指数
2010 年	17.62	30.63	11.35	18.89
2011 年	42.53	35.55	11.35	35.37
2012 年	45.21	38.83	12.11	37.81
2011 年排名	29	27	14	29
2012 年排名	29	28	17	29
位次升降	0	-1	-3	0
优势度	劣势	劣势	中势	劣势

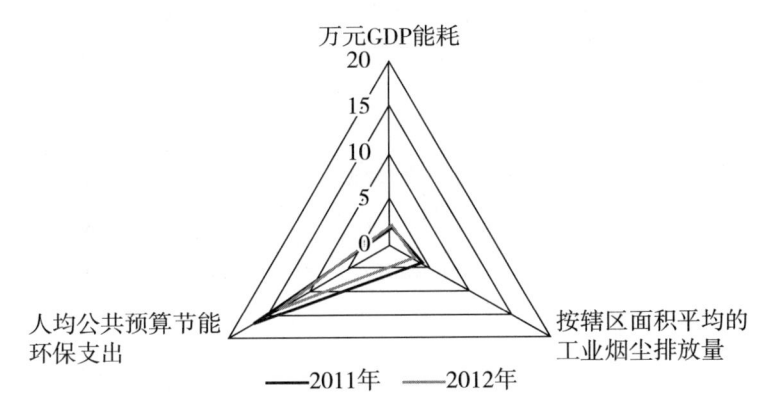

图 26-2　长治市 2011~2012 年生态环境发展指数及下层指标排位比较雷达图

（1）2012 年长治市生态环境发展指数排名第 29 位，在中原经济区处于劣势地位，与 2011 年相比排位没有变化。

（2）从方案层指标的优势度看，人均公共预算节能环保支出指标是长治市生态环境发展指数中的中势指标，万元 GDP 能耗和按辖区面积平均的工业烟尘排放量指标是长治市生态环境发展指数中的劣势指标。

（3）从雷达图图形变化看，2012 年与 2011 年相比，面积略有缩小，生态环境发展指数排位呈平稳态势。

（4）从排位变化的动因看，在按辖区面积平均的工业烟尘排放量、人均公共预算节能环保支出指标排位下降和万元 GDP 能耗指标排位保持不变的综合作用下,2012 年长治市生态环境发展指数排位保持不变,居中原经济区第 29 位。

26.3 长治市社会环境发展评价分析

2011~2012 年,长治市社会环境发展指数及其下层指标评价值和排位变化情况,如表 26-3 和图 26-3 所示。

表 26-3 长治市 2011~2012 年社会环境发展评价值及排名

项目	城乡居民收入比	城镇居民人均可支配收入	农村居民人均纯收入	收入指数	每万人卫生技术人员数	每万人卫生机构床位数	健康指数	万人中小学专任教师数	人均教育经费	教育指数	人均城市公园绿地面积	人均城市道路面积	人均城乡社区事务财政支出	城市生活环境指数	社会环境发展指数
2010 年	6.94	22.47	17.11	15.51	39.05	51.89	45.47	58.51	16.40	37.45	53.04	14.07	2.21	23.11	27.14
2011 年	6.71	29.87	21.77	19.45	40.07	51.75	45.91	57.68	19.86	38.77	45.74	16.26	2.82	21.61	29.27
2012 年	6.99	37.55	26.98	23.84	40.42	53.17	46.79	47.25	26.58	36.91	39.24	19.46	3.81	20.84	30.87
2011 年排名	22	4	12	11	4	9	6	6	12	6	3	27	21	22	8
2012 年排名	21	5	12	11	6	13	10	10	6	9	3	28	21	24	8
位次升降	1	-1	0	0	-2	-4	-4	-4	6	-3	0	-1	0	-2	0
优势度	劣势	优势	中势	中势	优势	中势	优势	优势	优势	优势	优势	劣势	劣势	劣势	优势

(1) 2012 年长治市社会环境发展指数排名第 8 位,在中原经济区处于优势地位,与 2011 年相比排位没有变化。其中,教育指数排名第 9 位,与 2011 年相比排位下降 3 个位次;城市生活环境指数排名第 24 位,与 2011 年相比排位下降 2 个位次;健康指数排名第 10 位,与 2011 年相比排位下降 4 个位次;收入指数排名第 11 位,与 2011 年相比排位没有变化。

(2) 从方案层指标的优势度看,城镇居民人均可支配收入、每万人卫生技术人员数、万人中小学专任教师数、人均教育经费、人均城市公园绿地面积等指标

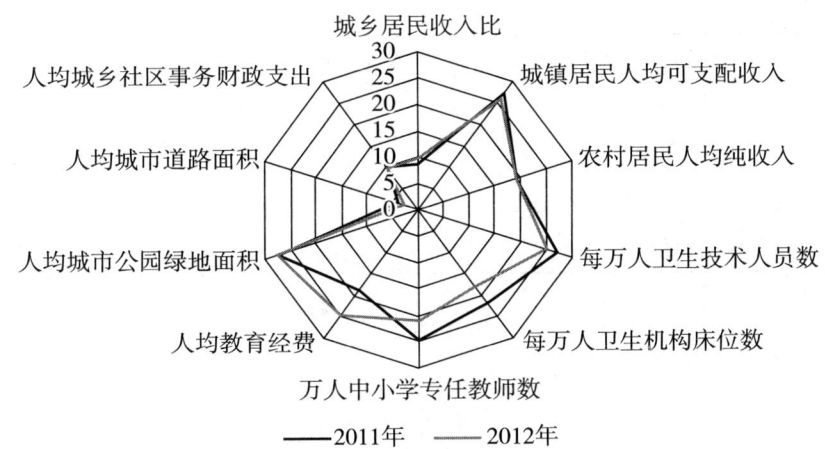

图 26-3　长治市 2011~2012 年社会环境发展指数及下层指标排位比较雷达图

是长治市社会环境发展指数中的优势指标，城乡居民收入比、人均城市道路面积、人均城乡社区事务财政支出等指标是长治市社会环境发展指数中的劣势指标。

（3）从雷达图图形变化看，2012 年与 2011 年相比，面积基本不变，社会环境发展指数排位呈平稳态势。

（4）从排位变化的动因看，在城乡居民收入比和人均教育经费等指标排位上升和每万人卫生机构床位数、城镇居民人均可支配收入等指标排位下降的综合作用下，2012 年长治市社会环境发展指数排位保持不变，居中原经济区第 8 位。

26.4　长治市发展评价分析

2011~2012 年，长治市发展指数及其下层指标评价值和排位变化情况，如表 26-4 和图 26-4 所示。

表 26-4　长治市 2011~2012 年发展评价值及排名

项　目	经济发展指数	生态环境发展指数	社会环境发展指数	长治市发展指数
2010 年	35.34	18.89	27.14	30.21
2011 年	38.30	35.37	29.27	35.14
2012 年	40.84	37.81	30.87	37.38

续表

项　　目	经济发展指数	生态环境发展指数	社会环境发展指数	长治市发展指数
2011年排名	9	29	8	14
2012年排名	8	29	8	15
位次升降	1	0	0	-1
优势度	优势	劣势	优势	中势

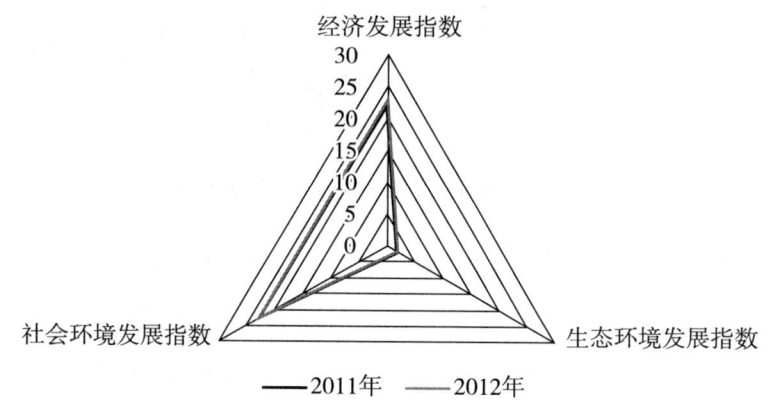

图26-4　长治市2011~2012年发展指数及下层指标排位比较雷达图

（1）2012年长治市发展指数排名第15位，在中原经济区处于中势地位，与2011年相比排位下降1个位次。

（2）从准则层指标的优势度看，经济发展指数和社会环境发展指数是长治市发展指数中的优势指标，生态环境发展指数是长治市发展指数中的劣势指标。

（3）从雷达图图形变化看，2012年与2011年相比，面积基本不变，长治发展指数排位下降1个位次。

（4）从排位变化的动因看，在经济发展指数排位上升1个位次和其他指数排位保持不变的综合作用下，2012年长治市发展指数排位下降1个位次，居中原经济区第15位。

第 27 章

邢台市发展指数分析

27.1 邢台市经济发展评价分析

2011～2012 年,邢台市经济发展指数及其下层指标评价值和排位变化情况,如表 27-1 和图 27-1 所示。

表 27-1 邢台市 2011～2012 年经济发展评价值及排名

项目	人均GDP	三次产业结构	非国有工业增加值占比	工业化指数	城镇化率	第一产业就业人数比重	人均全社会消费品零售总额	城镇化指数	劳均种植业经营面积	按产量平均的农产品加工动力机械	按产量平均的农用大中型拖拉机动力	农业现代化指数	经济发展指数
2010 年	27.88	50.75	47.06	36.29	21.45	27.67	19.65	22.88	60.91	3.73	8.94	46.80	28.19
2011 年	31.84	51.46	51.47	39.69	23.19	29.64	23.39	24.89	59.91	4.67	10.02	46.33	30.47
2012 年	34.38	50.43	58.82	42.48	24.90	30.77	28.22	26.78	43.39	8.41	19.61	36.10	31.93
2011 年排名	22	18	17	21	14	22	22	17	1	20	18	1	18
2012 年排名	23	19	18	21	16	21	22	17	3	11	13	3	19
位次升降	-1	-1	-1	0	-2	1	0	0	-2	9	5	-2	-1
优势度	劣势	中势	中势	劣势	中势	劣势	劣势	中势	优势	中势	中势	优势	中势

(1) 2012 年邢台市经济发展指数排名第 19 位,在中原经济区处于中势地位,与 2011 年相比排位下降 1 个位次。其中,工业化指数排名第 21 位,与

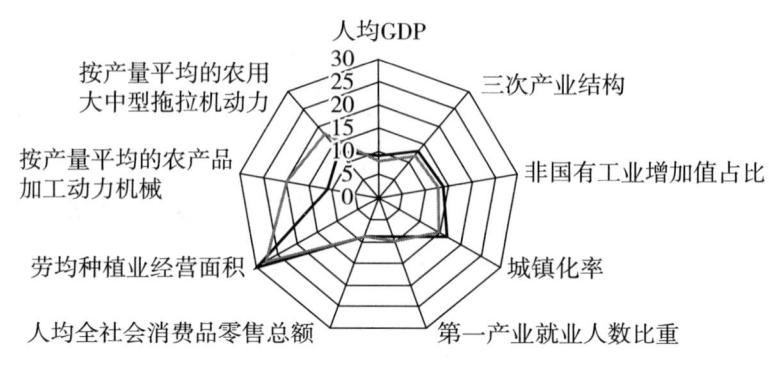

图 27-1 邢台市 2011~2012 年经济发展指数及下层指标排位比较雷达图

2011 年相比排位没有变化；城镇化指数排名第 17 位，与 2011 年相比排位没有变化；农业现代化指数排名第 3 位，与 2011 年相比排位下降 2 个位次。

（2）从方案层指标的优势度看，劳均种植业经营面积等指标是邢台市经济发展指数中的优势指标，人均 GDP、第一产业就业人数比重和人均全社会消费品零售总额等指标是邢台市经济发展指数中的劣势指标。

（3）从雷达图图形变化看，2012 年与 2011 年相比，面积扩大，经济发展指数排位下降 1 个位次。

（4）从排位变化的动因看，在第一产业就业人数比重、按产量平均的农产品加工动力机械和按产量平均的农用大中型拖拉机动力等指标排位上升和人均 GDP、三次产业结构、非国有工业增加值占比、城镇化率、劳均种植业经营面积等指标排位下降的综合作用下，2012 年邢台市经济发展指数排位下降 1 个位次，居中原经济区第 19 位。

27.2 邢台市生态环境发展评价分析

2011~2012 年，邢台市生态环境发展指数及其下层指标评价值和排位变化情况，如表 27-2 和图 27-2 所示。

第27章 邢台市发展指数分析

表27-2 邢台市2011~2012年生态环境发展评价值及排名

项 目	万元GDP能耗	按辖区面积平均的工业烟尘排放量	人均公共预算节能环保支出	生态环境发展指数
2010年	46.74	61.30	8.47	42.30
2011年	52.49	65.33	8.47	46.64
2012年	55.56	66.43	9.01	48.87
2011年排名	26	21	19	28
2012年排名	26	21	19	28
位次升降	0	0	0	0
优势度	劣势	劣势	中势	劣势

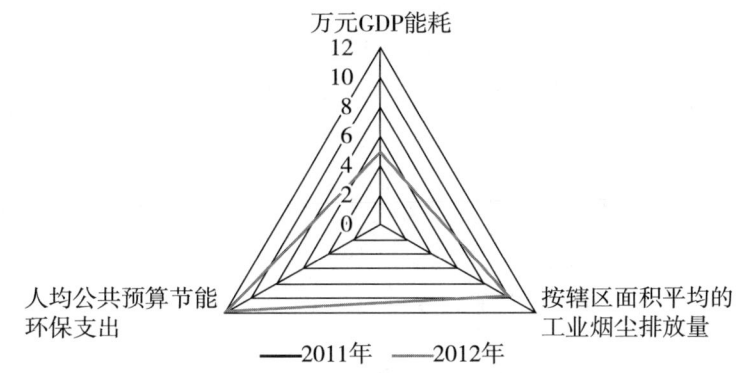

图27-2 邢台市2011~2012年生态环境发展指数及下层指标排位比较雷达图

（1）2012年邢台市生态环境发展指数排名第28位，在中原经济区处于劣势地位，与2011年相比排位保持不变。

（2）从方案层指标的优势度看，邢台市生态环境发展指数中没有优势指标，万元GDP能耗、按辖区面积平均的工业烟尘排放量指标是邢台市生态环境发展指数中的劣势指标，人均公共预算节能环保支出指标是邢台市生态环境发展指数中的中势指标。

（3）从雷达图图形变化看，2012年与2011年相比，面积基本不变，生态环境发展指数排位呈平稳态势。

（4）从排位变化的动因看，万元GDP能耗、按辖区面积平均的工业烟尘排放量、人均公共预算节能环保支出指标的排位都没有变化，2012年邢台市生态环境发展指数排位保持不变，居中原经济区第 28 位。

27.3 邢台市社会环境发展评价分析

2011~2012 年，邢台市社会环境发展指数及其下层指标评价值和排位变化情况，如表 27-3 和图 27-3 所示。

表 27-3 邢台市 2011~2012 年社会环境发展评价值及排名

项目	城乡居民收入比	城镇居民人均可支配收入	农村居民人均纯收入	收入指数	每万人卫生技术人员数	每万人卫生机构床位数	健康指数	万人中小学专任教师数	人均教育经费	教育指数	人均城市公园绿地面积	人均城市道路面积	人均城乡社区事务财政支出	城市生活环境指数	社会环境发展指数
2010 年	5.33	12.91	10.44	9.56	18.81	29.54	24.18	31.78	13.54	22.66	10.03	79.88	1.91	30.61	17.56
2011 年	6.44	17.51	14.51	12.82	20.46	34.97	27.71	33.40	15.54	24.47	12.28	85.48	2.42	33.39	20.42
2012 年	6.11	25.40	19.41	16.97	25.00	37.22	31.11	32.03	18.05	25.04	12.31	91.08	3.31	35.57	23.27
2011 年排名	23	25	23	23	25	20	22	21	22	22	24	7	23	13	27
2012 年排名	24	24	24	24	23	23	25	16	22	18	25	5	23	10	26
位次升降	-1	1	-1	-1	2	-3	-3	5	0	4	-1	2	0	3	1
优势度	劣势	劣势	劣势	劣势	劣势	劣势	劣势	中势	劣势	中势	劣势	优势	劣势	优势	劣势

（1）2012 年邢台市社会环境发展指数排名第 26 位，在中原经济区处于劣势地位，与 2011 年相比排位上升 1 个位次。其中，教育指数排名第 18 位，与 2011 年相比排位上升 4 个位次；城市生活环境指数排名第 10 位，与 2011 年相比排位上升 3 个位次；健康指数排名第 25 位，与 2011 年相比排位下降 3 个位次；收入指数排名第 24 位，与 2011 年相比排位下降 1 个位次。

（2）从方案层指标的优势度看，人均城市道路面积指标是邢台市社会环境发展指数中的优势指标，城乡居民收入比、城镇居民人均可支配收入、农村居民人均纯收入、每万人卫生技术人员数、每万人卫生机构床位数、人均教育经

第27章 邢台市发展指数分析

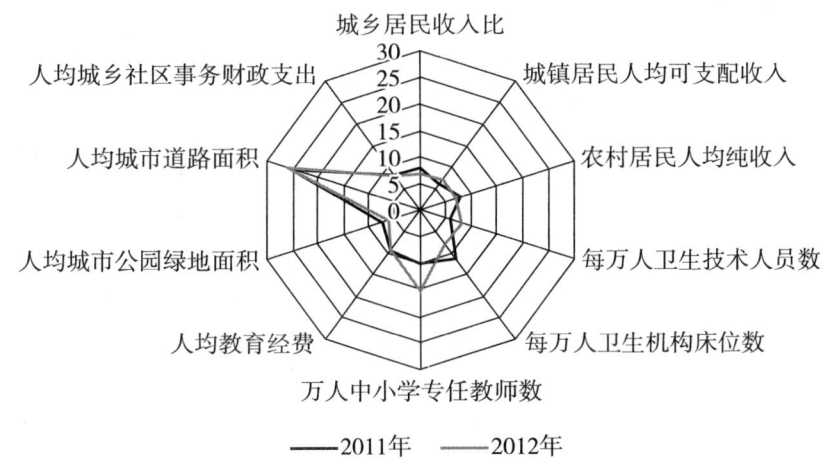

图 27-3 邢台市 2011~2012 年社会环境发展指数及下层指标排位比较雷达图

费等指标是邢台市社会环境发展指数中的劣势指标。

（3）从雷达图图形变化看，2012 年与 2011 年相比，面积有所扩大，社会环境发展指数排位上升 1 个位次。

（4）从排位变化的动因看，在城镇居民人均可支配收入、每万人卫生技术人员数、万人中小学专任教师数、人均城市道路面积等指标排位上升和城乡居民收入比、农村居民人均纯收入、每万人卫生机构床位数、人均城市公园绿地面积等指标排位下降的综合作用下，2012 年邢台市社会环境发展指数排位上升1 个位次，居中原经济区第 26 位。

27.4 邢台市发展评价分析

2011~2012 年，邢台市发展指数及其下层指标评价值和排位变化情况，如表 27-4 和图 27-4 所示。

表 27-4 邢台市 2011~2012 年发展评价值及排名

项目	经济发展指数	生态环境发展指数	社会环境发展指数	邢台市发展指数
2010 年	28.19	42.30	17.56	27.34

续表

项目	经济发展指数	生态环境发展指数	社会环境发展指数	邢台市发展指数
2011 年	30.47	46.64	20.42	30.13
2012 年	31.93	48.87	23.27	32.13
2011 年排名	18	28	27	23
2012 年排名	19	28	26	23
位次升降	-1	0	1	0
优势度	中势	劣势	劣势	劣势

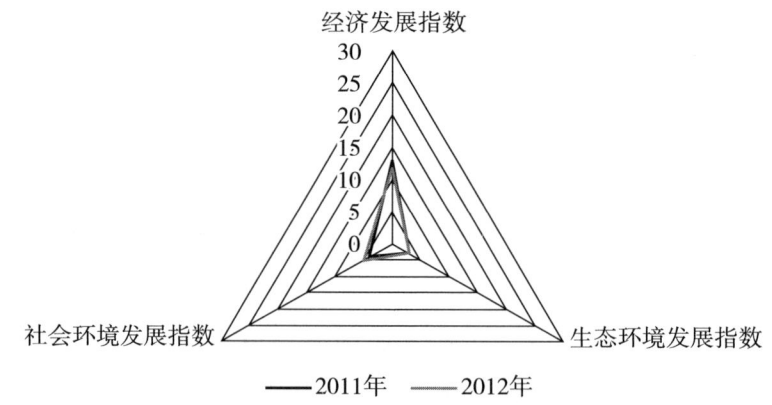

图 27-4 邢台市 2011~2012 年发展指数及下层指标排位比较雷达图

(1) 2012 年邢台市发展指数排名第 23 位，在中原经济区处于劣势地位，与 2011 年相比排位保持不变。

(2) 从准则层指标的优势度看，生态环境发展指数和社会环境发展指数是邢台市发展指数中的劣势指标。

(3) 从雷达图图形变化看，2012 年与 2011 年相比，面积基本不变，邢台发展指数排位保持平稳态势。

(4) 从排位变化的动因看，在社会环境发展指数排位上升和经济发展指数排位下降的综合作用下，2012 年邢台市发展指数排位保持不变，居中原经济区第 23 位。

第 28 章
邯郸市发展指数分析

28.1 邯郸市经济发展评价分析

2011~2012年，邯郸市经济发展指数及其下层指标评价值和排位变化情况，如表28-1和图28-1所示。

表28-1 邯郸市2011~2012年经济发展评价值及排名

项目	人均GDP	三次产业结构	非国有工业增加值占比	工业化指数	城镇化率	第一产业就业人数比重	人均全社会消费品零售总额	城镇化指数	劳均种植业经营面积	按产量平均的农产品加工动力机械	按产量平均的农用大中型拖拉机动力	农业现代化指数	经济发展指数
2010年	42.34	61.42	1.47	37.98	31.48	50.75	25.96	35.92	44.67	6.56	16.53	36.36	36.55
2011年	46.37	61.77	2.94	40.76	33.05	52.62	29.75	37.80	42.39	7.50	17.61	34.94	38.51
2012年	53.36	63.55	97.06	64.14	7.99	30.22	41.19	17.31	38.03	8.78	34.58	34.69	32.09
2011年排名	12	13	30	20	7	2	14	6	13	12	5	8
2012年排名	11	16	29	20	10	3	15	8	13	8	7	12	12
位次升降	1	-3	1	0	-3	-1	-1	-1	-7	5	5	-7	-4
优势度	中势	中势	劣势	中势	优势	优势	中势	优势	中势	优势	优势	中势	中势

（1）2012年邯郸市经济发展指数排名第12位，在中原经济区处于中势地位，与2011年相比排位下降4个位次。其中，工业化指数排名第20位，与

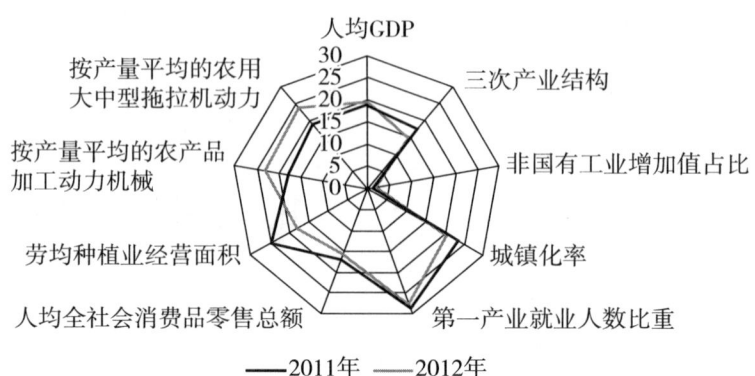

图 28-1　邯郸市 2011~2012 年经济发展指数及下层指标排位比较雷达图

2011 年相比排位没有变化；城镇化指数排名第 8 位，与 2011 年相比排位下降 1 个位次；农业现代化指数排名第 12 位，与 2011 年相比排位下降 7 个位次。

（2）从方案层指标的优势度看，城镇化率、第一产业就业人数比重、按产量平均的农产品加工动力机械和按产量平均的农用大中型拖拉机动力等指标是邯郸市经济发展指数中的优势指标，非国有工业增加值占比等指标是邯郸市经济发展指数中的劣势指标。

（3）从雷达图图形变化看，2012 年与 2011 年相比，面积略微缩小，经济发展指数排位下降。

（4）从排位变化的动因看，在人均 GDP、非国有工业增加值占比、按产量平均的农产品加工动力机械、按产量平均的农用大中型拖拉机动力等指标排位上升和三次产业结构、第一产业就业人数比重、劳均种植业经营面积等指标排位下降的综合作用下，2012 年邯郸市经济发展指数排位下降 4 个位次，居中原经济区第 12 位。

28.2　邯郸市生态环境发展评价分析

2011~2012 年，邯郸市生态环境发展指数及其下层指标评价值和排位变化情况，如表 28-2 和图 28-2 所示。

表 28-2　邯郸市 2011~2012 年生态环境发展评价值及排名

项　目	万元 GDP 能耗	按辖区面积平均的工业烟尘排放量	人均公共预算节能环保支出	生态环境发展指数
2010 年	36.78	63.11	36.03	41.58
2011 年	50.96	66.84	36.03	62.63
2012 年	54.41	67.94	40.03	54.25
2011 年排名	27	19	1	25
2012 年排名	27	20	2	26
位次升降	0	-1	-1	-1
优势度	劣势	中势	优势	劣势

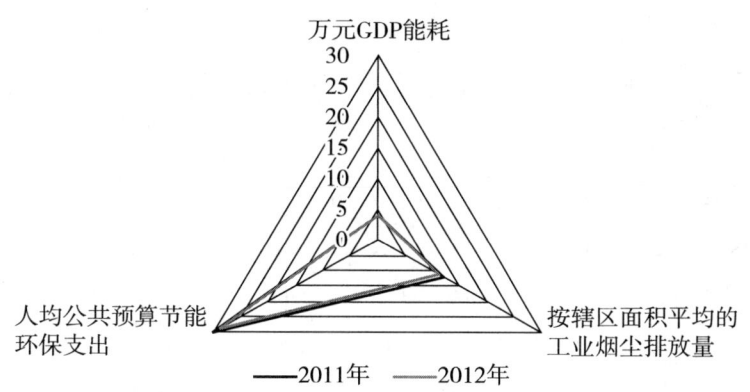

图 28-2　邯郸市 2011~2012 年生态环境发展指数及下层指标排位比较雷达图

(1) 2012 年邯郸市生态环境发展指数排名第 26 位，在中原经济区处于劣势地位，与 2011 年相比排位下降 1 个位次。

(2) 从方案层指标的优势度看，人均公共预算节能环保支出指标是邯郸市生态环境发展指数中的优势指标，万元 GDP 能耗指标是邯郸市生态环境发展指数中的劣势指标。

(3) 从雷达图图形变化看，2012 年与 2011 年相比，面积略有缩小，生态环境发展指数排位呈下降态势。

(4) 从排位变化的动因看，在按辖区面积平均的工业烟尘排放量、人均公共预算节能环保支出指标排位下降和万元 GDP 能耗指标排位不变的综合作用下，

2012年邯郸市生态环境发展指数排位下降1个位次,居中原经济区第26位。

28.3 邯郸市社会环境发展评价分析

2011~2012年,邯郸市社会环境发展指数及其下层指标评价值和排位变化情况,如表28-3和图28-3所示。

表28-3 邯郸市2011~2012年社会环境发展评价值及排名

项目	城乡居民收入比	城镇居民人均可支配收入	农村居民人均纯收入	收入指数	每万人卫生技术人员数	每万人卫生机构床位数	健康指数	万人中小学专任教师数	人均教育经费	教育指数	人均城市公园绿地面积	人均城市道路面积	人均城乡社区事务财政支出	城市生活环境指数	社会环境发展指数
2010年	6.71	24.09	17.87	16.22	19.53	34.53	27.03	36.02	15.34	25.68	7.92	87.15	8.05	34.37	22.33
2011年	10.88	27.25	23.16	20.43	23.11	40.63	31.87	37.70	18.28	27.99	11.38	92.74	9.41	37.84	26.04
2012年	11.11	35.24	28.42	24.92	23.39	44.67	34.03	34.54	21.81	28.18	14.54	93.47	11.99	40.00	28.74
2011年排名	14	6	10	10	22	17	19	14	17	16	25	4	7	7	15
2012年排名	14	7	10	10	26	19	19	15	15	16	17	4	6	5	14
位次升降	0	-1	0	0	-4	-2	0	-1	2	0	8	0	1	2	1
优势度	中势	优势	优势	优势	劣势	中势	中势	中势	中势	中势	中势	优势	优势	优势	中势

(1) 2012年邯郸市社会环境发展指数排名第14位,在中原经济区处于中势地位,与2011年相比排位上升1个位次。其中,教育指数排名第16位,与2011年相比排位没有变化;城市生活环境指数排名第5位,与2011年相比排位上升了2个位次;健康指数排名第19位,与2011年相比排位保持不变;收入指数排名第10位,与2011年相比排位没有变化。

(2) 从方案层指标的优势度看,城镇居民人均可支配收入、农村居民人均纯收入、人均城市道路面积和人均城乡社区事务财政支出指标是邯郸市社会环境发展指数中的优势指标,每万人卫生技术人员数指标是邯郸市社会环境发展

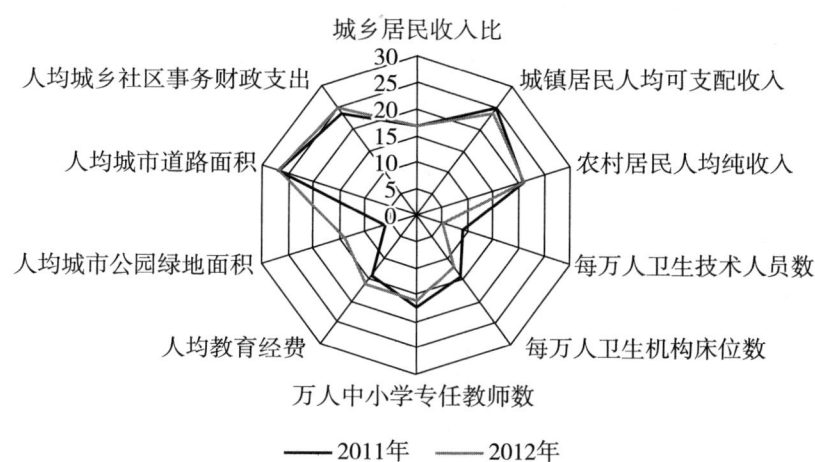

图 28 -3　邯郸市 2011～2012 年社会环境发展指数及下层指标排位比较雷达图

指数中的劣势指标。

（3）从雷达图图形变化看，2012 年与 2011 年相比，面积有所扩大，社会环境发展指数排位上升 1 个位次。

（4）从排位变化的动因看，在人均教育经费、人均城市公园绿地面积、人均城乡社区事务财政支出指标排位上升和每万人卫生技术人员数、每万人卫生机构床位数、城镇居民人均可支配收入、万人中小学专任教师数指标排位下降的综合作用下，2012 年邯郸市社会环境发展指数排位上升 1 个位次，居中原经济区第 14 位。

28.4　邯郸市发展评价分析

2011～2012 年，邯郸市发展指数及其下层指标评价值和排位变化情况，如表 28 -4 和图 28 -4 所示。

表 28 -4　邯郸市 2011～2012 年发展评价值及排名

项　目	经济发展指数	生态环境发展指数	社会环境发展指数	邯郸市发展指数
2010 年	36.55	41.58	22.33	33.14

续表

项目	经济发展指数	生态环境发展指数	社会环境发展指数	邯郸市发展指数
2011年	38.51	51.14	26.04	36.87
2012年	38.12	54.25	28.74	37.98
2011年排名	8	25	15	13
2012年排名	12	26	14	13
位次升降	-4	-1	1	0
优势度	中势	劣势	中势	中势

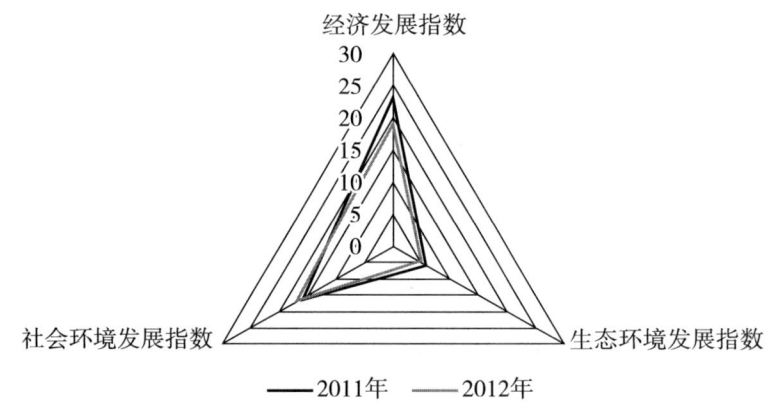

图28-4 邯郸市2011~2012年发展指数及下层指标排位比较雷达图

（1）2012年邯郸市发展指数排名第13位，在中原经济区处于中势地位，与2011年相比排位保持不变。

（2）从准则层指标的优势度看，经济发展指数和社会环境发展指数是邯郸市发展指数中的中势指标，生态环境发展指数是邯郸市发展指数中的劣势指标。

（3）从雷达图图形变化看，2012年与2011年相比，面积略微变小，邯郸发展指数排位保持平稳态势。

（4）从排位变化的动因看，在社会环境发展指数排位上升和经济发展指数、生态环境发展指数排位下降的综合作用下，2012年邯郸市发展指数排位保持不变，居中原经济区第13位。

第 29 章
聊城市发展指数分析

29.1 聊城市经济发展评价分析

2011~2012 年,聊城市经济发展指数及其下层指标评价值和排位变化情况,如表 29-1 和图 29-1 所示。

表 29-1 聊城市 2011~2012 年经济发展评价值及排名

项目	人均GDP	三次产业结构	非国有工业增加值占比	工业化指数	城镇化率	第一产业就业人数比重	人均全社会消费品零售总额	城镇化指数	劳均种植业经营面积	按产量平均的农产品加工动力机械	按产量平均的农用大中型拖拉机动力	农业现代化指数	经济发展指数
2010 年	45.90	57.15	91.18	57.21	3.95	27.28	32.04	13.01	32.36	7.21	29.94	29.58	26.97
2011 年	49.47	60.70	94.12	60.65	5.36	27.43	36.64	14.43	29.29	8.16	31.02	27.59	28.79
2012 年	53.36	63.55	97.06	64.14	7.99	30.22	41.19	17.31	38.03	8.78	34.58	34.69	32.09
2011 年排名	9	16	1	4	26	25	4	26	14	11	6	10	20
2012 年排名	9	13	1	4	29	23	4	25	7	10	6	4	18
位次升降	0	3	0	0	-3	2	0	1	7	1	0	6	2
优势度	优势	中势	优势	优势	劣势	劣势	优势	劣势	优势	优势	优势	优势	中势

(1) 2012 年聊城市经济发展指数排名第 18 位,在中原经济区处于中势地位,与 2011 年相比上升 2 个位次。其中,工业化指数排名第 4 位,与

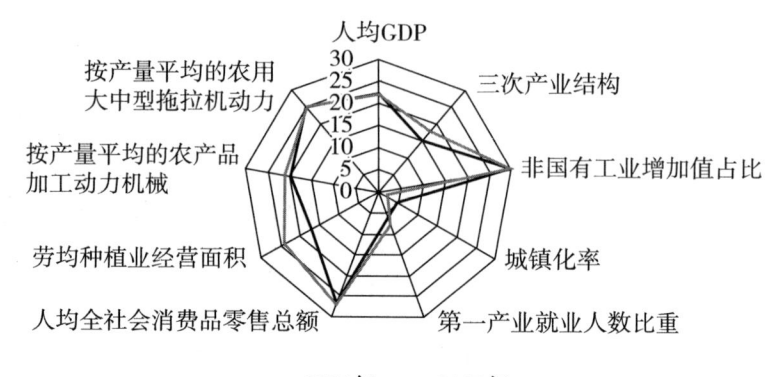

图 29-1 聊城市 2011~2012 年经济发展指数及下层指标排位比较雷达图

2011 年相比排位没有变化；城镇化指数排名第 25 位，与 2011 年相比排位上升 1 个位次；农业现代化指数排名第 4 位，与 2011 年相比排位上升 6 个位次。

（2）从方案层指标的优势度看，人均 GDP、非国有工业增加值占比、人均全社会消费品零售总额、劳均种植业经营面积、按产量平均的农产品加工动力机械和按产量平均的农用大中型拖拉机动力指标是聊城市经济发展指数中的优势指标，城镇化率和第一产业就业人数比重指标是聊城市经济发展指数中的劣势指标。

（3）从雷达图图形变化看，2012 年与 2011 年相比，面积略有扩大，经济发展指数排位呈现上升趋势。

（4）从排位变化的动因看，在劳均种植业经营面积、三次产业结构、第一产业就业人数比重指标排位上升的作用下，2012 年聊城市经济发展指数排位上升 2 个位次，居中原经济区第 18 位。

29.2 聊城市生态环境发展评价分析

2011~2012 年，聊城市生态环境发展指数及其下层指标评价值和排位变化情况，如表 29-2 和图 29-2 所示。

表 29-2 聊城市 2011~2012 年生态环境发展指数评价值及排名

项　目	万元GDP能耗	按辖区面积平均的工业烟尘排放量	人均公共预算节能环保支出	生态环境发展指数
2010 年	60.54	93.74	9.82	57.25
2011 年	72.03	34.31	10.48	53.42
2012 年	73.95	44.16	14.49	57.21
2011 年排名	19	28	16	22
2012 年排名	20	26	16	22
位次升降	-1	2	0	0
优势度	中势	劣势	中势	劣势

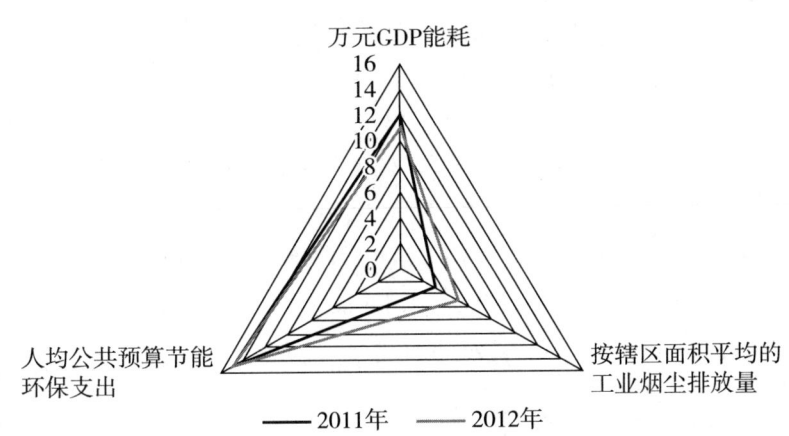

图 29-2 聊城市 2011~2012 年生态环境发展指数及下层指标排位比较雷达图

（1）2012 年聊城市生态环境发展指数排名第 22 位，在中原经济区处于劣势地位，与 2011 年相比排位没有变化。

（2）从方案层指标的优势度看，万元 GDP 能耗和人均公共预算节能环保支出指标是聊城市生态环境发展指数中的中势指标，按辖区面积平均的工业烟尘排放量指标是聊城市生态环境发展指数中的劣势指标。

（3）从雷达图图形变化看，2012 年与 2011 年相比，面积没有变化，生态环境发展指数排位没有变化。

（4）从排位变化的动因看，在按辖区面积平均的工业烟尘排放量指标排位上升和万元 GDP 能耗指标排位下降的作用下，生态环境指数居中原经济区第 22 位。

29.3 聊城市社会环境发展评价分析

2011~2012年，聊城市社会环境发展指数及其下层指标评价值和排位变化情况，如表29-3和图29-3所示。

表29-3 聊城市2011~2012年社会环境发展评价值及排名

项目	城乡居民收入比	城镇居民人均可支配收入	农村居民人均纯收入	收入指数	每万人卫生技术人员数	每万人卫生机构床位数	健康指数	万人中小学专任教师数	人均教育经费	教育指数	人均城市公园绿地面积	人均城市道路面积	人均城乡社区事务财政支出	城市生活环境指数	社会环境发展指数
2010年	8.14	25.27	19.58	17.66	23.26	32.67	27.97	18.83	5.53	12.18	22.15	80.46	5.78	36.13	19.57
2011年	9.93	31.50	24.95	22.12	24.56	36.06	30.31	19.01	12.67	15.84	22.42	86.31	3.64	37.46	23.17
2012年	9.09	40.71	30.22	26.67	27.03	40.84	33.94	18.10	18.74	18.42	19.37	88.88	5.31	37.86	26.63
2011年排名	15	2	6	6	21	19	21	25	27	26	13	6	16	8	23
2012年排名	16	2	6	6	21	20	20	22	19	21	13	6	16	8	18
位次升降	-1	0	0	0	0	-1	1	3	8	5	0	0	0	0	5
优势度	中势	优势	优势	优势	劣势	中势	中势	劣势	中势	劣势	中势	优势	中势	优势	中势

（1）2012年聊城市社会环境发展指数排名第18位，在中原经济区处于中势地位，与2011年相比排位上升5个位次。其中，教育指数排名第21位，与2011年相比排位上升5个位次；城市生活环境指数排名第8位，与2011年相比排位没有变化；健康指数排名第20位，与2011年相比排位上升1个位次；收入指数排名第6位，与2011年相比排位没有变化。

（2）从方案层指标的优势度看，城镇居民人均可支配收入、农村居民人均纯收入和人均城市道路面积指标是聊城市社会环境发展指数中的优势指标，每万人卫生技术人员数和万人中小学专任教师数指标是聊城市社会环境发展指数中的劣势指标。

第29章　聊城市发展指数分析

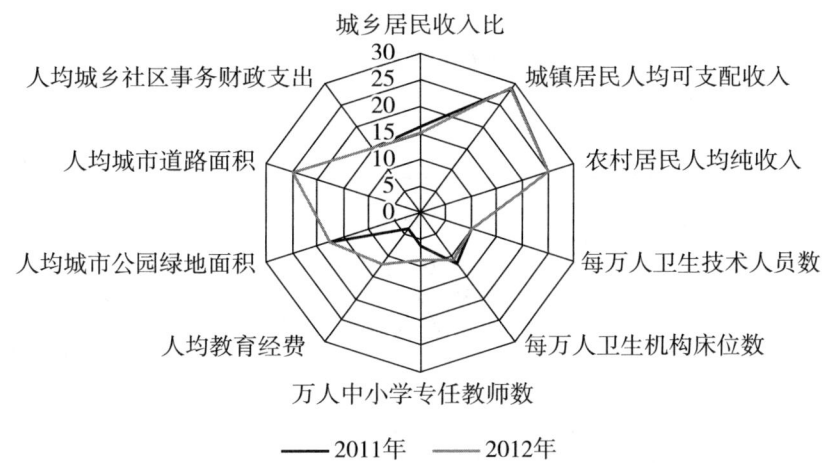

图 29-3　聊城市 2011~2012 年社会环境发展指数及下层指标排位比较雷达图

（3）从雷达图图形变化看，2012 年与 2011 年相比，面积有所扩大，社会环境发展指数排位上升 5 个位次。

（4）从排位变化的动因看，在万人中小学专任教师数、人均教育经费指标排位上升和城乡居民收入比、每万人卫生机构床位数指标排位下降的综合作用下，2012 年聊城市社会环境发展指数排位上升 5 个位次，居中原经济区第 18 位。

29.4　聊城市发展评价分析

2011~2012 年，聊城市发展指数及其下层指标评价值和排位变化情况，如表 29-4 和图 29-4 所示。

表 29-4　聊城市 2011~2012 年发展评价值及排名

项　目	经济发展指数	生态环境发展指数	社会环境发展指数	聊城市发展指数
2010 年	26.97	57.25	19.57	29.73
2011 年	28.79	53.42	23.17	31.15
2012 年	32.09	57.21	26.63	34.58
2011 年排名	20	22	23	22
2012 年排名	18	22	18	20

续表

项 目	经济发展指数	生态环境发展指数	社会环境发展指数	聊城市发展指数
位次升降	2	0	5	2
优势度	中势	劣势	中势	中势

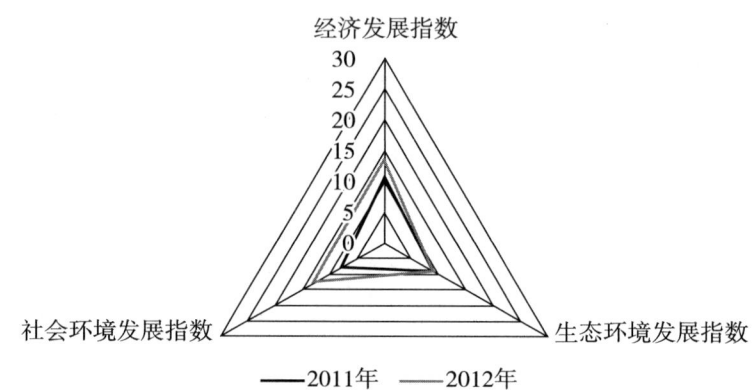

图29-4 聊城市2011~2012年发展指数及下层指标排位比较雷达图

（1）2012年聊城市发展指数排名第20位，在中原经济区处于中势地位，与2011年相比排位上升2个位次。

（2）从准则层指标的优势度看，生态环境发展指数是聊城市发展指数中的劣势指标。

（3）从雷达图图形变化看，2012年与2011年相比，面积有所增大，聊城发展指数排位呈现上升趋势。

（4）从排位变化的动因看，在社会环境发展指数、经济发展指数排位上升和生态环境发展指数排位不变的综合作用下，2012年聊城市发展指数排位上升2个位次，居中原经济区第20位。

第30章
菏泽市发展指数分析

30.1 菏泽市经济发展评价分析

2011~2012年，菏泽市经济发展指数及其下层指标评价值和排位变化情况，如表30-1和图30-1所示。

表30-1 菏泽市2011~2012年经济发展评价值及排名

项目	人均GDP	三次产业结构	非国有工业增加值占比	工业化指数	城镇化率	第一产业就业人数比重	人均全社会消费品零售总额	城镇化指数	劳均种植业经营面积	按产量平均的农产品加工动力机械	按产量平均的农用大中型拖拉机动力	农业现代化指数	经济发展指数
2010年	23.00	42.57	89.71	40.26	11.83	39.97	21.99	20.24	59.18	7.74	34.42	50.17	27.84
2011年	29.59	51.10	92.65	46.50	15.47	40.37	30.84	23.59	52.24	8.69	35.51	45.32	31.57
2012年	34.62	58.21	95.59	51.53	19.91	39.50	35.72	26.69	59.00	9.09	37.22	50.63	35.37
2011年排名	24	19	3	15	20	15	11	19	3	9	5	2	17
2012年排名	22	17	2	15	19	13	13	18	1	9	5	1	16
位次升降	2	2	1	0	1	2	-2	1	2	0	0	1	1
优势度	劣势	中势	优势	中势	中势	中势	中势	中势	优势	优势	优势	优势	中势

（1）2012年菏泽市经济发展指数排名第16位，在中原经济区处于中势地位，与2011年相比排位上升1个位次。其中，工业化指数排名第15位，

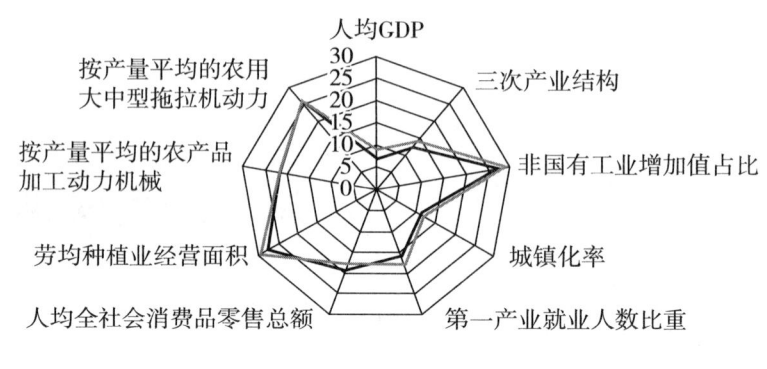

图 30-1　菏泽市 2011～2012 年经济发展指数及下层指标排位比较雷达图

与 2011 年相比排位没有变化；城镇化指数排名第 18 位，与 2011 年相比排位上升 1 个位次；农业现代化指数排名第 1 位，与 2011 年相比排位上升 1 个位次。

（2）从方案层指标的优势度看，非国有工业增加值占比、劳均种植业经营面积、按产量平均的农产品加工动力机械、按产量平均的农用大中型拖拉机动力指标是菏泽市经济发展指数中的优势指标，人均 GDP 指标是菏泽市经济发展指数中的劣势指标。

（3）从雷达图图形变化看，2012 年与 2011 年相比，面积略有增大，经济发展指数排位上升 1 个位次。

（4）从排位变化的动因看，在人均 GDP、三次产业结构、第一产业就业人数比重、劳均种植业经营面积等指标排位上升和人均全社会消费品零售总额指标排位下降的综合作用下，2012 年菏泽市经济发展指数排位上升 1 个位次，居中原经济区第 16 位。

30.2　菏泽市生态环境发展评价分析

2011～2012 年，菏泽市生态环境发展指数及其下层指标评价值和排位变化情况，如表 30-2 和图 30-2 所示。

表 30-2 菏泽市 2011~2012 年生态环境发展评价值及排名

项目	万元 GDP 能耗	按辖区面积平均的工业烟尘排放量	人均公共预算节能环保支出	生态环境发展指数
2010 年	65.13	87.22	2.21	57.48
2011 年	72.41	89.06	4.35	62.77
2012 年	74.33	90.15	8.46	64.95
2011 年排名	17	9	24	15
2012 年排名	18	9	21	14
位次升降	-1	0	3	1
优势度	中势	优势	劣势	中势

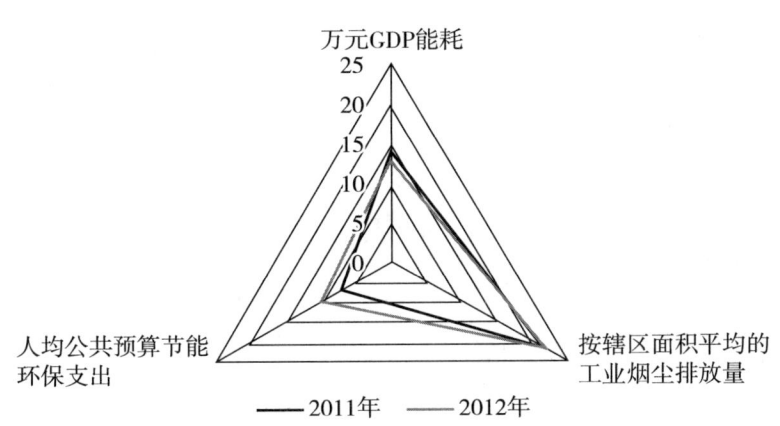

图 30-2 菏泽市 2011~2012 年生态环境发展指数及下层指标排位比较雷达图

(1) 2012 年菏泽市生态环境发展指数排名第 14 位，在中原经济区处于中势地位，与 2011 年相比排位上升 1 个位次。

(2) 从方案层指标的优势度看，按辖区面积平均的工业烟尘排放量指标是菏泽市生态环境发展指数中的优势指标，万元 GDP 能耗指标是菏泽市生态环境发展指数中的中势指标，人均公共预算节能环保支出指标是菏泽市生态环境发展指数中的劣势指标。

(3) 从雷达图图形变化看，2012 年与 2011 年相比，面积有所扩大，生态环境发展指数排位呈上升趋势。

(4) 从排位变化的动因看，在人均公共预算节能环保支出指标排位上升 3

个位次、万元 GDP 能耗指标排位下降 1 个位次和按辖区面积平均的工业烟尘排放量指标排位保持不变的综合作用下，2012 年菏泽市生态环境发展指数排位上升 1 个位次，居中原经济区第 14 位。

30.3 菏泽市社会环境发展评价分析

2011～2012 年，菏泽市社会环境发展指数及其下层指标评价值和排位变化情况，如表 30-3 和图 30-3 所示。

表 30-3 菏泽市 2011～2012 年社会环境发展评价值及排名

项目	城乡居民收入比	城镇居民人均可支配收入	农村居民人均纯收入	收入指数	每万人卫生技术人员数	每万人卫生机构床位数	健康指数	万人中小学专任教师数	人均教育经费	教育指数	人均城市公园绿地面积	人均城市道路面积	人均城乡社区事务财政支出	城市生活环境指数	社会环境发展指数
2010 年	14.79	11.48	16.19	14.15	26.89	31.15	29.02	45.57	2.38	23.98	33.63	27.96	2.70	21.43	19.97
2011 年	17.53	17.76	21.92	19.07	28.51	34.21	31.36	49.39	10.99	30.19	40.62	36.38	2.69	26.56	24.85
2012 年	16.80	27.09	27.28	23.73	29.91	36.51	33.21	50.19	15.86	33.03	32.54	35.29	3.52	23.78	27.84
2011 年排名	7	24	11	13	17	21	20	10	28	12	4	22	22	17	19
2012 年排名	8	21	11	12	19	24	21	7	29	11	5	24	22	20	15
位次升降	-1	3	0	1	-2	-3	-1	3	-1	1	-1	-2	0	-3	4
优势度	优势	劣势	中势	中势	中势	劣势	劣势	优势	劣势	中势	优势	劣势	劣势	中势	中势

（1）2012 年菏泽市社会环境发展指数排名第 15 位，在中原经济区处于中势地位，与 2011 年相比排位上升 4 个位次。其中，教育指数排名第 11 位，与 2011 年相比排位上升 1 个位次；城市生活环境指数排名第 20 位，与 2011 年相比排位下降了 3 个位次；健康指数排名第 21 位，与 2011 年相比排位下降 1 个位次；收入指数排名第 12 位，与 2011 年相比排位上升 1 个位次。

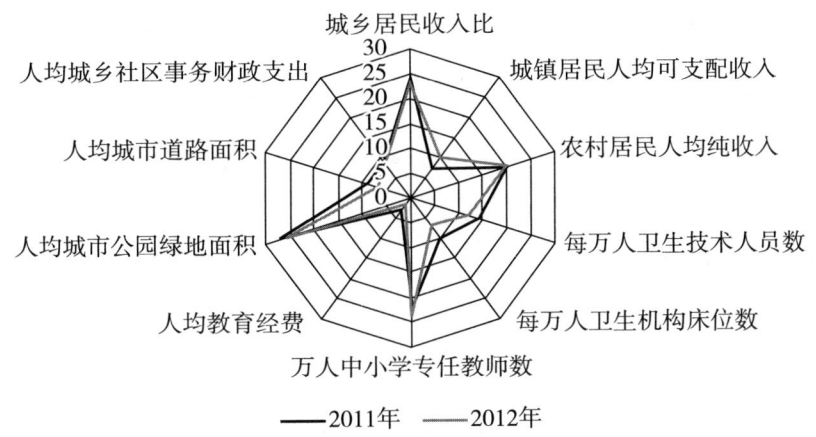

图 30 – 3　菏泽市 2011~2012 年社会环境发展指数及下层指标排位比较雷达图

（2）从方案层指标的优势度看，城乡居民收入比、万人中小学专任教师数、人均城市公园绿地面积指标是菏泽市社会环境发展指数中的优势指标，城镇居民人均可支配收入、每万人卫生机构床位数、健康指数、人均教育经费、人均城市道路面积、人均城乡社区事务财政支出指标是菏泽市社会环境发展指数中的劣势指标。

（3）从雷达图图形变化看，2012 年与 2011 年相比，面积有所扩大，社会环境发展指数排位呈上升趋势。

（4）从排位变化的动因看，在城镇居民人均可支配收入、万人中小学专任教师数、收入指数指标排位上升与每万人卫生机构床位数、城市生活环境指数、人均城市道路面积、每万人卫生技术人员数指标排位下降的综合作用下，2012 年菏泽市社会环境发展指数排位上升 4 个位次，居中原经济区第 15 位。

30.4　菏泽市发展评价分析

2011~2012 年，菏泽市发展指数及其下层指标评价值和排位变化情况，如表 30 – 4 和图 30 – 4 所示。

表30-4 菏泽市2011~2012年发展评价值及排名

项　目	经济发展指数	生态环境发展指数	社会环境发展指数	菏泽市发展指数
2010年	27.84	57.48	19.97	30.35
2011年	31.57	62.77	24.85	34.68
2012年	35.37	64.95	27.84	37.98
2011年排名	17	15	19	15
2012年排名	16	14	15	14
位次升降	1	1	4	1
优势度	中势	中势	中势	中势

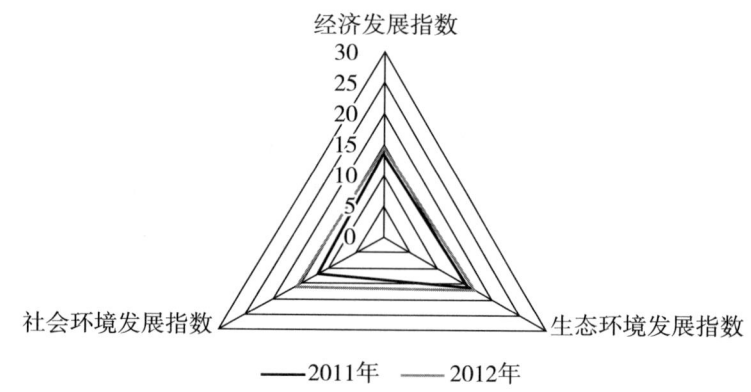

图30-4 菏泽市2011~2012年发展指数及下层指标排位比较雷达图

（1）2012年菏泽市发展指数排名第14位，在中原经济区处于中势地位，与2011年相比排位上升1个位次。

（2）从准则层指标的优势度看，经济发展指数、生态环境发展指数、社会环境发展指数都是菏泽市发展指数中的中势指标。

（3）从雷达图图形变化看，2011年与2010年相比，面积缩小，菏泽发展指数排位呈现下降趋势。

（4）从排位变化的动因看，在社会环境发展指数、经济发展指数、生态环境发展指数排位上升的综合作用下，2012年菏泽市发展指数排位上升1个位次，居中原经济区第14位。

第 31 章
淮北市发展指数分析

31.1 淮北市经济发展评价分析

2011～2012 年,淮北市经济发展指数及其下层指标评价值和排位变化情况,如表 31-1 和图 31-1 所示。

表 31-1 淮北市 2011～2012 年经济发展评价值及排名

项目	人均GDP	三次产业结构	非国有工业增加值占比	工业化指数	城镇化率	第一产业就业人数比重	人均全社会消费品零售总额	城镇化指数	劳均种植业经营面积	按产量平均的农产品加工动力机械	按产量平均的农用大中型拖拉机动力	农业现代化指数	经济发展指数
2010 年	37.36	74.93	13.24	40.05	45.72	51.80	16.67	44.22	52.20	20.95	23.37	44.42	43.00
2011 年	41.42	76.00	25.00	45.05	47.86	49.17	20.77	45.32	42.81	21.89	24.45	37.75	44.81
2012 年	45.48	76.71	45.59	51.75	50.53	48.83	25.82	47.46	34.27	23.38	30.00	32.52	47.88
2011 年排名	15	8	25	16	2	3	23	2	5	1	7	4	3
2012 年排名	15	8	23	14	2	9	23	2	9	1	8	5	3
位次升降	0	0	2	2	0	-6	0	0	-4	0	-1	-1	0
优势度	中势	优势	劣势	中势	优势	优势	劣势	优势	优势	优势	优势	优势	优势

(1) 2012 年淮北市经济发展指数排名第 3 位,在中原经济区处于优势地位,与 2011 年相比排位保持不变。其中,工业化指数排名第 14 位,与 2011

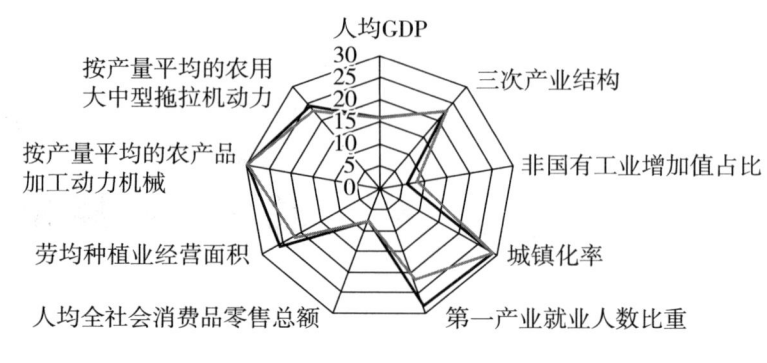

图 31-1 淮北市 2011~2012 年经济发展指数及下层指标排位比较雷达图

相比排位上升 2 个位次；城镇化指数排名第 2 位，与 2011 年相比排位保持不变；农业现代化指数排名第 5 位，与 2011 年相比排位下降 1 个位次。

（2）从方案层指标的优势度看，三次产业结构、城镇化率、第一产业就业人数比重、劳均种植业经营面积、按产量平均的农产品加工动力机械、按产量平均的农用大中型拖拉机动力指标是淮北市经济发展指数中的优势指标，非国有工业增加值占比、人均全社会消费品零售总额指标是淮北市经济发展指数中的劣势指标。

（3）从雷达图图形变化看，2012 年与 2011 年相比，面积基本不变，经济发展指数排位保持不变。

（4）从排位变化的动因看，在非国有工业增加值占比指标排位上升和第一产业就业人数比重、劳均种植业经营面积、按产量平均的农用大中型拖拉机动力指标排位下降的综合作用下，2012 年淮北市经济发展指数排位保持不变，居中原经济区第 3 位。

31.2 淮北市生态环境发展评价分析

2011~2012 年，淮北市生态环境发展指数及其下层指标评价值和排位变化情况，如表 31-2 和图 31-2 所示。

表31-2 淮北市2011～2012年生态环境发展评价值及排名

项 目	万元GDP能耗	按辖区面积平均的工业烟尘排放量	人均公共预算节能环保支出	生态环境发展指数
2010年	55.56	81.41	1.86	50.34
2011年	72.41	84.26	2.91	61.60
2012年	73.95	85.36	3.49	62.87
2011年排名	17	15	28	17
2012年排名	20	15	29	20
位次升降	-3	0	-1	-3
优势度	中势	中势	劣势	中势

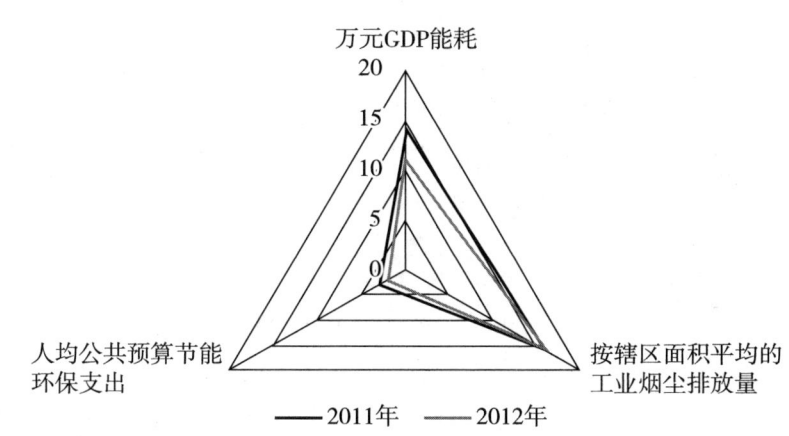

图31-2 淮北市2011～2012年生态环境发展指数及下层指标排位比较雷达图

(1) 2012年淮北市生态环境发展指数排名第20位，在中原经济区处于中势地位，与2011年相比排位下降3个位次。

(2) 从方案层指标的优势度看，万元GDP能耗、按辖区面积平均的工业烟尘排放量指标是淮北市生态环境发展指数中的中势指标，人均公共预算节能环保支出指标是淮北市生态环境发展指数中的劣势指标。

(3) 从雷达图图形变化看，2012年与2011年相比，面积有所缩小，生态环境发展指数排位呈下降态势。

(4) 从排位变化的动因看，在万元GDP能耗指标排位下降3个位次、人均公共预算节能环保支出指标排位下降1个位次和按辖区面积平均的工业烟尘排放量指标排位保持不变的综合作用下，2012 年淮北市生态环境发展指数排位下降 3 个位次，居中原经济区第 20 位。

31.3 淮北市社会环境发展评价分析

2011～2012 年，淮北市社会环境发展指数及其下层指标评价值和排位变化情况，如表 31-3 和图 31-3 所示。

表 31-3 淮北市 2011～2012 年社会环境发展评价值及排名

项目	城乡居民收入比	城镇居民人均可支配收入	农村居民人均纯收入	收入指数	每万人卫生技术人员数	每万人卫生机构床位数	健康指数	万人中小学专任教师数	人均教育经费	教育指数	人均城市公园绿地面积	人均城市道路面积	人均城乡社区事务财政支出	城市生活环境指数	社会环境发展指数
2010 年	7.40	14.82	13.07	11.76	39.17	60.03	49.60	30.18	4.73	17.46	96.68	27.25	17.73	47.22	22.84
2011 年	6.84	22.27	17.52	15.55	40.15	66.18	53.17	30.06	15.13	22.59	100.00	37.92	30.78	56.23	27.46
2012 年	1.85	37.24	23.02	20.70	36.70	63.08	49.89	31.55	15.96	23.75	100.00	38.66	46.20	61.62	30.18
2011 年排名	20	14	20	20	3	2	2	24	23	24	1	21	2	1	11
2012 年排名	27	6	20	19	12	4	7	17	28	19	1	23	2	1	11
位次升降	-7	8	0	1	-9	-2	-5	7	-5	5	0	-2	0	0	0
优势度	劣势	优势	中势	中势	中势	优势	优势	中势	劣势	中势	优势	劣势	优势	优势	中势

（1）2012 年淮北市社会环境发展指数排名第 11 位，在中原经济区处于中势地位，与 2011 年相比排位保持不变。其中，教育指数排名第 19 位，与 2011 年相比排位上升 5 个位次；城市生活环境指数排名第 1 位，与 2011 年相比排位保持不变；健康指数排名第 7 位，与 2011 年相比排位下降 5 个位次；收入指数排名第 19 位，与 2011 年相比排位上升 1 个位次。

（2）从方案层指标的优势度看，城镇居民人均可支配收入、每万人卫生机构床位数、人均城市公园绿地面积、人均城乡社区事务财政支出指标是淮北市

第 31 章 淮北市发展指数分析

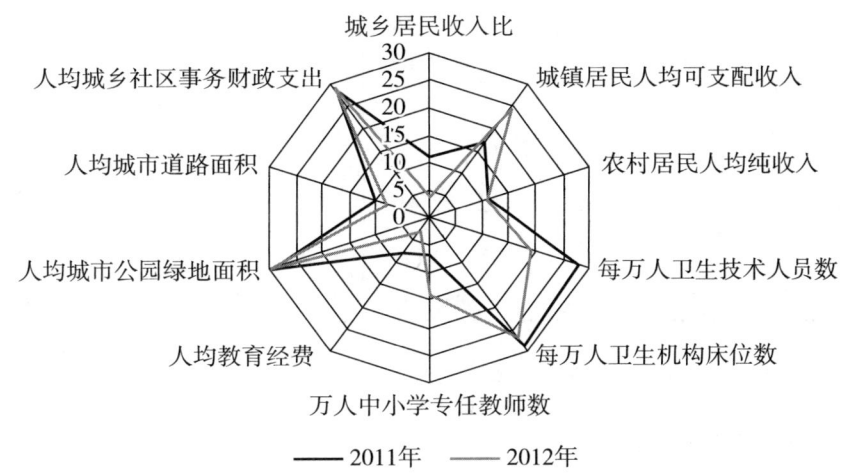

图 31-3 淮北市 2011~2012 年社会环境发展指数及下层指标排位比较雷达图

社会环境发展指数中的优势指标，城乡居民收入比、人均教育经费、人均城市道路面积指标是淮北市社会环境发展指数中的劣势指标。

（3）从雷达图图形变化看，2012 年与 2011 年相比，面积保持不变，社会环境发展指数排位保持不变。

（4）从排位变化的动因看，在城镇居民人均可支配收入、万人中小学专任教师数指标排位上升和每万人卫生技术人员数、城乡居民收入比、人均教育经费、每万人卫生机构床位数、人均城市道路面积指标排位下降的综合作用下，2012 年淮北市社会环境发展指数排位保持不变，居中原经济区第 11 位。

31.4 淮北市发展评价分析

2011~2012 年，淮北市发展指数及其下层指标评价值和排位变化情况，如表 31-4 和图 31-4 所示。

表 31-4 淮北市 2011~2012 年发展评价值及排名

项 目	经济发展指数	生态环境发展指数	社会环境发展指数	淮北市发展指数
2010 年	43.00	50.34	22.84	38.21
2011 年	44.81	61.60	27.46	42.41

续表

项　目	经济发展指数	生态环境发展指数	社会环境发展指数	淮北市发展指数
2012 年	47.88	62.87	30.18	45.07
2011 年排名	3	17	11	4
2012 年排名	3	20	11	4
位次升降	0	-3	0	0
优势度	优势	中势	中势	优势

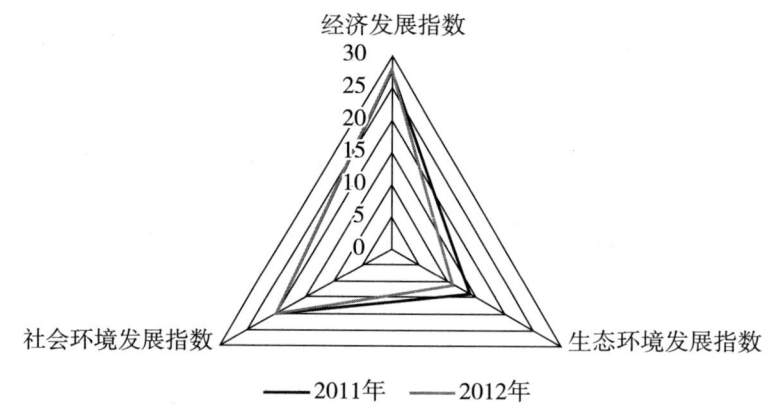

图 31-4　淮北市 2011~2012 年发展指数及下层指标排位比较雷达图

（1）2012 年淮北市发展指数排名第 4 位，在中原经济区处于优势地位，与 2011 年相比排位保持不变。

（2）从准则层指标的优势度看，经济发展指数是淮北市发展指数中的优势指标，生态环境发展指数、社会环境发展指数是淮北市发展指数中的中势指标。

（3）从雷达图图形变化看，2012 年与 2011 年相比，面积基本保持不变，淮北市发展指数排位保持不变。

（4）从排位变化的动因看，在生态环境发展指数指标排位下降 3 个位次和社会环境发展指数、经济发展指数排位保持不变的综合作用下，2012 年淮北市发展指数排位保持不变，居中原经济区第 4 位。

第32章 宿州市发展指数分析

32.1 宿州市经济发展评价分析

2011~2012年,宿州市经济发展指数及其下层指标评价值和排位变化情况,如表32-1和图32-1所示。

表32-1 宿州市2011~2012年经济发展评价值及排名

项目	人均GDP	三次产业结构	非国有工业增加值占比	工业化指数	城镇化率	第一产业就业人数比重	人均全社会消费品零售总额	城镇化指数	劳均种植业经营面积	按产量平均的农产品加工动力机械	按产量平均的农用大中型拖拉机动力	农业现代化指数	经济发展指数
2010年	16.13	7.01	63.24	23.73	4.61	35.74	0.00	12.23	28.99	5.79	18.80	25.09	16.35
2011年	21.69	9.85	69.12	28.81	7.63	36.68	4.05	14.82	30.14	6.74	19.88	26.21	19.59
2012年	26.49	14.12	75.00	33.72	10.66	31.93	9.24	16.05	32.76	7.39	26.09	29.24	22.00
2011年排名	28	27	10	27	25	18	30	25	12	15	10	13	25
2012年排名	28	26	8	27	25	20	30	27	11	14	9	9	25
位次升降	0	1	2	0	0	-2	0	-2	1	1	1	4	0
优势度	劣势	劣势	优势	劣势	劣势	中势	劣势	劣势	中势	中势	优势	优势	劣势

(1) 2012年宿州市经济发展指数排名第25位,在中原经济区处于劣势地位,与2011年相比排位保持不变。其中,工业化指数排名第27位,与2011年

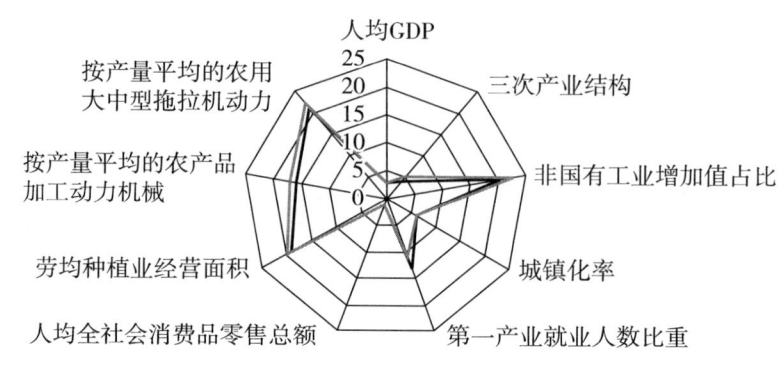

图 32-1　宿州市 2011~2012 年经济发展指数及下层指标排位比较雷达图

相比排位保持不变；城镇化指数排名第 27 位，与 2011 年相比排位下降 2 个位次；农业现代化指数排名第 9 位，与 2011 年相比排位上升 4 个位次。

（2）从方案层指标的优势度看，非国有工业增加值占比、按产量平均的农用大中型拖拉机动力指标是宿州市经济发展指数中的优势指标，人均 GDP、三次产业结构、城镇化率、人均全社会消费品零售总额指标是宿州市经济发展指数中的劣势指标。

（3）从雷达图图形变化看，2012 年与 2011 年相比，面积基本保持不变，经济发展指数排位保持不变。

（4）从排位变化的动因看，在非国有工业增加值占比、三次产业结构、劳均种植业经营面积、按产量平均的农产品加工动力机械、按产量平均的农用大中型拖拉机动力指标排位上升和第一产业就业人数比重指标排位下降的综合作用下，2012 年宿州市经济发展指数排位保持不变，居中原经济区第 25 位。

32.2　宿州市生态环境发展评价分析

2011~2012 年，宿州市生态环境发展指数及其下层指标评价值和排位变化情况，如表 32-2 和图 32-2 所示。

表 32-2 宿州市 2011~2012 年生态环境发展评价值及排名

项 目	万元 GDP 能耗	按辖区面积平均的工业烟尘排放量	人均公共预算节能环保支出	生态环境发展指数
2010 年	73.18	91.00	2.77	63.32
2011 年	82.76	91.47	3.05	69.45
2012 年	83.52	92.12	3.51	70.13
2011 年排名	10	6	26	6
2012 年排名	10	5	28	9
位次升降	0	1	-2	-3
优势度	优势	优势	劣势	优势

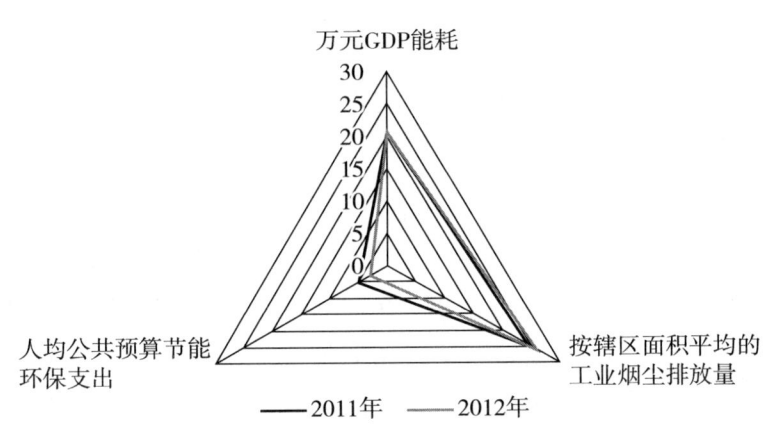

图 32-2 宿州市 2011~2012 年生态环境发展指数及下层指标排位比较雷达图

（1）2012 年宿州市生态环境发展指数排名第 9 位，在中原经济区处于优势地位，与 2011 年相比排位下降 3 个位次。

（2）从方案层指标的优势度看，万元 GDP 能耗、按辖区面积平均的工业烟尘排放量指标是宿州市生态环境发展指数中的优势指标，人均公共预算节能环保支出指标是宿州市生态环境发展指数中的劣势指标。

（3）从雷达图图形变化看，2012 年与 2011 年相比，面积有所减小，生态环境发展指数排位呈下降态势。

（4）从排位变化的动因看，在按辖区面积平均的工业烟尘排放量指标排位上升和人均公共预算节能环保支出指标排位下降的综合作用下，2012年宿州市生态环境发展指数排位下降3个位次，居中原经济区第9位。

32.3 宿州市社会环境发展评价分析

2011～2012年，宿州市社会环境发展指数及其下层指标评价值和排位变化情况，如表32-3和图32-3所示。

表32-3 宿州市2011～2012年社会环境发展评价值及排名

项目	城乡居民收入比	城镇居民人均可支配收入	农村居民人均纯收入	收入指数	每万人卫生技术人员数	每万人卫生机构床位数	健康指数	万人中小学专任教师数	人均教育经费	教育指数	人均城市公园绿地面积	人均城市道路面积	人均城乡社区事务财政支出	城市生活环境指数	社会环境发展指数
2010年	3.63	12.58	8.93	8.38	5.87	4.31	5.09	12.15	5.81	8.98	13.91	77.38	1.64	30.98	10.19
2011年	3.37	20.49	13.92	12.59	7.46	10.50	8.98	11.40	13.93	12.66	22.08	100.26	0.97	41.10	14.76
2012年	9.00	22.23	19.60	16.94	19.96	30.99	25.48	11.22	15.72	13.47	16.38	111.51	4.91	44.26	19.98
2011年排名	27	16	25	24	28	29	29	27	25	27	14	1	27	4	28
2012年排名	17	26	23	25	27	28	28	25	30	26	14	1	18	3	28
位次升降	10	-10	2	-1	1	1	1	2	-5	1	0	0	9	1	0
优势度	中势	劣势	劣势	劣势	劣势	劣势	劣势	劣势	劣势	劣势	中势	优势	中势	优势	劣势

（1）2012年宿州市社会环境发展指数排名第28位，在中原经济区处于劣势地位，与2011年相比排位没有变化。其中，教育指数排名第26位，与2011年相比排位上升1个位次；城市生活环境指数排名第3位，与2011年相比排位上升1个位次；健康指数排名第28位，与2011年相比排位上升1个位次；收入指数排名第25位，与2011年相比排位下降1个位次。

第 32 章 宿州市发展指数分析

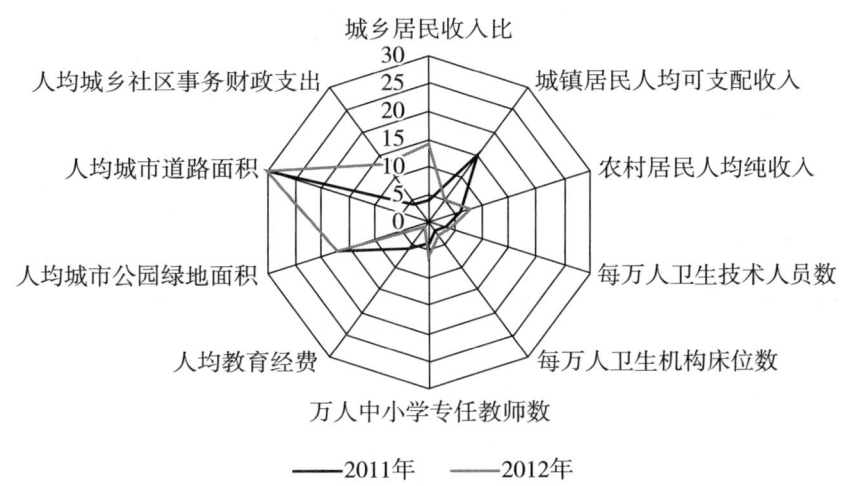

图 32-3 宿州市 2011~2012 年社会环境发展指数及下层指标排位比较雷达图

（2）从方案层指标的优势度看，人均城市道路面积指标是宿州市社会环境发展指数中的优势指标，城镇居民人均可支配收入、万人中小学专任教师数和每万人卫生技术人员数等指标是宿州市社会环境发展指数中的劣势指标。

（3）从雷达图图形变化看，2012 年与 2011 年相比，面积基本没有变化，社会环境发展指数排位保持不变。

（4）从排位变化的动因看，在城乡居民收入比、人均城乡社区事务财政支出、农村居民人均纯收入、万人中小学专任教师数、每万人卫生技术人员数、每万人卫生机构床位数等指标排位上升和城镇居民人均可支配收入、人均教育经费等指标排位下降的综合作用下，2012 年宿州市社会环境发展指数排位保持不变，居中原经济区第 28 位。

32.4 宿州市发展评价分析

2011~2012 年，宿州市发展指数及其下层指标评价值和排位变化情况，如表 32-4 和图 32-4 所示。

表32-4 宿州市2011~2012年发展评价值及排名

项 目	经济发展指数	生态环境发展指数	社会环境发展指数	宿州市发展指数
2010年	16.35	63.32	10.19	22.21
2011年	19.59	69.45	14.76	26.32
2012年	22.00	70.13	19.98	29.28
2011年排名	25	6	28	28
2012年排名	25	9	28	28
位次升降	0	-3	0	0
优势度	劣势	优势	劣势	劣势

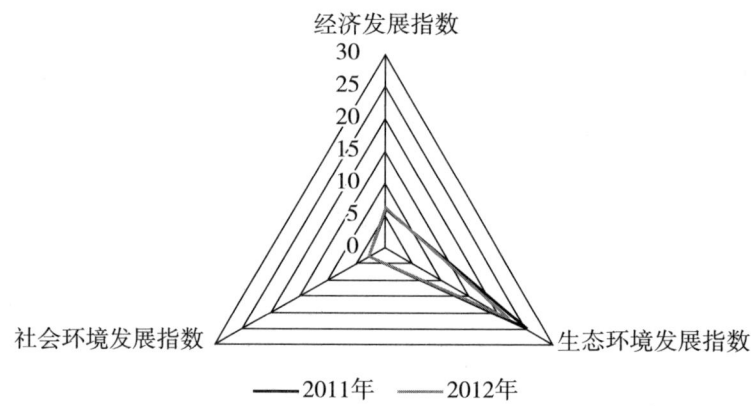

图32-4 宿州市2011~2012年发展指数及下层指标排位比较雷达图

（1）2012年宿州市发展指数排名第28位，在中原经济区处于劣势地位，与2011年相比排位没有变化。

（2）从准则层指标的优势度看，生态环境发展指数是宿州市发展指数中的优势指标，经济发展指数、社会环境发展指数是宿州市发展指数中的劣势指标。

（3）从雷达图图形变化看，2012年与2011年相比，面积没有变化，宿州市发展指数排位保持不变。

（4）从排位变化的动因看，在生态环境发展指数排位下降和经济发展指数、社会环境发展指数排位保持不变的综合作用下，2012年宿州市发展指数排位保持不变，居中原经济区第28位。

第 33 章
蚌埠市发展指数分析

33.1 蚌埠市经济发展评价分析

2011~2012 年，蚌埠市经济发展指数及其下层指标评价值和排位变化情况，如表33-1 和图33-1 所示。

表 33-1　蚌埠市 2011~2012 年经济发展评价值及排名

项目	人均GDP	三次产业结构	非国有工业增加值占比	工业化指数	城镇化率	第一产业就业人数比重	人均全社会消费品零售总额	城镇化指数	劳均种植业经营面积	按产量平均的农产品加工动力机械	按产量平均的农用大中型拖拉机动力	农业现代化指数	经济发展指数
2010 年	33.91	39.37	22.06	32.63	28.81	36.83	28.90	30.91	43.77	4.72	5.84	33.72	31.58
2011 年	39.17	40.43	32.35	38.06	31.66	37.40	28.20	32.79	44.81	5.66	6.92	34.76	34.45
2012 年	43.97	35.81	64.71	46.48	34.69	33.51	38.21	34.75	40.97	6.18	8.61	32.26	38.07
2011 年排名	18	21	21	23	8	16	15	9	4	18	25	6	13
2012 年排名	17	22	14	19	7	17	9	10	4	18	24	6	13
位次升降	1	-1	7	4	1	-1	6	-1	0	0	1	0	0
优势度	中势	劣势	中势	中势	优势	中势	优势	优势	优势	中势	劣势	优势	中势

（1）2012 年蚌埠市经济发展指数排名第 13 位，在中原经济区处于中势地位，与 2011 年相比排位保持不变。其中，工业化指数排名第 19 位，与 2011 年

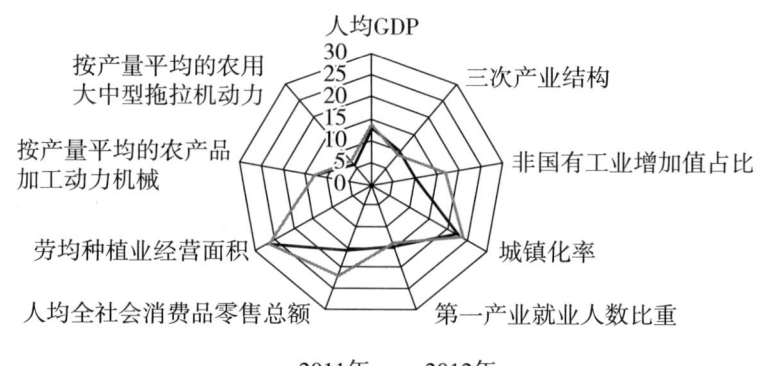

图 33-1　蚌埠市 2011～2012 年经济发展指数及下层指标排位比较雷达图

相比排位上升 4 个位次；城镇化指数排名第 10 位，与 2011 年相比排位下降 1 个位次；农业现代化指数排名第 6 位，与 2011 年相比排位没有变化。

（2）从方案层指标的优势度看，城镇化率、人均全社会消费品零售总额、劳均种植业经营面积指标是蚌埠市经济发展指数中的优势指标，三次产业结构、按产量平均的农用大中型拖拉机动力指标是蚌埠市经济发展指数中的劣势指标。

（3）从雷达图图形变化看，2012 年与 2011 年相比，面积没有变化，经济发展指数排位保持不变。

（4）从排位变化的动因看，在非国有工业增加值占比、人均全社会消费品零售总额、按产量平均的农用大中型拖拉机动力、城镇化率、人均 GDP 等指标排位上升和三次产业结构、第一产业就业人数比重等指标排位下降的综合作用下，2012 年蚌埠市经济发展指数排位保持不变，居中原经济区第 13 位。

33.2　蚌埠市生态环境发展评价分析

2011～2012 年，蚌埠市生态环境发展指数及其下层指标评价值和排位变化情况，如表 33-2 和图 33-2 所示。

表 33-2 蚌埠市 2011~2012 年生态环境发展评价值及排名

项　目	万元 GDP 能耗	按辖区面积平均的工业烟尘排放量	人均公共预算节能环保支出	生态环境发展指数
2010 年	73.18	90.20	36.53	69.50
2011 年	94.25	91.22	33.62	82.32
2012 年	87.74	91.44	31.70	77.93
2011 年排名	1	7	3	1
2012 年排名	6	7	4	3
位次升降	-5	0	-1	-2
优势度	优势	优势	优势	优势

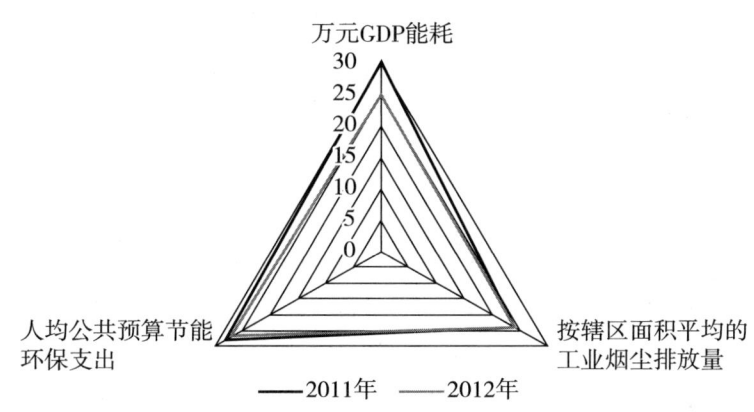

图 33-2 蚌埠市 2011~2012 年生态环境发展指数及下层指标排位比较雷达图

（1）2012 年蚌埠市生态环境发展指数排名第 3 位，在中原经济区处于优势地位，与 2011 年相比排位下降 2 个位次。

（2）从方案层指标的优势度看，万元 GDP 能耗、按辖区面积平均的工业烟尘排放量、人均公共预算节能环保支出指标是蚌埠市生态环境发展指数中的优势指标。

（3）从雷达图图形变化看，2012 年与 2011 年相比，面积有所缩小，生态环境发展指数排位呈下降趋势。

（4）从排位变化的动因看，在万元 GDP 能耗、人均公共预算节能环保支出指标排位下降的作用下，2012 年蚌埠市生态环境发展指数排位下降 2 个位次，居中原经济区第 3 位。

33.3 蚌埠市社会环境发展评价分析

2011~2012 年，蚌埠市社会环境发展指数及其下层指标评价值和排位变化情况，如表 33-3 和图 33-3 所示。

表 33-3　蚌埠市 2011~2012 年社会环境发展评价值及排名

项目	城乡居民收入比	城镇居民人均可支配收入	农村居民人均纯收入	收入指数	每万人卫生技术人员数	每万人卫生机构床位数	健康指数	万人中小学专任教师数	人均教育经费	教育指数	人均城市公园绿地面积	人均城市道路面积	人均城乡社区事务财政支出	城市生活环境指数	社会环境发展指数
2010 年	8.91	15.59	14.60	13.03	24.13	41.07	32.60	9.03	6.37	7.70	64.29	49.04	14.06	42.46	17.53
2011 年	8.49	23.22	19.23	16.98	24.56	43.86	34.21	7.29	14.91	11.10	64.39	55.78	19.96	46.71	20.98
2012 年	8.71	31.88	24.91	21.83	34.59	60.48	47.53	7.32	18.47	12.89	51.14	65.29	28.09	48.17	26.02
2011 年排名	18	10	17	17	20	12	17	29	24	28	2	13	3	2	25
2012 年排名	19	10	17	17	16	8	9	28	20	28	2	12	3	2	19
位次升降	-1	0	0	0	4	4	8	1	4	0	0	1	0	0	6
优势度	中势	优势	中势	中势	中势	优势	优势	劣势	中势	劣势	优势	中势	优势	优势	中势

（1）2012 年蚌埠市社会环境发展指数排名第 19 位，在中原经济区处于中势地位，与 2011 年相比排位上升 6 个位次。其中，教育指数排名第 28 位，与 2011 年相比排位没有变化；城市生活环境指数排名第 2 位，与 2011 年相比排位没有变化；健康指数排名第 9 位，与 2011 年相比排位上升 8 个位次；收入指数排名第 17 位，与 2011 年相比排位没有变化。

（2）从方案层指标的优势度看，城镇居民人均可支配收入、每万人卫生机构床位数、人均城市公园绿地面积、人均城乡社区事务财政支出指标是蚌埠市社会环境发展指数中的优势指标，万人中小学专任教师数指标是蚌埠市社会环

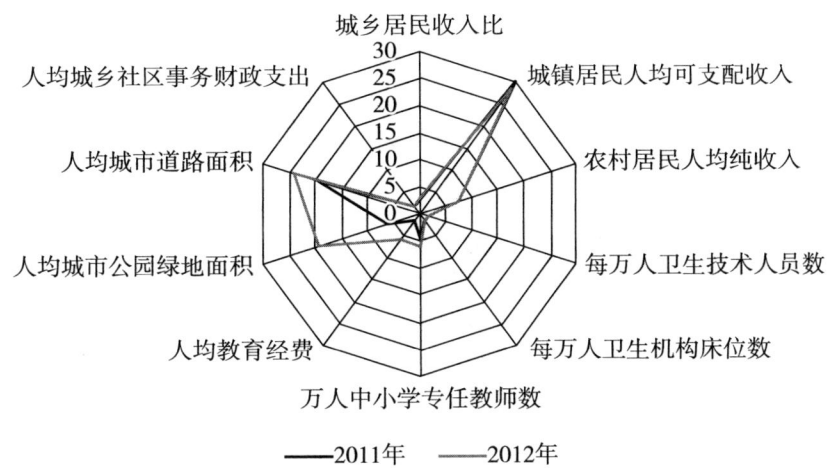

图 33-3 蚌埠市 2011~2012 年社会环境发展指数及下层指标排位比较雷达图

境发展指数中的劣势指标。

（3）从雷达图图形变化看，2012 年与 2011 年相比，面积有所扩大，社会环境发展指数排位呈上升趋势。

（4）从排位变化的动因看，在每万人卫生技术人员数、每万人卫生机构床位数、人均教育经费、万人中小学专任教师数、人均城市道路面积指标排位上升和城乡居民收入比指标排位下降的综合作用下，2012 年蚌埠市社会环境发展指数排位上升 6 个位次，居中原经济区第 19 位。

33.4 蚌埠市发展评价分析

2011~2012 年，蚌埠市发展指数及其下层指标评价值和排位变化情况，如表 33-4 和图 33-4 所示。

表 33-4 蚌埠市 2011~2012 年发展评价值及排名

项　目	经济发展指数	生态环境发展指数	社会环境发展指数	蚌埠市发展指数
2010 年	31.58	69.50	17.53	33.61
2011 年	34.45	82.32	20.98	38.29
2012 年	38.07	77.93	26.02	41.02

续表

项　目	经济发展指数	生态环境发展指数	社会环境发展指数	蚌埠市发展指数
2011年排名	13	1	25	8
2012年排名	13	3	19	10
位次升降	0	-2	6	-2
优势度	中势	优势	中势	优势

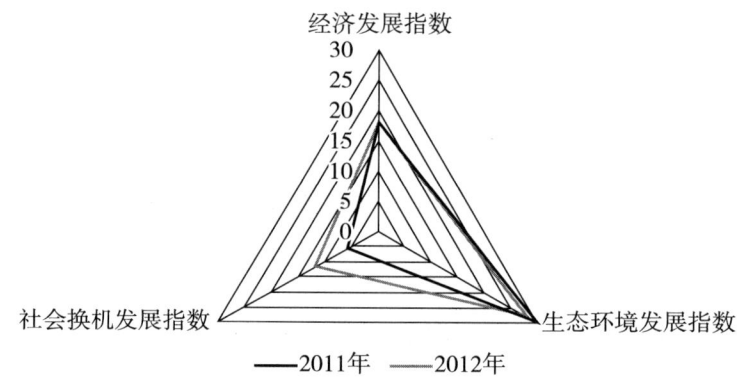

图33-4　蚌埠市2011~2012年发展指数及下层指标排位比较雷达图

（1）2012年蚌埠市发展指数排名第10位，在中原经济区处于优势地位，与2011年相比排位下降2个位次。

（2）从准则层指标的优势度看，生态环境发展指数是蚌埠市发展指数中的优势指标，经济发展指数、社会环境发展指数是蚌埠市发展指数中的中势指标。

（3）从雷达图图形变化看，2012年与2011年相比，面积有所缩小，蚌埠市发展指数排位下降2个位次。

（4）从排位变化的动因看，在社会环境发展指数排位上升和生态环境发展指数排位下降的综合作用下，2012年蚌埠市发展指数排位下降2个位次，居中原经济区第10位。

第34章
亳州市发展指数分析

34.1 亳州市经济发展评价分析

2011~2012年，亳州市经济发展指数及其下层指标评价值和排位变化情况，如表34-1和图34-1所示。

表34-1 亳州市2011~2012年经济发展评价值及排名

项 目	人均GDP	三次产业结构	非国有工业增加值占比	工业化指数	城镇化率	第一产业就业人数比重	人均全社会消费品零售总额	城镇化指数	劳均种植业经营面积	按产量平均的农产品加工动力机械	按产量平均的农用大中型拖拉机动力	农业现代化指数	经济发展指数
2010年	11.25	5.23	13.24	10.44	0.52	38.90	7.98	11.31	44.89	4.96	7.82	34.91	12.39
2011年	16.39	13.05	22.06	16.86	4.43	41.82	4.63	14.19	52.52	5.91	8.91	40.81	16.49
2012年	21.18	16.25	57.35	27.43	7.46	30.70	16.88	14.51	57.67	6.49	13.27	45.40	20.07
2011年排名	29	25	26	29	30	13	29	27	2	16	22	3	29
2012年排名	29	25	19	29	30	22	28	29	2	16	18	2	30
位次升降	0	0	7	0	0	-9	1	-2	0	0	4	1	-1
优势度	劣势	劣势	中势	劣势	劣势	劣势	劣势	劣势	优势	中势	中势	优势	劣势

（1）2012年亳州市经济发展指数排名第30位，在中原经济区处于劣势地位，与2011年相比排位下降1个位次。其中，工业化指数排名第29位，

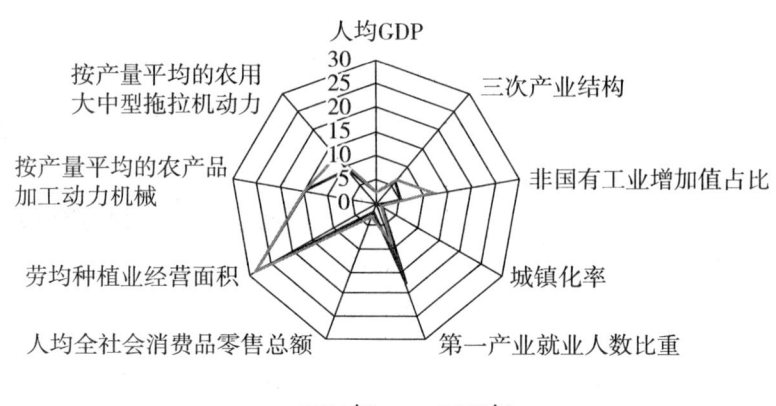

图 34-1 亳州市 2011～2012 年经济发展指数及下层指标排位比较雷达图

与 2011 年相比排位保持不变；城镇化指数排名第 29 位，与 2011 年相比排位下降 2 个位次；农业现代化指数排名第 2 位，与 2011 年相比排位上升 1 个位次。

（2）从方案层指标的优势度看，劳均种植业经营面积指标是亳州市经济发展指数中的优势指标，人均 GDP、三次产业结构、城镇化率、第一产业就业人数比重、人均全社会消费品零售总额指标是亳州市经济发展指数中的劣势指标。

（3）从雷达图图形变化看，2012 年与 2011 年相比，面积有所扩大，经济发展指数排位呈下降趋势。

（4）从排位变化的动因看，在非国有工业增加值占比、按产量平均的农用大中型拖拉机动力、人均全社会消费品零售总额指标排位上升和第一产业就业人数比重指标排位下降的作用下，2012 年亳州市经济发展指数排位下降 1 个位次，居中原经济区第 30 位。

34.2 亳州市生态环境发展评价分析

2011～2012 年，亳州市生态环境发展指数及其下层指标评价值和排位变化情况，如表 34-2 和图 34-2 所示。

表 34-2　亳州市 2011~2012 年生态环境发展评价值及排名

项　目	万元 GDP 能耗	按辖区面积平均的工业烟尘排放量	人均公共预算节能环保支出	生态环境发展指数
2010 年	80.08	95.67	0.52	68.08
2011 年	88.51	95.98	1.46	73.59
2012 年	89.27	96.09	4.24	74.61
2011 年排名	5	4	29	4
2012 年排名	4	4	27	4
位次升降	1	0	2	0
优势度	优势	优势	劣势	优势

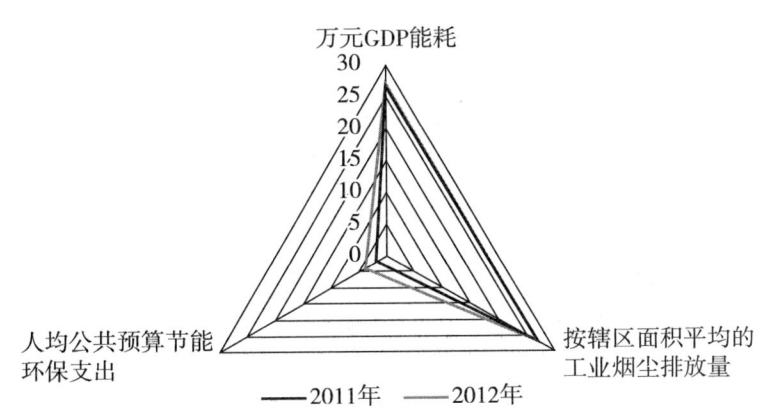

图 34-2　亳州市 2011~2012 年生态环境发展指数及下层指标排位比较雷达图

（1）2012 年亳州市生态环境发展指数排名第 4 位，在中原经济区处于优势地位，与 2011 年相比排位没有变化。

（2）从方案层指标的优势度看，万元 GDP 能耗、按辖区面积平均的工业烟尘排放量指标是亳州市生态环境发展指数中的优势指标，人均公共预算节能环保支出指标是亳州市生态环境发展指数中的劣势指标。

（3）从雷达图图形变化看，2012 年与 2011 年相比，面积略微扩大，生态环境发展指数排位保持平稳态势。

（4）从排位变化的动因看，在人均公共预算节能环保支出、万元 GDP 能耗指标排位上升和按辖区面积平均的工业烟尘排放量指标排位保持不变的综合作用下，2012 年亳州市生态环境发展指数排位没有变化，居中原经济区第 4 位。

34.3 亳州市社会环境发展评价分析

2011~2012 年，亳州市社会环境发展指数及其下层指标评价值和排位变化情况，如表 34-3 和图 34-3 所示。

表 34-3 亳州市 2011~2012 年社会环境发展评价值及排名

项目	城乡居民收入比	城镇居民人均可支配收入	农村居民人均纯收入	收入指数	每万人卫技术人员数	每万人卫生机构床位数	健康指数	万人中小学专任教师数	人均教育经费	教育指数	人均城市公园绿地面积	人均城市道路面积	人均城乡社区事务财政支出	城市生活环境指数	社会环境发展指数
2010 年	0.32	16.26	8.33	8.31	1.28	3.62	2.45	8.39	1.20	4.79	7.47	40.87	2.17	16.84	7.21
2011 年	0.84	23.07	13.39	12.43	3.40	7.54	5.47	8.89	9.07	8.98	8.03	48.46	0.00	18.83	10.97
2012 年	1.12	31.43	19.13	17.23	11.32	21.49	16.40	8.39	16.22	12.30	14.37	54.95	1.34	23.55	16.34
2011 年排名	29	11	26	26	30	30	30	28	30	29	27	18	30	24	29
2012 年排名	29	12	26	23	30	30	30	27	27	29	27	18	15	30	21	29
位次升降	0	-1	0	3	0	0	0	1	3	0	0	3	0	3	0
优势度	劣势	中势	劣势	劣势	劣势	劣势	劣势	劣势	劣势	劣势	中势	中势	劣势	劣势	劣势

（1）2012 年亳州市社会环境发展指数排名第 29 位，在中原经济区处于劣势地位，与 2011 年相比排位保持不变。其中，教育指数排名第 29 位，与 2011 年相比排位没有变化；城市生活环境指数排名第 21 位，与 2011 年相比排位上升 3 个位次；健康指数排名第 30 位，与 2011 年相比排位没有变化；收入指数

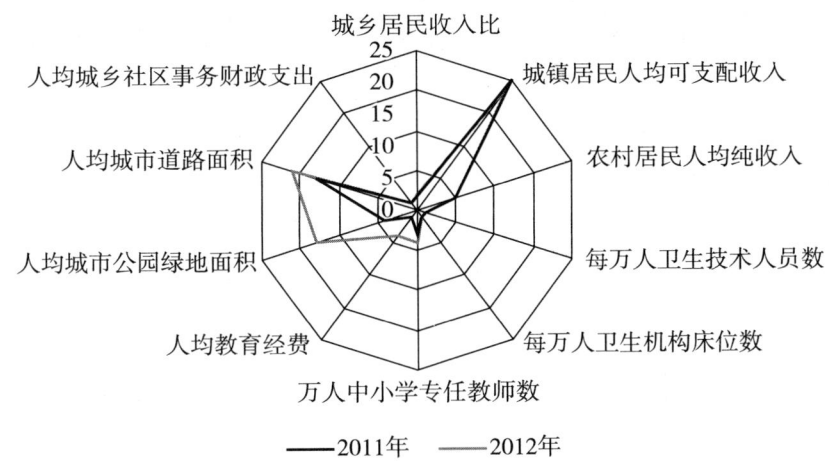

图 34 – 3　亳州市 2011～2012 年社会环境发展指数及下层指标排位比较雷达图

排名第 23 位，与 2011 年相比排位上升 3 个位次。

（2）从方案层指标的优势度看，亳州市社会环境发展指数中无优势指标，城乡居民收入比、农村居民人均纯收入、每万人卫生技术人员数、每万人卫生机构床位数等指标是亳州市社会环境发展指数中的劣势指标。

（3）从雷达图图形变化看，2012 年与 2011 年相比，面积有所扩大，社会环境发展指数排位呈平稳态势。

（4）从排位变化的动因看，在人均城市公园绿地面积、人均城市道路面积、人均教育经费、万人中小学专任教师数等指标排位上升和城镇居民人均可支配收入指标排位下降以及其他指标保持不变的综合作用下，2012 年亳州市社会环境发展指数排位保持不变，居中原经济区第 29 位。

34.4　亳州市发展评价分析

2011～2012 年，亳州市发展指数及其下层指标评价值和排位变化情况，如表 34 – 4 和图 34 – 4 所示。

表34-4 亳州市2011~2012年发展评价值及排名

项 目	经济发展指数	生态环境发展指数	社会环境发展指数	亳州市发展指数
2010年	12.39	68.08	7.21	19.97
2011年	16.49	73.59	10.97	24.20
2012年	20.07	74.61	16.34	27.89
2011年排名	29	4	29	29
2012年排名	30	4	29	29
位次升降	-1	0	0	0
优势度	劣势	优势	劣势	劣势

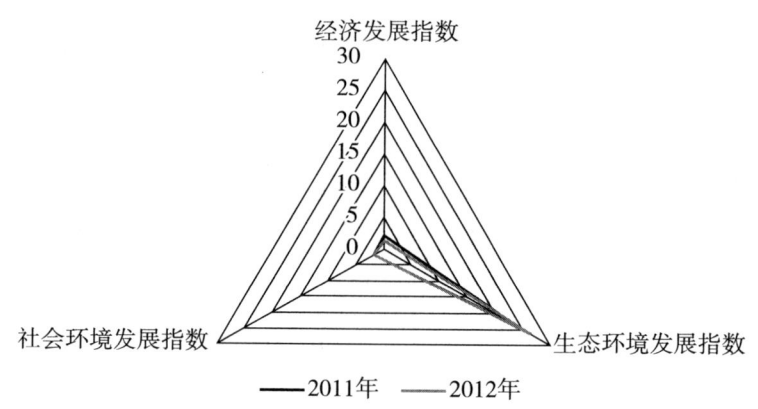

图34-4 亳州市2011~2012年发展指数及下层指标排位比较雷达图

(1) 2012年亳州市发展指数排名第29位，在中原经济区处于劣势地位，与2011年相比排位没有变化。

(2) 从准则层指标的优势度看，生态环境发展指数是亳州市发展指数中的优势指标，经济发展指数、社会环境发展指数是亳州市发展指数中的劣势指标。

(3) 从雷达图图形变化看，2012年与2011年相比，面积没有明显变化，亳州市发展指数排位保持不变。

(4) 从排位变化的动因看，在经济发展指数排位下降和生态环境发展指数、社会环境发展指数排位不变的综合作用下，2012年亳州市发展指数排位保持不变，居中原经济区第29位。

第 35 章

阜阳市发展指数分析

35.1 阜阳市经济发展评价分析

2011~2012年，阜阳市经济发展指数及其下层指标评价值和排位变化情况，如表35-1和图35-1所示。

表35-1 阜阳市2011~2012年经济发展评价值及排名

项目	人均GDP	三次产业结构	非国有工业增加值占比	工业化指数	城镇化率	第一产业就业人数比重	人均全社会消费品零售总额	城镇化指数	劳均种植业经营面积	按产量平均的农产品加工动力机械	按产量平均的农用大中型拖拉机动力	农业现代化指数	经济发展指数
2010年	7.45	9.14	8.82	8.06	5.50	43.45	5.76	15.41	24.26	2.27	9.61	19.73	13.49
2011年	11.52	9.14	10.29	10.80	7.99	44.22	11.31	17.78	25.52	3.21	10.70	20.93	15.90
2012年	15.95	14.08	66.18	25.62	10.84	34.75	14.83	17.49	28.58	3.42	14.02	23.76	20.24
2011年排名	30	28	28	30	24	11	28	23	16	25	17	18	30
2012年排名	30	27	13	30	24	15	29	24	15	24	17	14	29
位次升降	0	1	15	0	0	-4	-1	-1	1	1	0	4	1
优势度	劣势	劣势	中势	劣势	劣势	中势	劣势	中势	劣势	劣势	中势	中势	劣势

（1）2012年阜阳市经济发展指数排名第29位，在中原经济区处于劣势地位，与2011年相比排位上升1个位次。其中，工业化指数排名第30位，与

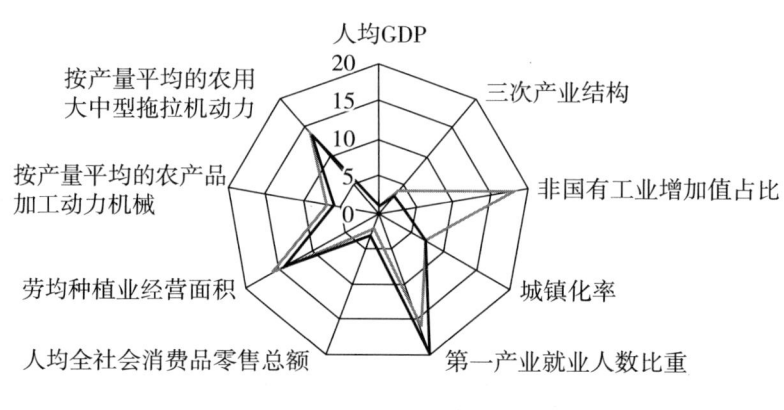

图 35 - 1　阜阳市 2011～2012 年经济发展指数及下层指标排位比较雷达图

2011 年相比排位保持不变；城镇化指数排名第 24 位，与 2011 年相比排位下降 1 个位次；农业现代化指数排名第 14 位，与 2011 年相比排位上升 4 个位次。

（2）从方案层指标的优势度看，阜阳市经济发展指数中无优势指标，人均 GDP、三次产业结构、城镇化率、人均全社会消费品零售总额、按产量平均的农产品加工动力机械等指标是阜阳市经济发展指数中的劣势指标。

（3）从雷达图图形变化看，2012 年与 2011 年相比，面积有所扩大，经济发展指数排位呈上升趋势。

（4）从排位变化的动因看，在非国有工业增加值占比、三次产业结构、劳均种植业经营面积、按产量平均的农产品加工动力机械指标排位上升和第一产业就业人数比重、人均全社会消费品零售总额指标排位下降和其他指标排位保持不变的综合作用下，2012 年阜阳市经济发展指数排位上升 1 个位次，居中原经济区第 29 位。

35.2　阜阳市生态环境发展评价分析

2011～2012 年，阜阳市生态环境发展指数及其下层指标评价值和排位变化情况，如表 35-2 和图 35-2 所示。

表 35-2　阜阳市 2011~2012 年生态环境发展评价值及排名

项　　目	万元 GDP 能耗	按辖区面积平均的工业烟尘排放量	人均公共预算节能环保支出	生态环境发展指数
2010 年	62.84	96.84	0.76	57.57
2011 年	75.10	97.40	0.00	65.20
2012 年	76.25	97.51	2.58	66.42
2011 年排名	15	2	30	13
2012 年排名	16	2	30	13
位次升降	-1	0	0	0
优势度	中势	优势	劣势	中势

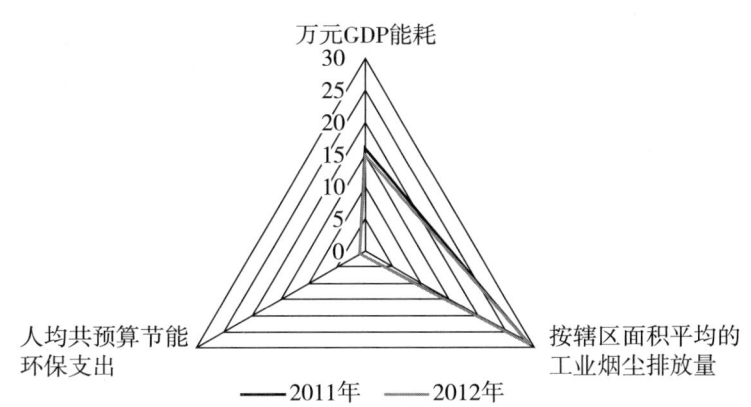

图 35-2　阜阳市 2011~2012 年生态环境发展指数及下层指标排位比较雷达图

（1）2012 年阜阳市生态环境发展指数排名第 13 位，在中原经济区处于中势地位，与 2011 年相比排位保持不变。

（2）从方案层指标的优势度看，按辖区面积平均的工业烟尘排放量指标是阜阳市生态环境发展指数中的优势指标，人均公共预算节能环保支出指标是阜阳市生态环境发展指数中的劣势指标。

（3）从雷达图图形变化看，2012 年与 2011 年相比，面积保持不变，生态环境发展指数排位呈平稳态势。

(4) 从排位变化的动因看, 在万元 GDP 能耗指标排位下降和其他指标排位保持不变的综合作用下, 2012 年阜阳市生态环境发展指数排位不变, 居中原经济区第 13 位。

35.3 阜阳市社会环境发展评价分析

2011~2012 年, 阜阳市社会环境发展指数及其下层指标评价值和排位变化情况, 如表 35-3 和图 35-3 所示。

表 35-3 阜阳市 2011~2012 年社会环境发展评价值及排名

项目	城乡居民收入比	城镇居民人均可支配收入	农村居民人均纯收入	收入指数	每万人卫生技术人员数	每万人卫生机构床位数	健康指数	万人中小学专任教师数	人均教育经费	教育指数	人均城市公园绿地面积	人均城市道路面积	人均城乡社区事务财政支出	城市生活环境指数	社会环境发展指数
2010 年	0.00	9.51	4.20	4.57	3.86	7.64	5.75	0.00	0.00	0.00	27.44	61.12	5.06	31.21	6.05
2011 年	0.89	17.87	9.73	9.20	7.38	13.93	10.65	0.35	9.60	4.98	28.17	71.66	4.02	34.62	10.70
2012 年	1.80	26.53	15.44	13.99	19.13	34.08	26.60	0.36	16.71	8.54	12.48	79.38	4.93	32.26	16.26
2011 年排名	30	23	30	30	29	28	28	30	29	30	10	10	14	10	30
2012 年排名	30	23	30	30	28	26	27	30	26	30	24	8	17	13	30
位次升降	0	0	0	0	1	2	1	0	3	0	-14	2	-3	-3	0
优势度	劣势	劣势	劣势	劣势	劣势	劣势	劣势	劣势	劣势	劣势	劣势	优势	中势	中势	劣势

(1) 2012 年阜阳市社会环境发展指数排名第 30 位, 在中原经济区处于劣势地位, 与 2011 年相比排位保持不变。其中, 教育指数排名第 30 位, 与 2011 年相比排位没有变化; 城市生活环境指数排名第 13 位, 与 2011 年相比排位下降 3 个位次; 健康指数排名第 27 位, 与 2011 年相比排位上升 1 个位次; 收入指数排名第 30 位, 与 2011 年相比排位没有变化。

(2) 从方案层指标的优势度看, 人均城市道路面积指标是阜阳市社会环境

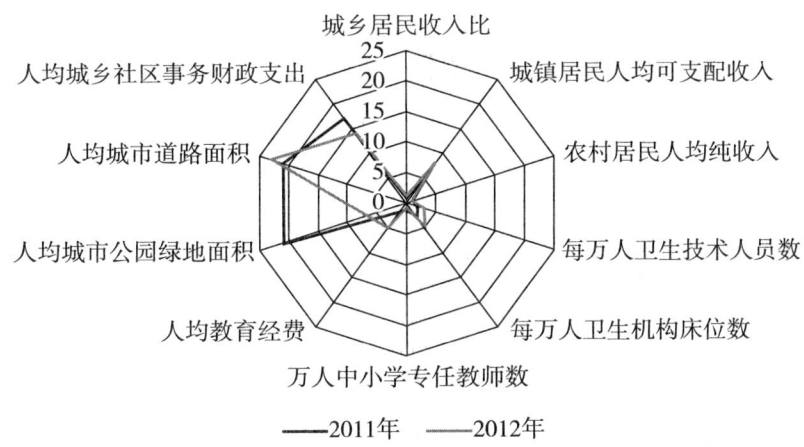

图 35 – 3　阜阳市 2011~2012 年社会环境发展指数及下层指标排位比较雷达图

发展指数中的优势指标，万人中小学专任教师数、城乡居民收入比、城镇居民人均可支配收入、农村居民人均纯收入、每万人卫生技术人员数等指标是阜阳市社会环境发展指数中的劣势指标。

（3）从雷达图图形变化看，2012 年与 2011 年相比，面积有所缩小，社会环境发展指数排位呈平稳态势。

（4）从排位变化的动因看，在人均教育经费、每万人卫生机构床位数、人均城市道路面积、每万人卫生技术人员数指标排位上升和人均城市公园绿地面积、人均城乡社区事务财政支出指标排位下降的综合作用下，2012 年阜阳市社会环境发展指数排位保持不变，居中原经济区第 30 位。

35.4　阜阳市发展评价分析

2011~2012 年，阜阳市发展指数及其下层指标评价值和排位变化情况，如表 35 – 4 和图 35 – 4 所示。

表 35 – 4　阜阳市 2011~2012 年发展评价值及排名

项　目	经济发展指数	生态环境发展指数	社会环境发展指数	阜阳市发展指数
2010 年	13.49	57.57	6.05	18.50

续表

项　目	经济发展指数	生态环境发展指数	社会环境发展指数	阜阳市发展指数
2011年	15.90	65.20	10.70	22.43
2012年	20.24	66.42	16.26	26.62
2011年排名	30	13	30	30
2012年排名	29	13	30	30
位次升降	1	0	0	0
优势度	劣势	中势	劣势	劣势

图35-4　阜阳市2011~2012年发展指数及下层指标排位比较雷达图

（1）2012年阜阳市发展指数排名第30位，在中原经济区处于劣势地位，与2011年相比排位没有变化。

（2）从准则层指标的优势度看，生态环境发展指数是阜阳市发展指数中的中势指标，经济发展指数、社会环境发展指数是阜阳市发展指数中的劣势指标。

（3）从雷达图图形变化看，2012年与2011年相比，面积没有明显变化，阜阳市发展指数排位呈平稳态势。

（4）从排位变化的动因看，在经济发展指数排位上升和其他指数排位保持不变的综合作用下，2012年阜阳市发展指数排位保持不变，居中原经济区第30位。

后　记

《中原经济区发展指数研究报告（2014）》是该系列年度出版的第二本，编撰工作于 2013 年 12 月启动。仍由我统筹，经过多次谈论，确定思路，统一技术路线和写作规范，并拟定相关专题，由刘岱宁和曹青具体负责完成，最后由我终审定稿。

本书的编撰过程得到了河南大学经济学院郑祖玄、张建秋两位专家的支持，他们在思想和方法上的建议使得本书更加完善。我的研究生秦姣、石琳琳、张国骁、周秋明以及王超、王莹在全书的校对以及本书下篇对各地市的分析工作中做了大量贡献，在此表示感谢。

耿明斋

2014 年 4 月 20 日

图书在版编目（CIP）数据

中原经济区发展指数研究报告.2014/耿明斋主编.—北京：社会科学文献出版社，2014.5
 （中原发展研究院智库丛书）
 ISBN 978-7-5097-5910-3

Ⅰ.①中… Ⅱ.①耿… Ⅲ.①区域经济发展-研究报告-河南省-2014 Ⅳ.①F127.61

中国版本图书馆 CIP 数据核字（2014）第 073451 号

·中原发展研究院智库丛书·
中原经济区发展指数研究报告（2014）

主　　编／耿明斋
执行主编／刘岱宁
副 主 编／曹　青

出 版 人／谢寿光
出 版 者／社会科学文献出版社
地　　址／北京市西城区北三环中路甲29号院3号楼华龙大厦
邮政编码／100029

责任部门／皮书出版分社　（010）59367127　　责任编辑／吴　敏
电子信箱／pishubu@ssap.cn　　　　　　　　　责任校对／韩海超
项目统筹／邓泳红　陈　帅　　　　　　　　　　责任印制／岳　阳
经　　销／社会科学文献出版社市场营销中心　（010）59367081　59367089
读者服务／读者服务中心　（010）59367028

印　　装／北京鹏润伟业印刷有限公司
开　　本／787mm×1092mm　1/16　　　　印　张／17
版　　次／2014年5月第1版　　　　　　　字　数／256千字
印　　次／2014年5月第1次印刷
书　　号／ISBN 978-7-5097-5910-3
定　　价／128.00元

本书如有破损、缺页、装订错误，请与本社读者服务中心联系更换
版权所有　翻印必究